21世纪高职高专旅游服务与管理专业工学结合系列教材

旅游经济学

主　编　刘长英
副主编　于　桐　苏永华　钟惠萍
　　　　李文放　胡　萍　任尚万

中国财富出版社

图书在版编目（CIP）数据

旅游经济学/刘长英主编．—北京：中国财富出版社，2013.5
（21 世纪高职高专旅游服务与管理专业工学结合系列教材）
ISBN 978 - 7 - 5047 - 4662 - 7

Ⅰ.①旅…　Ⅱ.①刘…　Ⅲ.①旅游经济学—高等学校—教材　Ⅳ.①F590

中国版本图书馆 CIP 数据核字（2013）第 075522 号

策划编辑　寇俊玲　　**责任印制**　方朋远
责任编辑　张艳华　彭佳逸　　**责任校对**　杨小静

出版发行　中国财富出版社（原中国物资出版社）
社　　址　北京市丰台区南四环西路 188 号 5 区 20 楼　　**邮政编码**　100070
电　　话　010 - 52227568（发行部）　　010 - 52227588 转 307（总编室）
　　　　　　010 - 68589540（读者服务部）　　010 - 52227588 转 305（质检部）
网　　址　http://www.cfpress.com.cn
经　　销　新华书店
印　　刷　三河市西华印务有限公司
书　　号　ISBN 978 - 7 - 5047 - 4662 - 7/F・1942
开　　本　787mm×1092mm　1/16
印　　张　12.25　　**版　　次**　2013 年 5 月第 1 版
字　　数　276 千字　　**印　　次**　2013 年 5 月第 1 次印刷
印　　数　0001—3000 册　　**定　　价**　28.00 元

版权所有・侵权必究・印装差错・负责调换

21 世纪高职高专旅游服务与管理专业
工学结合系列教材编审委员会

高级顾问　韩　琦　王东生

主审专家　苗雅杰　陆　朋

主要委员　（以姓氏笔画为序）

丁　超　王春梅　艾小勇　田　红

仝松锋　刘长英　刘咏梅　刘建华

刘晓明　刘　强　祁　颖　杨永杰

杨建朝　何艳琳　沈国娟　陆　刚

陆　朋　陈国生　陈修岭　陈晓琴

陈　瑜　苗雅杰　罗春燕　罗　德

单铭磊　项园园　赵爱民　赵嘉骏

柏　莹　蔡洪胜

总策划　寇俊玲

出版说明

为了编写这套教材，中国财富出版社（原中国物资出版社）筹备的“21世纪高职高专旅游服务与管理专业工学结合系列教材编审委员会工作会议”第一次会议和第二次会议先后在杭州和北京召开，会议贯彻以职业技能训练为中心任务、以工学结合为体系的现代化高职教育教材编写理念，探索具有旅游服务与管理专业特色的工学结合的教材编写模式，搭建了企业管理人员与一线教师交流的平台。

工学结合的教材应该根据具体的专业所属的行业领域和职业岗位（群）的任职要求，参照相关的职业资格标准，按照职业岗位编排教材体系与实训项目内容，从而使教材有效地体现知识与职业岗位的一体化。这样的教材必然具备两个特点：一是必须由企业人员参与教材编写，体现校企合作、工学结合；二是必须与相关职业资格标准相结合。

那么，旅游服务与管理专业工学结合的教材应该是怎样的？

旅游服务与管理专业工学结合的教材应该是以岗位（群）为依据划分项目，再将项目分解成任务，并且具体地讲解完成任务所需要的步骤，从而同时实现技能目标和知识目标。它不同于传统的“实训教程”，也不等于众多小模块的拼凑，更不是简单地将“章”变“项目”，“节”变“任务”。而是将系统的知识与技能有机地结合起来表述，有严格的项目、任务分解依据，读来既轻松又不失严谨。

本系列教材还配有电子教学资料，包括电子教案、教学指南、课时建议、练习题答案、实训设置期末考试A、B试卷等，能够为老师授课和学生学习提供诸多便利，起到小型“资料库”的作用，欢迎登录中国财富出版社（原中国物资出版社）网站（http：//www. cfpress. com. cn）进行下载。

本系列教材从策划伊始到问世，都伴随着策划人的详尽调研、行业专家的认真解惑和编写老师的严谨耕耘，具备以下特点：

1. 通俗易读，深浅有度。理论知识广而不深，基本技能贯穿教材的始终。图文并茂，以例释理的方法得到广泛的应用，十分符合职业院校学生的学习特点。

2. 工学结合的编写思路。一方面注重企业的参与，另一方面注重与相关职业资格标准相结合。

3. “套餐式”教材，电子教学资料请专业人士制作。现代化的手段可以帮助丰富和发展传统的教材。

4. 兼顾老师授课和学生学习。教材不仅设置电子教学资料，从而减少老师备课的工作量，而且内容安排上兼顾了可读性，使学生能够自主学习。

“21世纪高职高专旅游服务与管理专业工学结合系列教材”符合职业教育的教学理念和发展趋势，能够成为广大教师和学生教与学的优秀教材，同时也可以作为旅游业管理人员、相关从业人员的自学读物。

前　　言

旅游经济已经成为一些国家或地区国民经济的支柱产业，还有更多的国家或地区正在把旅游经济培育成为国民经济的支柱产业。旅游经济活动是一种较为复杂的现象，表现出政治、经济、社会、心理、文化等多方面的属性和影响，涉及旅行社、旅游饭店、旅游交通、旅游景区和旅游餐饮等多个行业与部门。旅游经济学就是研究旅游经济活动的运行及其运行过程中所产生的经济现象、经济关系和经济规律的科学。它是对旅游经济活动实践的科学总结，并随着旅游经济活动的发展而不断完善，并形成自身的理论体系。

本书以市场经济理论为指导，运用经济学、管理学、旅游学、地理学等多学科的知识与方法，博采众长，吸收了国内外旅游经济理论与实践研究的最新成果，较为全面系统地阐述了旅游经济学的基本理论和方法。全书把理论与实践紧密结合，既注重定性研究，又重视定量分析，从而具有较强的理论性、科学性和系统性。

全书内容覆盖面广，采用最新信息资料，注重实用性和可操作性，力求使内容紧密结合旅游行业人才培养的实际需要，学以致用。编写时，我们遵循旅游类专业的教育教学规律，从旅游经济活动发展的实际出发，紧密结合企业的需求，注重介绍各种基本知识，同时强调理论联系实际，补充一些必要的数据资料，力求做到体例严谨、结构完整、内容系统。总体上来看，本书安排的内容足量、适用，涵盖了旅游经济活动运行的各个主要环节及其相互关系，贴近工作实际，贴近市场需求，具有很强的可读性。

本书由刘长英主持编写。参与编写的人员还有：鞍山师范学院于桐，杭州科技职业技术学院苏永华，厦门海洋职业技术学院钟惠萍，北海职业学院李文放，北海职业学院胡萍，内蒙古建筑职业技术学院任尚万。在编写过程中，我们参考了国内外专家、学者的诸多研究成果并引用了相关资料，在此向他们表示衷心感谢。由于我们能力水平有限，时间仓促，书中肯定会有疏漏和不足之处，敬请专家学者及使用本书的老师和同学们批评指正！

本书适用于本科院校、高等专科学校、高等职业院校、成人高校相关专业学生使用，也适合旅游企业员工培训使用，亦可供相关行业管理人员学习和参考。

刘长英

2013年4月

目　　录

导论　旅游经济学概述

教学目标

1. 了解旅游经济学的产生和发展；
2. 掌握旅游经济学的学科特征、研究对象和研究内容。

旅游经济学（Economics of Tourism）是研究旅游活动及其发展规律的一门新兴的综合性经济科学，研究旅游经济活动过程中的各种经济关系和旅游业发展规律的学科。它和农业经济学、工业经济学、商业经济学、物资经济学一样，是研究国民经济中某一部门的经济学科。旅游经济学区别于旅游饭店管理学、旅游市场学、旅行社管理、旅游地理学等学科。这些学科是以旅游业中某一具体业务作为研究对象，而旅游经济学是从整个旅游经济活动全过程进行研究的。

一、旅游经济学的产生和发展

旅游经济学是伴随着旅游经济的产生和发展而形成的一门新兴学科。1842 年，“近代旅游业之父”英国旅行商托马斯·库克（Thomas Cook）创办了世界上第一家旅行社——托马斯·库克旅行社（即通济隆旅行社 Travelex Travel Agency），标志着近代旅游业的诞生。此后，欧美等一些国家相继推出了以旅游活动为经营对象的旅行社或类似的旅游组织。旅行社的出现进一步推动了旅游经济的社会化生产和发展，标志着旅游经济活动进入发达的产品交换阶段。在旅行社的中介和带头作用下，旅游活动的两大要素——旅游供给与旅游需求，及其相关要素迅速组合起来，使旅游经济活动在全世界迅速发展起来，旅游经营业日益繁荣。

19 世纪后半叶，伴随着欧美旅游经济活动的兴起和发展，人们开始关注对旅游经济问题的研究。研究范围不仅包括国内和国际旅游的现状，而且包括旅游统计、旅游业经营等。1899 年意大利政府统计局博迪奥（L. Bodio）发表的《外国人在意大利的移动及其花费》是最早的旅游经济研究文献。其后的另外两个意大利人尼塞福罗（A. Niceforo）发表了《外国人在意大利的移动》（1923 年），贝尼尼（R. Benini）发表了《关于旅游者移动计算方法的改良》（1926 年）。这种从统计角度对旅游者人数、逗留时间和消费能力等方面的研究，反映了人们早期对旅游现象的经济层面的认知以及通过旅游经营取得经济利益的需要。

首先从经济学角度对旅游现象作出系统剖析和论证的是意大利罗马大学讲师马里奥蒂（A. Mariotti）。他于 1927 年出版了《旅游经济讲义》，对旅游活动的形态、结构和活动要素做了研究，认为旅游活动是一种属于经济性质的社会现象。1931 年德国学者鲍尔曼（A. Bormann）发表的《旅游论》，认为“旅游论的所属是经济学，它的根本问题不仅属于国民经济学及经营经济学的领域，而且不能不运用各个学科的成果”；1935 年柏林大学葛留克斯曼（G. Glucksmann）出版了《旅游总论》，系统地论证了旅游活动的发生、基础、性质，论及旅游的经济和社会影响，论述了促进旅游业发展的政策和手段。

第二次世界大战后，随着西方国家经济的迅速发展，旅游业逐渐发展成为国民经济中的主要行业。为适应旅游经济发展和旅游教学的需要，欧美国家的一些专家、学者在总结世界旅游经济及本国旅游业发展的基础上、对旅游经济的理论和方法进行了全面深入的研究。学术界主要强调的是发展旅游对经济不发达的国家和地区以及发达国家的边远地区所带来的显著经济利益。期间的一些主要著作有：1954 年德国学者克拉普特出版的《旅游消费》一书，对旅游消费的动力和过程作了专题研究；1955 年，意大利学者特罗伊西出版的专著《旅游及旅游收入的经济理论》，对旅游经济概念、旅游收入及旅游经济效益作了比较深入的探讨；1950 年，日本学者田中喜一教授出版的论著《旅游事业论》，从经济的角度研究国际旅游，从而深化了旅游经济的研究。

二、旅游经济学在中国的发展现状

中国旅游经济研究是从 20 世纪 80 年代开始起步的。1980 年 12 月召开的第一次全国旅游经济座谈会着重讨论了旅游业的性质和意义。后来，于光远（1986 年）指出：旅游业是带有浓厚文化性质的经济工作，也是带有浓厚经济性质的文化工作。1981 年 12 月第二次全国旅游经济理论讨论会肯定了中国旅游业以发展国际入境旅游为主的命题。1984 年 6 月，中央政府在听取旅游工作汇报中适时提出了影响深远的“五个一起上”——国家、地方、部门、集体、个人一起上——的发展政策。

1989 年孙尚清主持完成了国家“七五”社会科学发展规划重点课题“旅游经济发展战略研究”，该研究课题最终成果在 1990 年以《中国旅游经济研究》为名出版。研究中提出了后来支配中国旅游业发展的“旅游业需要适度超前发展”的观点，并提出要尽快结束投入较多、产出较少的第一阶段，转入投入产出平衡的第二阶段，为进入产出大于投入的第三阶段积极创造条件。1993 年魏小安和冯宗苏主编的《中国旅游业：产业政策与协调发展》从制定科学的旅游产业政策角度论述了中国旅游经济的诸方面结构。

近几年来，欧美旅游经济学领域的大量著作不断被译介，为建设中国旅游经济学的学科基础提供了广泛的知识支撑，为拓展学科研究的视野和论题范围提供了有价值的示范启发，为提升学科的内涵质量和规范水平提供了有益的标准参照。中国旅游经济学研究者运用这些比较成熟的理论体系、范式和方法，总结中国旅游经济发展的经

验，进行理论抽象和创新的基础性工作。这些可概括为四个方面：

（一）理清旅游经济学的学科性质

中国的旅游经济学研究长期以来侧重于旅游经济活动的特性，旅游经济学被纳入了旅游学的学科体系。但有些学者认为旅游经济学是旅游学和经济学的交叉学科，是这两门学科研究领域重合的产物。旅游学为旅游经济学的研究提供了前提，也就是研究对象；经济学为旅游经济学的研究提供了研究的方法和目的，也就是研究内容。

（二）界定旅游经济学的研究对象

旅游经济学的研究对象是旅游经济活动的运行及其所产生的经济现象、经济关系和经济规律。人们对此早已形成了普遍的共识，但何谓“旅游经济活动的运行规律”，其又包括旅游产品供给与需求的矛盾运动规律说、旅游产业的运行与发展规律说，和旅游经济领域中生产力与生产关系相互作用的规律等代表性观点。还有学者主张对旅游经济活动的分析应以旅游生产力的分析为主，认为旅游经济活动的运行规律主要是指旅游生产力的运动和发展规律；也有学者认为旅游经济学不仅要研究旅游中的经济现象，还要以经济学的视角来关注包括非经济现象的整个旅游活动，在重点研究旅游经济影响的同时，展开对非经济因素影响的研究。

（三）加强旅游经济学基础理论研究

经济学一直是旅游经济学的基础性学科。旅游经济学研究的进一步深化，需要基础理论平台的提升与创新。学科应全面借鉴和吸收经济学等相关学科和领域的最新理论成果，构建更具解释力的理论体系，形成一个包括微观、中观、宏观在内的多视角的、结构完整的旅游经济学理论新范式。

（四）强化旅游经济学方法论研究

从科学方法论的角度看，方法的研究要完成描述研究、解释研究、预测研究和规范研究四个连续的层次。研究者不仅要能够对事物进行描述和解释性的基本层次研究，更要善于进行预测事物未来、寻求事物本质规律的规范研究，用高层次的研究指导决策。在规范研究中，数理统计和构造模型等方法在国外已得到了广泛的应用。国外的学者们大都运用数学模型、分类模型或空间模型对收集的数据资料进行整理、分析，得出有现实意义的结论，研究的问题也比较深入而且有代表性。而国内学者习惯于运用描述性的研究方法，且侧重于较低层次的论证和阐述，学术重复建设或搭便车现象严重，鲜有数理统计和构造模型等分析研究方法的应用。

三、旅游经济学的学科特征

（一）旅游经济学是一门应用性学科

旅游经济学研究旅游经济活动中的特有现象及矛盾，揭示旅游经济发展的规律及其作用的条件、范围及表现形式，具有较强的应用性。

（二）旅游经济学是一门产业经济学

旅游经济学研究旅游经济活动过程中各种经济现象之间的内在联系，揭示旅游经济运行中的特殊矛盾及规律，以促进旅游产业健康、持续地发展。

（三）旅游经济学是旅游专业的基础学科

旅游经济学是在旅游学理论指导下，揭示旅游活动在经济领域中所发生的矛盾运动、经济关系的发展规律的科学。同时，旅游经济学又为旅游管理学的研究奠定了基础。

（四）旅游经济学是一门交叉性、边缘性学科

由于旅游经济活动的综合性特点，使旅游经济学与其他学科相比，成为一门新兴的边缘科学，它必须借助各种学科的理论及研究成果来丰富其研究内容。

四、旅游经济学的研究对象

旅游经济学的研究对象是旅游经济现象及其运动规律。具体而言，包括以下几个方面的内容：

（一）研究旅游经济的形成过程及规律

旅游经济学研究的首要任务就是要分析旅游经济的形成条件，揭示旅游活动的商品化过程和客观规律性，分析旅游经济在经济社会发展中的作用，以及其在国民经济中的地位和影响。

（二）研究旅游经济运行的机制及实现条件

旅游经济学从分析旅游产品需求和供给的形成、变化及矛盾运动入手，揭示旅游经济运行的内在机制，分析旅游市场供求平衡的实现条件及影响旅游经济运行机制的各种因素及变化。

（三）研究旅游经济活动的成果及实现状况

旅游经济学研究在旅游经济活动过程中旅游者、旅游企业、旅游目的地政府三方各自得到的利益及目标实现的状况。

（四）研究旅游经济的地位及发展条件

旅游经济学研究旅游经济与经济社会各产业、部门间的相互关系，对文化和生态环境的作用和影响，以便从整个社会的角度为旅游经济的发展创造良好的条件。

旅游经济学通过对旅游经济活动运行过程中各种经济现象和经济关系的研究，揭示作用于旅游经济活动的基本因素及其内在规律性，并寻求解决这些矛盾、调节这些关系的最佳手段或策略。

五、旅游经济学的研究内容

旅游经济学是从经济学的视点研究旅游活动中的经济现象、经济关系和运动规律的一门学科分支。也就是说，旅游经济学主要研究旅游经济活动中各个环节的相互关系及其内在的规律性。具体来说，旅游经济学的研究内容主要包括以下五个方面：

第一，研究旅游经济活动的产生与演进，通过对旅游经济活动发展历程的研究，揭示旅游经济的运行特点及其作用，把握旅游经济活动的发展趋势。

第二，研究旅游供给与旅游需求这一旅游经济活动的基本矛盾，根据供给与需求的经济学原理，分析旅游供给与旅游需求的特点，研究旅游产品的生产、销售和价格策略及其影响因素。

第三，研究旅游经济要素的构成及相互关系，探讨旅游经济的基本要素。

第四，研究旅游产品的经济效益，包括旅游业的投资决策、旅游收入与分配等。

第五，研究旅游经济结构与旅游经济发展，包括旅游经济活动涉及的各种经济关系，即旅游主管部门、旅游企业、相关部门和相关企业之间的关系，旅游客源国、旅游接待国和旅游产品供给国之间的关系等。这些关系是一定经济联系的反映，它们对旅游经济的发展会产生不同程度的影响。因此，需要研究旅游经济结构中的各种经济关系，在此基础上制订适应国民经济总体发展目标的旅游发展战略、规划和计划。

第一章 旅游产业

教学目标

1. 了解旅游产业的内涵、构成及带动效应；
2. 了解旅游产业结构的内涵、特点、影响因素和分类；
3. 掌握旅游产业结构优化的含义、原则和标志。

第一节 旅游产业及其构成

一、旅游产业的内涵

旅游产业（Tourist Industry）是以旅游资源为凭借，以旅游设施为基础，通过提供旅游产品和服务，满足人们各种旅游需求的各个行业的总称。旅游产业是由食、住、行、游、购、娱组成的旅游服务业构成旅游产业的核心体系，由城建、工业、农业、商贸、文化、科技、环保、教育、邮政电信和信息等相关行业和部门组成了旅游产业的社会支撑体系，由管理、法规、政策、国际合作和环境与资源保护等构成了旅游产业可持续发展的保障体系。

旅游产业所包括的行业涉及第一产业、第二产业和第三产业的众多行业。这些行业主要有：

第一，旅游业本身所包括的行业；

第二，为旅游业提供物质支撑的属于第一产业的农业、林业、畜牧业和渔业的相关部分；

第三，为旅游业提供物质支撑的属于第二产业的轻工业、重工业和建筑业等部门和行业中的相关部分；

第四，属于第三产业中的邮政电信业、金融保险业、公共服务业、卫生体育业、文化艺术业、教育事业、信息咨询服务业等行业中的相关部分；

第五，国家机关中与旅游相关的部门，如旅游行政管理部门、海关、边检等。

由此可见，旅游产业是一个“大产业”，是一个由众多行业链组成的产业群体。从产业供给出发，旅游产业应该是以旅游业生产力六要素：食（旅游餐饮业）、住（旅游

饭店业）、行（旅游交通业）、游（旅游景观业）、购（旅游商品业）、娱（旅游娱乐业）为核心，以旅行社为产业龙头，由一系列行业部门组成的社会、经济、文化、环境的整合产业，是一个开放的复杂系统。

产业的分类

产业的分类，又称国民经济部门分类，是按照一定的原则对经济活动进行分解和组合而形成的多层次的产业概念。由于研究角度的不同，产业分类也不一样，目前常见的分类方法是三次产业分类法。三次产业分类是 20 世纪 30 年代由英国经济学家阿·费希尔（A. G. B. Fisher）首先提出。三次产业分类法根据产业产品的性质和生产过程，按照产业的关联性和递进性原理，把全部经济活动划分为第一次产业、第二次产业和第三次产业。我国对三次产业的分类如下：

第一次产业：农业，包括林业、畜牧业和渔业。

第二次产业：工业和建筑业，包括采掘业、制造业，自来水、电力、蒸汽、煤气的制造和供应业。

第三次产业：流通部门和服务部门，主要包括以下四个层次：

(1) 流通业，包括交通运输业、邮电通信业、商业、饮食业、物资供销和仓储业；

(2) 为生产和生活服务的部门：金融业、保险业、地质普查业、房地产业、公用事业、居民服务业、旅游业、咨询业、信息服务业和各类技术服务业；

(3) 为提高科学文化水平和居民素质服务的各个行业部门，包括教育、文化、广播电视、科学研究、卫生、体育和社会福利；

(4) 为社会公共需要服务的行业部门，如国家机关、政党机关、社会团体和军队警察。

二、旅游产业的特点

旅游产业是由旅游服务业和与其直接、间接相关的行业和部门共同构成的综合性产业，它的特点主要体现在以下三个方面：

（一）行业聚集性

旅游资源的开发行业、旅游要素行业以及提供良好的基础设施、自然环境的相关部门，凭借彼此之间横向或纵向的联系，形成了巨大的旅游产业集群。这些相关的行业和部门虽然分属于不同的行业，有着各不相同的经营模式、生产特征及产品，但由于共同服务于相同的旅游者，因而在同一地理区域内集聚，具有高度的集群特征。

（二）效应外部性

经济学中的外部性是指某一部门或企业的经营质量对另一部门会造成正面或负面的影响。由于旅游环节的环环相扣及旅游者对旅游景区感观和评价上的总体性特征，使分布于同一区域内的各旅游企业或行业存在着巨大的依赖性和关联性。这样，某个企业的优质服务将会有效促进其他企业的成功。反之，整个旅游集群内所有相关的企业都将受损。因而，在旅游产业中，各领域、各部门的平衡发展和相互协调与整合，对提升旅游集群的正向外部效应就起到了至关重要的作用。

（三）部门专业性

旅游产业在空间地域上表现为各部门、各行业的分工与协作。它们处于整个旅游系统的不同环节，每个部门只从事生产过程中一个环节的专业化生产，特别是随着旅游市场的日趋完善和旅游者需求的不断变化，旅游服务的专业化程度必然会继续提高。

三、旅游产业的要素构成

旅游产业的构成要素有多种说法，其中主流观点是食、住、行、游、购、娱六要素。这六大要素在旅游产业结构中可以分为以下两类：

第一，基础要素：食、住、行、游；

第二，提高要素：购、娱。

只要有旅游行为的存在，食、住、行、游几大要素缺一不可。在旅游业的起步阶段，旅游者的消费能力较低，对购物和娱乐的需求十分有限，有的旅游者实际上在旅游过程中基本上不发生购物和娱乐的消费行为。在旅游业的初级阶段，基础要素的消费构成在旅游业中所占的比例远远大于提高要素的消费比例。随着旅游业的不断发展和旅游者消费能力的提高，特别是旅游业从观光旅游为主转化为观光、度假、专项旅游齐头并进发展之后，提高要素在旅游业收入中所占比重会越来越大。

四、旅游产业的行业构成

旅游产业综合性极强，涉及的行业非常多，他们相互交织组合，形成了以下九个类别的行业，构成了一个紧密结合的旅游产业链。

（一）游憩行业

包括旅游景区、公园、娱乐区、游乐区、主题乐园、体育运动场所、产业集聚区、康体疗养区、养生休闲区、民俗文化村寨、农场乐园、旅游商业区等的经营管理和运作的行业。

（二）接待行业

包括旅行社、旅游饭店、餐饮、会议、展览等。

（三）营销行业

主要是旅游营销渠道方面，包括旅游商务行业（包括电子商务）、旅游媒介广告行业、展览、节庆等。

（四）交通行业

既包括旅游区外部的航空、公路、铁路、水运等，也包括景区内部的小火车、索道、电梯等小交通。

（五）建设行业

包括园林绿化、生态恢复、古建、设施建造、艺术装饰等建筑行业。

（六）生产行业

包括车船交通工具生产、游乐设施生产、土特产品加工、旅游工艺品加工、饭店用品生产、旅游衍生品加工、信息终端及虚拟旅游等设备制造。

（七）商业行业

包括集购物、观赏、休闲和娱乐等于一体的旅游购物商业、购物休闲商业等。如购物休闲步行街、特色商铺、创意市集等。旅游者一边观物、一边游览，还不时穿插于一些娱乐化的项目之中，这一类的产品是旅游产业发展的一个新的阶段。

（八）金融业

包括旅行支票、旅行信用卡、旅游投融资、旅游保险、旅游衍生金融产品等。

（九）旅游智业

包括规划、策划、管理、投融资、景观设计等咨询行业以及相关教育培训行业。

由上述九大类别基本形成了旅游产业链，即所谓的旅游大视野概念：就是把旅游产业链作为一个更加全面的、互动的结构清理出来，形成一个大的构造。做一个旅游产品、做一个片区开发、做一个旅游规划的时候，应该不再只局限于一个景区、一个景观，不再只局限于一种类别，而应该将产品的多个层面、多种类别和城市整体发展相关联、互动起来形成一个整体结构。

当考虑一个旅游项目的时候，可能会参与到完全不同的产业结构里面去，也可能因此形成完全不同的赢利结构。它有可能以旅游房地产为赢利前提，有可能以商业房地产为赢利前提（商业房地产包括中央游憩区、步行街等），也有可能以小城镇建设为赢利模式，或以区域开发的赢利模式等。这些赢利模式最后与旅游产业结构中的分类要素相结合，这就不仅限于现有的旅游景区的运作了。

五、旅游产业的带动效应

旅游产业的经济本质，是以“旅游者搬运”为前提，产生旅游者在异地进行终端消费的经济效果。这一搬运，把“市场”搬运到了目的地。旅游者在目的地，不仅要进行旅游观光等消费，还涉及交通、餐饮、娱乐、游乐、运动、购物等，进一步可能涉及医疗、保健、美容、养生、养老、会议、展览、祈福、培训、劳动等非旅游休闲的延伸性消费。通过旅游者的消费，目的地的消费经济及相关产业链发展就被带动起来了。

（一）动力效应

1. 直接消费动力

旅游的“动力效应”，来源于“搬运市场”的客观能力。通过搬运，旅游者产生餐饮、住宿、游乐、购物、会议、养生、运动等综合性、多样化的终端消费，带来“出游型消费经济”，进而整个旅游目的地形成消费经济链及相关产业的聚集，最终带动当地经济社会的全面发展。

（1）对经济的带动作用。

据统计，中国国内旅游消费及旅游业总收入的增长速度一直高于居民消费支出和国内生产总值。2011 年，中国居民国内旅游消费达到了 19305.39 亿元，占到了整个居民消费支出总额的 11.7%；旅游总收入为 2.25 万亿元，实现 20.1%的快速增长，占 GDP 的比重上升到了 4.77%。旅游业已成为中国国民经济的支柱产业。

旅游通过搬运将市场需求与市场供给很好地匹配起来，因此在资源丰富而市场不足的一些偏远地区，旅游业的经济功能得到了更多地体现，在消除贫困、平衡经济发展方面作出了积极贡献。据统计，目前中国乡村旅游收入受益村（寨）超过 2 万个，直接受益农民超过 2400 万。通过发展旅游已使贫困地区约 1/10 的人实现脱贫。

（2）对社会就业的带动作用。

旅游属于劳动密集型行业，就业层次多、涉及面广、市场广阔，对整个社会就业具有很大的带动作用。从世界旅游组织的报告来看，2009 年旅游就业人数达到了 2 亿人，占全部就业人数的 8%；2012 年，国际旅游业已经成为全球最大的经济部门之一，全球每 12 个人中就有 1 人在旅游部门就业，其产出占全球服务出口的 30%。从中国来看，2001 年，旅游直接就业人数为 698 万人，旅游就业总人数为 3578 万人；“十一五”时期，新增旅游直接就业约 300 万人，带动间接就业约 1700 万人；2012 年，中国旅游直接从业人数已超过 1350 万人，与旅游相关的就业人数约 8000 万人，占全国就业总人数的 10.5%（旅游发达国家均在 10%以上）。随着旅游产业发展壮大，特别是旅游休闲在乡村拓展，旅游业在吸纳就业方面的功能将会进一步增强。特别在解决少数民族地区居民、妇女、农民工、下岗职工、大学毕业生首次就业者等特定人群就业方面，旅游业发挥了重要作用。

2. 产业发展动力

旅游产业综合性强、关联度大、产业链长，已经极大地突破了传统旅游业的范围，广泛涉及并交叉渗透到许多相关行业和产业中，如工业、农业、教育、医疗、科技、生态、环境、建筑、海洋等领域，形成了一个泛旅游产业群。旅游在这一产业群中，带动其他产业发展，并延伸出了一些新的业态。据世界旅游组织（World Tourism Organization，UN WTO）统计，旅游业每收入 1 元，可带动相关产业收入增加 4.3 元。另据联合国统计署（United Nations Statistics Division）测定：旅游业拉动的相关行业达 110 个，旅游业对各行各业的贡献率可以量化，对住宿业的贡献率超过 90%，对民航和客运的贡献率超过 80%，对文化娱乐产业的贡献率达 50%，对餐饮业和商品零售业的贡献率超过 40%。

拿旅游与农业的结合来说，中国是一个农业大国，“三农”问题是实现可持续发展的基础。以旅游为主导，并与农业紧密结合的乡村旅游，是有效促进农民增收、改善

农村环境、解决三农问题的方法之一。据统计，目前全国共有8.5万个村庄开展乡村旅游，全国乡村旅游经营户超过170万家，从业人员达2600万人，其中农家乐150万家。中国乡村旅游年接待旅游者7.2亿人次，年营业收入达2160亿元，形成了农家乐、休闲农庄、休闲农业园区、民俗文化村、新型农村社区等休闲农业模式，成为了一些地区壮大经济的支柱产业和民生产业。

3. 城镇化动力

产业转型、土地财政及旅游房地产的商业利益合流，推升了旅游开发的新浪潮，使其突破传统的旅游开发模式，与区域发展和城镇化全面结合，走向了区域综合开发模式。旅游投资的规模和方向反映了这一现象。

过去，一个旅游项目招商引资，几个亿、十个亿，已经是非常大的项目了。这两年，在各地投资洽谈会上，旅游项目十分热门，投资总额不断放出卫星，几百亿、上千亿元人民币的旅游综合开发项目，令人侧目。旅游投资的大幅增长，代表着一个旅游投资的新时代。这个新时代，不仅仅是总量上的变化，更在于投资对象与模式的差异。据国家旅游局旅游项目管理系统数据显示，2011年全国旅游项目投资总额累计达到2.67万亿元，占全社会固定资产投资总额的8.6%。

（二）价值效应

1. 价值提升效应

一方面，旅游将旅游者带到了原产地，使得产品的销售直接面向市场，节省了中间流通环节上的费用，能够按照市场终端价卖出，从而获得了比批发价出售更高的价值，这一部分价值为终端消费带来了价值提升。另一方面，旅游者在进行旅游消费的同时，还能够享受到不同于一般购物过程的新型体验和服务，使得产品的最终价格高于一般市场上的价格，将高出的这部分价值称作体验性消费带来的附加价值提升。

例如草莓，市场上的批发价可能是10元/斤，但如果到农民的大棚里去采摘，旅游者除了能购买到可以放心食用的草莓外，还能体验到做农活的乐趣、了解草莓的生长环境、享受农村的清新空气等这些体验是普通购物感受不到的，于是大棚采摘的价格要远远高于批发价甚至是市场交易价。因此，旅游与农业结合形成的休闲农业，其收益要远远大于单纯的生产型农业。

2. 品牌效应

旅游的品牌效应，基本上反映为对城市品牌的宣传与提升作用。城市品牌是一个城市在推广自身形象过程中，传递给社会大众的一个核心概念，期望得到社会的认知和认同，即所谓的品牌知名度和美誉度。其中，文化是一个城市或区域发展的根基，是区别于其他城市的差异所在，是城市品牌形象的灵魂。旅游作为一种体验性活动，能够将一个城市的文化遗存、非物质文化遗产、民俗风情转变为吸引物，使旅游者感受、体验，并迅速地传播出去，形成目的地品牌形象，吸引社会大众前来，进行消费，留下记忆。

所以，从某种程度上讲，旅游形象和城市形象有着共同的目标群体和发展目的。

旅游业可以最大化地释放一个城市或区域的吸引力，并使旅游者产生感应或共鸣。另外，旅游的外向性和美好性，也能提升城市品牌的知名度和美誉度，从而带动整个城市或区域的品牌价值提升，并最终使得城市里的劳动力、商品、资产等价值得到提升。例如，浙江乌镇与湖南凤凰在发展旅游之前，都是普通的小镇，那里的人们过着跟其他地方居民一样的生活，没有人会刻意去关注那里，也没有人从四面八方去那里度假。但当旅游承载起当地文化，并展示给世人的同时，这些小镇就名声鹊起了，鲜明的城市形象反过来又促进了旅游的发展。

3. 生态效应

中国共产党第十八次全国代表大会将生态文明建设放在突出地位，宣示将生态文明建设与经济建设、政治建设、文化建设、社会建设并列，“五位一体”地建设中国特色社会主义，并提出要努力建设美丽中国，实现中华民族的永续发展。可以预见，今后中国将转变经济发展方式，着力推进绿色发展、循环发展、保护环境的产业结构和生产方式，这对中国旅游业来说是一个难得的机遇。

旅游是一种审美活动，想要发展就必须保护环境、美化环境、提升环境质量。同时，旅游本身就是一个资源消耗低，综合效益好的产业。主要表现在以下方面：

（1）旅游产业污染低。

旅游发展大多依托可持续利用的自然资源或文化资源，能耗主要集中于旅游交通、旅游住宿餐饮及其他旅游活动方面，通过国内外学者的研究，其能耗比重远少于工业、建筑业、交通运输业等，是低耗能产业。世界旅游组织2008年出版的《气候变化与旅游业：应对全球挑战》的研究报告显示，以2005年为例，整个旅游发展中的二氧化碳排放量占所有二氧化碳排放量的4.9%；2009年5月世界经济论坛发布的“走向低碳的旅行及旅游业”报告显示，旅游业（包括与旅游业相关的运输业）碳排放占世界总量的5%；石培华、吴普在《中国旅游业能源消耗与二氧化碳排放量的初步估算》中研究得出，2008年中国旅游业能耗总量和二氧化碳排放量分别为428.30PJ和51.34MJ，分别占中国能源总耗量的0.51%和0.86%。另外他们还估算出，单位旅游业增加值能耗为0.202，约为全国单位GDP能耗的1/6和单位工业增加值能耗的1/11。

（2）保护环境是旅游发展的前提。

生态环境是旅游赖以发展的基础和内在动力，良好的自然和人文环境是吸引旅游者前来旅游的主要因素之一，也是旅游业可持续发展的基本条件。反之，生态环境的恶化将使旅游者无法获得高质量的旅游体验，最终旅游经济活动也就不存在了。因此，要想发展旅游首先就要保护环境。

（3）旅游促进生态环境美化。

旅游者对目的地景观、环境具有很高的要求，因此发展旅游不仅会促进当地生态环境的保护，还会美化环境，尤其是在中国处于产业转型的关键时期。焦作、栾川、伊春、迪庆等地由煤矿业、林业为主导产业转型发展旅游后，都取得了很好的生态效益和综合效益。

以历史上的“煤城”河南焦作为例，20世纪90年代，煤炭资源开始枯竭——矿井关闭，经济下滑，工人下岗，污染严重，年均经济增速只有3.5%。1999年，焦作市做出了“把旅游业作为龙头产业进行培育”的重大决策。5年时间，焦作实现了由“黑色印象”向“绿色主题”的转型，“焦作山水”享誉海内外。2011年，焦作市共接待中外旅游者2281万人次，旅游景区门票收入7亿元，实现旅游综合收入172亿元，占全市GDP的11.8%。如今的焦作，正在依托“太极故里、山水焦作”整体品牌优势，进一步加快旅游业转型升级步伐，向着具有强劲感召力、吸引力和竞争力的国际知名旅游城市迈进。

4. 幸福价值效应

旅游是创造幸福的产业。旅游产业，通俗来说，就是“吃喝玩乐”。它不仅能增加目的地居民收入，还能给旅游者带来视野上的开阔、生活上的享受、精神上的愉悦，从而提高生活质量。2009年年末，国务院颁布的《关于加快旅游业发展的意见》中提出，要把旅游产业培育成为让“人民群众更加满意的现代服务业”，这具有里程碑式的意义。2012年，广东省在全国首个发布《培育幸福导向型产业体系行动计划》，并把“休闲旅游”纳入八大幸福导向型产业之一。可见，旅游的幸福效应已经开始慢慢被社会所认识，并在提升人们的幸福感上发挥着切切实实的作用。

第二节　旅游产业结构

一、旅游产业结构的内涵

旅游产业结构（Tourism Industry Structure）是指旅游经济产业内部各部门、各地区，以及各种经济活动的各环节的构成及其经济技术比例关系。它是旅游经济的构成要素在社会供求关系及旅游经济运行中形成的相互联系。旅游产业结构是一个动态的概念。旅游产业的不断发展使得旅游产业结构不断变化，旅游产业结构的不断合理化、高度化又会推动旅游产业的进一步发展。对旅游产业结构可以从以下几方面深入理解：

（一）旅游产业结构反映的是旅游经济各个产业之间的生产、技术、经济联系

从旅游产业生产联系来说，在旅游经济内部，每一个产业的经济活动都是以其他产业的经济活动为基础的，经济规模的变化也都是与其他相关产业经济的变化相联系的。

（二）旅游产业结构也是一种产业间的数量比例关系

从旅游投入来说，旅游产业结构反映了各类经济资源和要素在旅游经济的各个产业之间的配置状态，如资金、劳动力在各个产业的分布。从旅游产出来说，旅游产业结构反映的是旅游经济总产出在各个产业之间的分布，如某个特定时期内旅游总收入、旅游总利税在各个产业中的分布情况。

（三）旅游产业结构是旅游产业实际运行的结果，是旅游产业运动的静态反映

通过对旅游产业结构的研究，可以进一步分析和研究旅游产业运行过程中的问题，建立合理的旅游产业结构体系，为运动过程中的旅游产业提供科学的发展方向。

（四）旅游产业结构也是一国国情在旅游产业运动中的具体表现

旅游产业结构是一个国家政治、经济、自然、社会等条件共同影响的结果，什么样的国情创造什么样的旅游产业结构。从这个意义上讲，对特定阶段的旅游产业结构进行研究，就是对具体国情对旅游产业运动制约与动力问题的研究，通过对这一问题的研究，可以寻求一条最符合国情的旅游产业发展道路。

二、旅游产业结构特点

（一）整体性

整体性是系统的基本属性，也就是通常所说的“整体大于部分之和”。旅游业是一个综合性的产业，是经济社会大系统的一个子系统，它由食、住、行、游、购、娱等六要素构成，每一要素缺一不可并体现旅游经济的某一方面。

由于各组成要素的性质和特点各不相同，使得六大要素之间不能相互替代，每一要素也无法代表整体的旅游产业结构。因此，旅游产业结构不是六大要素的简单地相加，而是六大要素按照一定的比例关系，在相互联系、相互作用的基础上共同构成的一个整体，这一整体发挥的功能大于各组成要素的功能之和。

（二）功能性

功能决定着结构，一定的结构总是为一定的功能服务的，为了达到预定的功能，就必须有相应的结构；反过来，结构是否恰当又对功能能否顺利实现产生影响。旅游产业结构也是如此，传统的旅游产业结构是同当时以观光功能为主的旅游相适应的。

随着经济社会的发展，人们的旅游需求有了新的变化，从传统的观光型旅游向休闲度假、康体疗养、商业娱乐型旅游发展，这就要求旅游产业结构要相应地做出调整，以满足人们新的旅游需求。

因此，就旅游产业结构而言，它具有功能性的特征，是为满足人们特定的旅游需求而构建的；同时，判断一定时期旅游产业结构是否合理，也主要是看该结构能否同当时人们的旅游需求相适应，并随着人们旅游需求的发展变化而自我调整，从而促进旅游业的快速发展和旅游生产力的不断提高。

（三）动态性

一方面人们的旅游需求会随着经济社会的发展而变化发展，这就使得旅游产业结构为了适应人们的这一变化而不断调整。另一方面，组成旅游产业结构的六大要素虽然联系紧密，但又是相互独立、各自发展的，这也会导致旅游产业结构处于不断的变化中。这一变化既有总量规模上的变化，又有各组成部分相互间比例的变化。值得注意的是，这种变化不是随意的，它总是趋向于使旅游业的综合发展水平和经济效益不断提高。

（四）关联性

旅游产业结构是由食、住、行、游、购、娱六大要素紧密结合所构成的一个有机整体，各要素之间关联性极强，任何要素的滞后发展都会影响作为整体的旅游产业结构的功能的有效发挥，这是旅游产业结构同其他产业结构差别最大的地方；同时，从旅游产业的角度看，组成这一产业的各行业如旅行社、旅游交通、旅游景区、旅游购物等的相互关联也非常强，其中任何一个行业的发展都必须以其他行业的发展为条件。

三、旅游产业结构的影响因素

（一）需求因素

需求是决定产业结构并影响其变化的主要因素。不能满足需求的生产，不适应消费结构的产业结构都不能使社会生产形成良性循环。旅游业是以满足人们的需求为主要目标的，因而国内外旅游需求的变化，旅游需求的发展方向和水平，不仅决定着旅游经济的发展方向和水平，也决定和影响着旅游产业结构的变化及发展。

需求因素对旅游产业结构的决定和影响主要反映在消费需求和投资需求两大方面。

从消费需求方面看，旅游者的消费需求直接影响旅游产业结构的变化。因此，旅游者对某种旅游产品需求的增加，必然相应引起该产品供给的增长，从而影响到旅游产业部门内部结构的变化，促使旅游生产经营者尽力形成适应旅游消费需求的产业结构。

从投资需求方面看，投资结构的变化是直接影响旅游产业结构变化的重要因素。投资结构作为一种流量结构，在旅游消费需求的拉动下，对旅游产业的资本存量结构产生影响，从而影响到旅游产业结构的变化和发展。

（二）资源因素

旅游资源对旅游产业结构的影响是至关重要的。传统的观点认为，旅游资源主要是自然旅游资源和人文旅游资源。而现代的观点认为，旅游资源还应包括人才、信息、智力、资金等。

通常，一个国家生产力越不发达，则本国的自然资源对产业结构的决定及影响作用就越大。因此，许多发展中国家的旅游产业结构，在很大程度上取决于该国的旅游资源状况，尤其是自然旅游资源和人文旅游资源的状况和结构。而许多发达国家，则不仅能有效地利用本国资源，而且能采取种种方法去利用其他国家的旅游资源，提高本国旅游产品的吸引力。

分析资源因素对旅游产业结构的决定和影响作用，应从以下几个方面开始：

1. 分析一国所拥有的自然旅游资源和人文旅游资源的状况

分析这些旅游资源的规模、品位及特点，以开发具有特色的旅游产品。

2. 分析资金和劳动力的状况

不仅分析资金和劳动力拥有的数量对旅游产业结构的影响，还要分析劳动力质量对旅游产业结构的影响，提高对资金、劳动力资源要素的投入。

3. 分析智力和信息资源的状况

旅游是一种满足人们身心需求的高层次活动，因而智力资源的开发不仅能更广泛地利用自然与人文旅游资源，还能创造出新的资源，组合成颇具吸引力的旅游产品。智力资源的开发越好，则旅游产品的形象就越好，吸引力就更大。而要有效地开发智力资源，就离不开充分的信息资源。特别是在瞬息万变的国际旅游市场中，及时、准确地掌握市场信息及相关信息，不仅对形成合理的旅游产业结构具有重要的影响作用，而且对旅游经济的良性循环发展也是非常重要的。

（三）科技因素

科技进步是旅游产业结构演进的主要推动力，其表现在两方面：

1. 科技进步直接决定和影响着旅游产业结构的变动及发展

科技进步改变了对旅游资源开发和利用的具体方式和效果，促进了交通工具和通信手段的现代化，为旅游活动的有效进行提供先进的工具和手段；加快了旅游设施的建设和改善了旅游服务的质量，丰富了旅游活动的内容；提高了旅游产出的经济效益，从而直接对旅游产业结构产生影响作用。

2. 技术进步刺激着需求结构的变化

技术进步对旅游消费需求和投资需求结构会产生影响，会增强对旅游产业结构的拉动力，促使旅游经济在科学技术进步的基础上实现质的飞跃，充分有效地利用现代科学技术。此外，科学技术的进步还表现在对旅游业的经营、管理和组织等方面的“软”技术的积极作用。特别是在各种旅游“硬”技术逐渐完善的条件下，经营、管理和组织等“软”技术将在旅游产业结构的合理化中发挥着十分重要的作用。

（四）政策和体制因素

政策和体制不仅影响着旅游产业结构的变化，而且直接为旅游产业结构的合理化创造条件。从政策角度讲，国家对旅游产业的重视和所制定的相应政策、法规，不仅对旅游经济的发展具有促进和制约作用，同时也对旅游产业结构的变动及发展具有影响和调控作用。特别是目前国家按照经济发展与产业结构演进规律所制定的加快发展第三产业的改革和大力发展旅游业的政策，都将促进旅游产业结构的合理化。但也要看到传统经济体制的弊病及其影响也对旅游经济发展和旅游产业结构的变化产生着影响。因此，加快旅游经济体制的改革，实现旅游产业结构的合理化，对旅游经济持续稳定地发展都具有十分重要的作用。

四、旅游产业结构分类

旅游产业的多层次性和多样性使得旅游产业结构呈现多样化的特点。旅游产业结构主要有旅游产业行业结构、地区结构、组织结构、产品结构、所有制结构等。各种旅游产业结构纵横交错和前后延伸构成了旅游产业结构网络体系。旅游产业结构是一个动态的概念，旅游产业的不断发展使得旅游产业结构不断变化，旅游产业结构的不断合理化、高度化又会推动旅游产业的进一步发展。

（一）旅游产业的行业结构

旅游产业的行业结构是指旅游产业经济运行中所形成的各种行业之间的比例关系及其相互作用关系。它是旅游产业结构中最基本的结构，包括旅游交通、旅游游览、旅游住宿、旅游餐饮、旅游购物、旅行社、娱乐等部门，这些部门与行业之间彼此相互关联、相互作用，形成一个大的产业系统，满足旅游者在旅游活动中的食、住、行、游、购、娱等各种基本旅游需求。

中国旅游服务业自从1978年作为一个经济产业起步以来，经过30多年的持续发展，目前已经形成相当大的产业规模。2011年，全国纳入星级饭店统计管理系统的星级饭店共计13513家，拥有客房147.49万间，床位258.63万张；拥有固定资产原值4587.13亿元；实现营业收入总额2314.82亿元；上缴营业税金147.84亿元；全年平均客房出租率为61.1%。全国纳入统计范围的旅行社共有23690家，全国旅行社资产总额711.17亿元，比2010年增长6.8%；各类旅行社共实现营业收入2871.77亿元，比2010年增长8.4%；营业税金及附加13.06亿元，比2010年增长2.3%。2011年，中国旅游业保持平稳较快发展。国内旅游市场保持较快增长，入境旅游市场实现平稳增长，出境旅游市场继续快速增长。全年共接待入境旅游者1.35亿人次，实现国际旅游（外汇）收入484.64亿美元，分别比2010年增长1.2%和5.8%；国内旅游人数26.41亿人次，收入19305.39亿元人民币，分别比2010年增长13.2%和23.6%；中国公民出境人数达到7025.00万人次，比2010年增长22.4%；旅游业总收入2.25万亿元人民币，比2010年增长20.1%。

（二）旅游产业的地域结构

旅游产业的地域结构是指各地区的旅游产业在当地经济和全国旅游产业中的地位，它们之间的相互关系以及相应的资源配置。它从地域角度反映旅游市场、旅游区的形成、数量、规模及相互联系和比例关系。合理的地域结构是科学的旅游产业结构体系的重要内容，它显示在旅游规划区内旅游资源的合理配置与协调。中国地大物博，不同地区由于自然、社会、经济、历史、政治、文化等多方面的差异，特别是旅游资源条件和经济发展水平的不平衡，导致旅游产业发展水平存在较大的差异，旅游资源条件与旅游产业发展水平并不一致。中国旅游业已基本形成了以东南部沿海地区为主体、中部地区相对薄弱、西部地区虽然资源丰富但由于受条件限制发展缓慢的总体格局。

（三）旅游产业的组织结构

旅游产业的组织结构是指构成旅游产业结构的各行业、部门机构和旅游企业机构的设置，以及旅游企业的规模等。它一般包括旅游行业组织机构、旅游企业规模结构以及旅游企业内部组织结构等。

1. 旅游行业组织机构

旅游行业组织是指为协调行业间及旅游行业内部各个企业之间的相互关系而形成的各类组织。它属于非政府组织的社会团体，主要职能就是加强沟通与协作，实现行业自律，保护旅游者权益，同时促进旅游业及行业内部各企业的发展，为旅游产业的平衡发展创造条件。就一个国家或地区来说，旅游行业组织是政府与企业之间的中介组织，协调政府管理之外的事务。如中国旅游协会、中国旅游饭店协会、中国旅游车船协会等，这些组织在国家旅游局的指导下，开展相关业务。旅游行业协会是旅游企业自己的组织，其设立的使命与宗旨就是“为企业服务、为行业服务、为社会服务”。旅游行业组织在帮助行业开拓国内外市场、进行技术与管理创新、帮助企业提高竞争力等方面发挥基础性作用。

2. 旅游企业规模结构

旅游企业的规模结构是指同类大、中、小型旅游企业在旅游产业中的地位、作用和比例关系。旅游企业大、中、小并存的规模差异，是由旅游需求的层次和数量决定的，是旅游企业发展过程中的必然现象。由于供求关系的不同，各旅游企业投资的数额和经营状态也不尽相同。合理的旅游企业规模结构不仅可以满足旅游者的各种需求，而且可以提高旅游产业的经济效益，促进旅游产业的健康发展。

3. 旅游企业内部组织结构

为了适应经营和管理的要求，旅游企业必须要有相应的组织结构。企业的组织结构是多种多样的。旅游企业的性质不同、类型不同、规模不同、经营方式不同，其内部的机构设置及其管理模式就不可能相同。例如，外资或合资企业的机构设置和管理模式一般是由董事会推举董事长，董事长行使所有权的职能，由董事会任命总经理，总经理行使经营管理权的职能。合理的旅游企业组织结构是提高旅游企业经营管理水平、满足旅游者需求以及提高旅游企业经济效益的重要组织保证。

（四）旅游产业内部的产品结构

旅游产业内部的产品结构是指旅游产业经济运行过程中，满足旅游者的各种旅游产品的构成及各种旅游产品之间的相互关系。随着旅游产业进一步发展，旅游市场需求的不断变化，旅游者对旅游产品的需求呈现出多样化和个性化趋势。

（五）旅游产业结构中的所有制结构

旅游产业结构中的所有制结构主要是指旅游产业经济运行过程的各种经济成分在旅游产业经济中的相互关系和构成。

第三节　旅游产业结构优化

理论与实践的经验已充分说明，旅游经济增长特别是旅游经济的持续增长，必须伴随着产业结构的优化，只有结构合理，与市场需求、技术发展相适应，才能有效配置资源，保证经济增长。

一、旅游产业结构优化的含义

旅游产业结构优化（Optimization of Tourism Industry Structure）就是从旅游经济综合性角度研究旅游产业结构的合理化和高度化。其根本目标就是要保证旅游产业的

发展速度和规模既符合客观经济规律要求，又与国民经济发展的要求相适应并协调发展，实现旅游业持续快速发展。

一般而论，旅游产业结构合理化（Rationalization of Tourism Industry Structure），是指在现有的经济社会技术基础上，使旅游产业内部保持符合产业发展规律和内在联系的比例，保证旅游产业持续、协调发展，同时促使旅游产业在国民经济中的比重加大，保证旅游产业与其他产业协调发展。旅游产业结构高度化（High-ranking Structure of Tourism Industry）是指在旅游经济合理化的基础上，不断提高旅游业的技术构成和要素的综合利用率，促进新兴旅游景区和服务设施迅速发展，占有越来越重要的地位，传统旅游产业的技术水平不断提高，旅游产业产值在国民生产总值中所占比重不断提高的过程。

二、旅游产业结构类型的优化

（一）旅游产业行业结构优化

旅游产业行业结构优化就是要实现旅游产业与其相关产业协调发展，实现旅游产业内部各要素的合理配置与协调发展。中国旅游业已经形成了较大的行业组织和行业规模，但在社会化程度和行业结构上仍然处于初级阶段，主要表现在：各个供给要素之间缺乏有机的联系，大多处于条块分割的藩篱之中，整体效用不能充分发挥；主导行业或部门的作用和效益还不突出，即住宿、交通、电信等部门的一般性收入较多，餐饮、购物、娱乐等部门的高弹性收入较少；旅游行业的整体结构和内部结构不合理，即旅游景观偏少，旅行社和旅游饭店偏多，中低档饭店显少，高档饭店显多，由此导致了旅游行业的结构性矛盾，经济效益也难以提高。对此，应当对中国的旅游行业结构进行调整，主要的内容有：

（1）加快开发旅游资源，新建和改建一大批高品位的旅游景区和娱乐场所，延长旅游者的停留时间，提高旅游收入。

（2）增加对交通运输业的投入，扩大交通运力。

（3）加强旅游行业管理，控制旅行社和饭店业的规模，特别要限制高档旅游饭店的数量，提高旅行社和旅游饭店的专业化程度和服务质量，推动旅游企业向集团化、集约化、专业化的方向发展。

（4）扩大旅游商品的生产和经营，根据市场需求及时推出新产品，推动旅游商品的生产和经营向多样化、系列化、网络化的方向发展。

（二）旅游产业产品结构优化

旅游产业产品结构优化是指各种旅游产品之间在规模、数量、类型、层次等方面的比例关系和组合关系，包括各种旅游产品之间要保持合理的数量比例关系，同种旅游产品在不同旅游者类型之间要保持合理的数量比例关系等。目前，传统旅游产品发展比较成熟。观光旅游、度假旅游、探亲访友旅游等一大批传统旅游项目已具备一定的生产规模，能够满足不同的旅游者的需求。这一类产品已经进入成熟期，产品销售比较稳定。与此同时，新兴旅游产品开始出现。随着旅游市场的不断发展，传统的旅游产品已不能满足日益变化的旅游市场需求。现代旅游者尤其是重复旅游者的增长，表明人们已不能满足大众化的旅游消费，散客旅游的比重不断增长。针对旅游市场需求的这种变化趋势，旅游企业要不断开发新兴的旅游产品，如生态旅游、探险旅游、体育健身旅游、农业旅游等满足不同年龄、收入、文化结构的旅游者的多样化需求。

（三）旅游产业区域结构优化

旅游产业区域结构优化就是根据不同区域旅游经济不平衡发展的现状，以及不同地区旅游资源和经济社会发展的差异性出发，合理布局旅游生产力，形成各旅游区域在旅游产品数量、规格上的合理比例及相互关系，提高旅游目的地的整体竞争力。中国的地域广阔，各地旅游资源具有各自不同的优势与特点，但各区域间的各种旅游资源不是孤立存在的。科学的地域结构要求无论是旅游资源存量，还是新开发的旅游项目，都要置于整个区域乃至整个国家旅游产业结构体系中，合理配置以增加其整体功能。随着中国旅游市场结构的变化和交通运输的发展，中国旅游产业的区域结构正在发生深刻的变化。在旅游产业结构调整与优化过程中，要特别重视西部地区的旅游资源的开发，遵循区域旅游经济发展的原则和规律，通过促进区域旅游的分工与合作，实现旅游区域结构的优化。

（四）旅游产业组织结构优化

旅游产业组织结构的优化是一个动态过程，是旅游产业组织结构不断调整和合理化的过程；尽管在不同的发展阶段、不同的条件时旅游产业组织结构优化的内涵各不相同，但一般而言，它都要求旅游产业组织结构国际化、集团化、网络化和企业内部组织结构的现代化。

随着市场经济的发展和中国加入（世界贸易组织 WTO），中国的旅游产业组织结构也发生了重大的变革，从过去的小（企业规模小）、低（技术水平低）、差（产品质量差）向大型化（资产规模和投资规模）、集团化（多个子公司）、现代化（技术水平和内部组织）、高档化（产品高附加值）、国际化（跨国经营）发展。旅游产业结构的国际化、集团化和企业内部组织的现代化引起了旅游企业战略环境的变化。

三、优化旅游产业结构的指导原则

（一）树立“大旅游”观念

从旅游业的现状来看，旅游产业的综合性与部门分割的矛盾还十分突出。特别是旅游产业内部各子系统之间的认识障碍，割裂了旅游经济的内在联系，难以实现一体化经营与管理，制约了旅游产业系统的健康发展。旅游产业综合性强、覆盖面广，需要与商业、交通、文化、城建等各个部门加强沟通和协调。为此，必须树立“大旅游”的观念，深化旅游体制的改革，加强宏观调控力度，鼓励旅游产业内部部门间的联合，成立行业协作组织，促进旅游产业各部门的协调发展。这既是由旅游产业的特点所决定的，同时又是现代经济社会化、专业化和国际化发展的必然要求。

（二）各旅游要素在横向上要实施综合平衡

旅游产业是建立在食、住、行、游、购、娱六要素基础上的。这些基本行业相互之间合理的比例关系，是保证旅游业健康有序、稳定持久发展的基本条件。例如，旅行社组织的旅游者的数量，要同旅游饭店所提供的床位数量相适应。任何一方的脱节，都会影响旅游活动正常进行。旅游产业内部各要素的发展只有不断通过综合平衡，保持合理的比例关系，才能使整个旅游产业协调发展。总之，优化旅游部门结构，必须对旅游产业行、游、食、住、购、娱六大基本要素进行横向综合平衡，达到部门结构的合理配置。

（三）优化旅游产业地域结构，注重旅游产品的升级换代

地域结构的优化要求无论是在旅游资源存量，还是新开发的旅游项目，都要置于整个区域旅游产业结构体系中，合理配置以增加其整体功能。目前旅游地域结构正在发生深刻的变化。在旅游产业结构调整与优化过程中，要特别重视落后地区的旅游资源的开发，以促进旅游产业的平衡发展，推动旅游产业发展的整体水平。虽然传统旅游产品发展比较成熟，但多是相对单一的初级观光产品，因此，要在此基础上升级换代，使得单一产品结构体系向多层次产品结构转换。

（四）调整要由数量型向数量、质量、效益结合型方向转变

一定时期内追求适当的数量规模是必要的，即采取追求旅游产业规模的扩张为主要的发展模式。当然，既要保持一定的发展速度，还要考虑旅游类型的多样化，以满足日益多样化的旅游需求，保证旅游资源的永续利用。

四、旅游产业结构优化的标志

（一）资源配置的有效性

在旅游经济活动中，旅游供求存在着矛盾，旅游资源的稀缺性和旅游需求的无限性要求旅游资源最有效配置，从而对旅游产业结构提出了要求。因而，旅游资源配置的有效性成为旅游产业结构优化的标志之一。

优化的旅游产业结构应能够充分、有效地利用本国旅游资源及人力、财力和物力；能够较好地利用国际分工的好处，发挥自身的优势，实现全球旅游资源的最佳配置和使用；能够促进旅游资源的保护和适度开放。

（二）旅游产业结构的协调化

社会化大生产客观上要求按比例分配社会资源，这种数量比例关系存在于社会各产业之间以及产业内的各环节之间。如果产业之间的比例不协调，就意味着某些产业的产品供过于求，某些产业的产品又供不应求，资源就不能得到合理利用，必然会造成社会资源的浪费。因此，合理的产业结构应该是各产业之间的协调发展。这是一个最基本的要求。

对于旅游业来说，合理的旅游产业结构应能够使旅游经济各产业、各部门保持合理的比例关系及协调发展，能够有效地促进旅游生产、流通、分配及消费的顺利进行，

从而使旅游的供给和需求处于协调发展的状态。

（三）区域布局的合理性

旅游经济活动必须在一定的空间范围内进行，因而旅游区域布局的合理性也是优化旅游产业结构的标准。优化的旅游产业结构应能够遵循旅游经济发展的客观需求，形成包括旅游景区、旅游经济圈在内的合理的旅游经济区域布局，从而提高整个国家旅游经济的总体形象和综合生产能力，提高整个旅游业的综合经济效益。

（四）旅游经济发展的可持续性

旅游经济发展的可持续性的前提是良好的生态环境。而良好的生态环境取决于旅游产业结构是否优化。优化的旅游产业结构应有利于生态环境的保护和改善，使旅游业发展与生态环境的保护有机地融为一体，实现经济、资源和环境的良性循环，还能够促使旅游业、旅游者、旅游企业、旅游社区和旅游环境等成为一个稳定、健康和持续的旅游产业发展系统，促进经济社会效益的不断提高。

（五）旅游产品类型的多样化

由于人们旅游需求的多样化，决定了旅游产品类型的多样化。在旅游经济发展的初期，大多数旅游产品以观光旅游产品为主，随着旅游经济的发展和人们生活水平的提高，人们的旅游需求从观光旅游需求向休闲度假、科考探险、商务会展等方向发展，从而对旅游产品的多样化提出了要求。因而，旅游产品的类型多样化也是旅游产业结构优化的标志。

（六）旅游需求满足的最大化

生产的最终目的，是为了满足人们的需求。因此，合理的旅游产业结构应能与社会的旅游需求相适应。如果一种旅游产品货不对路或供过于求，那么生产这种旅游产品的劳动或部分劳动就得不到社会的承认，其价值或部分价值就不能得到实现。

在社会资源一定的条件下，某些产品供过于求或产销不对路，就意味着另一些社会需求的产品空缺或供不应求，从而决定了生产这些旅游产品的产业部门之间的发展不平衡，效益不好。显然，这样的旅游产业结构是不合理的旅游产业结构。当然，通常所说的满足社会需求，也只能说在现有条件下尽可能地满足社会需求，绝对地完全地满足社会需求是不可能的。

五、旅游产业结构优化的措施

（一）以市场调节为主、宏观调控为辅，二者有机结合

在旅游产业结构优化过程中，宏观调控与市场调节分别具有不同的优势。在宏观上，国家对旅游经济结构中的不合理状况，可以通过行政手段，预算投资，调整价格、利率、税收等宏观调控措施强制性地、及时地进行调整，从而避免市场失灵和市场调节的滞后性。但市场的复杂性及其运行的规律性又决定了市场调节具有不可替代的基础性地位和作用，旅游行业的供给结构总是受着旅游市场需求的引导。

（二）转变政府职能，充分发挥旅游行业组织的作用

按照政企分开的原则，转变政府职能。政府的经济管理职能，要真正转变到制定和执行宏观调控政策、搞好基础设施建设、创造良好的旅游经济发展环境上来，把不应由政府行使的职能逐步转给旅游市场、旅游企业和旅游行业组织，充分发挥旅游行业组织协调旅游企业与政府部门关系、为企业提供服务的积极作用。

（三）坚持主导行业与关联行业的协调发展，形成产业链

在旅游产业结构中，旅行社在各行业中居于中心地位，起主导作用，它是连接各行业的纽带。因此，要充分发挥它的“龙头和中介”带动作用，并与旅游产业结构中的其他行业形成合理的比例关系。同时，也要深入研究旅游市场的发展趋势，根据旅游市场需求变化的特点，分析和研究不同旅游行业的变化趋势，着重解决“瓶颈”行业的制约，及时调整相关行业的供给及运行状态，保持整个旅游产业结构的合理性，以适应旅游经济发展的要求。

（四）协调好大、中、小型旅游企业的比例关系

一方面要适当提高市场集中度，积极鼓励跨地区、跨行业组建旅游集团，通过改组、改造、整合等方式优化企业内部结构，鼓励大型旅游骨干企业向网络化、规模化方向发展。另一方面引导中、小型企业向专业化经营方向发展，使旅游企业的规模结构更趋合理。

（五）加快旅游企业的集团化发展

加快旅游企业的集团化发展是旅游产业结构合理化和高度化的重要内容。国际经验表明，专业化、综合性强的企业集团是增强旅游竞争力的重要手段，它能够发挥规模经济的优势，降低旅游市场的风险，是旅游产业结构合理化和高度化的重要措施之一。加快旅游企业集团化发展应注意以下几点：

（1）组建大型旅游集团，形成旅游开发、经营、管理的一体化。

（2）促进所有制结构调整，实现旅游经济所有制结构的合理化。

（3）加强旅游集团的科学管理和现代化管理，不断提高旅游企业经营管理的国际化水平，提高经济效益。

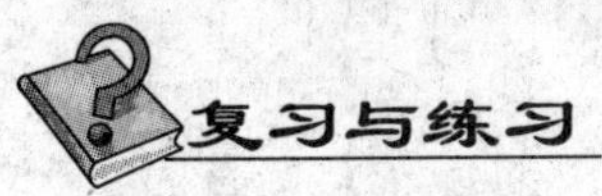

一、填空题

1. ________是决定产业结构并影响其变化的主要因素。

2. 旅游产业结构的优化就是从旅游经济综合性角度研究旅游产业结构的________和________。

3. ________是指为协调行业间及旅游行业内部各个企业之间的相互关系而形成的各类组织。

二、选择题

（　）1. ________的主要功能是为旅游者组合和提供旅游活动中所需要的旅游吸引物、设施和服务。

A. 旅行社　B. 旅游饭店　C. 旅游交通　D. 旅游组织

（　）2. 通常所说的旅游业构成的“六要素”不包括________。

A. 交通　B. 餐饮

C. 旅游组织者部门　D. 娱乐场所

（　）3. 旅游产业所有制结构是指在旅游产业中，各种________的相互关系和构成。

A. 社会成分　B. 政治成分　C. 经济成分　D. 文化成分

（　）4. 旅游业属于________。

A. 第一产业　B. 第二产业　C. 第三产业　D. 第四产业

（　）5. UNWTO是________的缩写。

A. 世界旅游组织　B. 世界旅游理事会

C. 旅游特征产品　D. 旅游卫星账户

三、名词解释

1. 旅游产业
2. 旅游产业结构
3. 旅游产业区域结构优化

四、问答题

1. 简述旅游产业结构特点。
2. 简述旅游产业结构的内涵。
3. 简述旅游产业结构优化的标志。

第二章　旅游产品

教学目标

1. 了解旅游产品的概念、经济性质、类型和特征；
2. 掌握旅游产品的构成；
3. 掌握旅游产品的生命周期；
4. 了解旅游产品的开发原则、内容、策略和程序等。

第一节　旅游产品的概念及特征

旅游产品（Tourism Product）是指旅游企业凭借一定的旅游资源、旅游设施和其他媒体，向旅游者提供的用以满足旅游者需求的全部物质产品和劳务。它具体由实物和服务综合构成。其特征是服务成为产品构成的主体，其具体表现主要有旅游线路、游览活动和餐饮住宿等。

一、旅游产品的经济性质

旅游产品之所以能成为时常交换的商品，也是因为它和其他产品一样，具有一般商品所具有的基本属性，也就是价值和使用价值的统一。

旅游产品的价值是旅游服务所凭借的载体的价值和服务本身创造的价值的总和。它不仅仅是凝结在某一具体实物上，而是更多地体现在无形的服务之中，如果没有旅游服务，旅游需求得不到满足，旅游产品的价值也不能实现。

除了在旅游过程中的餐饮和日用品是有形的物质产品外，绝大多数旅游产品是满足旅游者精神需要的无形产品。有形产品是以实物形态来满足旅游者的需要，而无形产品则是通过服务来满足旅游者的需要。旅游产品的使用价值就是由有形产品和无形产品共同构成的、能够满足旅游者需要的效用或属性。

一般来说，旅游产品的价值由以下三个方面的内容构成：

1. 物质产品的价值

包括旅游服务所凭借的建筑物和设施的折旧，向旅游者提供的餐饮和日用品的原材料成本等，它们都是物化劳动创造的，价值量由凝结在产品中的社会必要劳动时间来决定。

2. 旅游服务的价值

是旅游服务人员的劳动创造的，其价值是由服务人员所耗费的社会必要劳动时间决定的。高质量的服务表明旅游产品的质量好、价值大，低质量的服务表明旅游产品的质量一般、价值小，服务质量的高低不仅取决于投入劳动量的多少，更取决于服务人员的文化水平、性格修养和职业素质。

3. 旅游吸引物的价值

主要包括人文景观与自然景观。人文景观包括历史遗迹、文物古迹和古今建筑物等，是历代人们开发、劳动的结果。人文景观的价值是古代人与当代人的劳动共同创造的，古代人劳动的那部分价值难以计量，当代人劳动的那部分价值由社会必要劳动时间决定，体现为开发建设时投入的成本。自然景观本身是天然的，不包括任何人的劳动，故原始的自然景观不具有任何价值。但经过人类开发的自然景观则凝聚着人类大量的体力劳动和脑力劳动，因而具有较大的价值。

同人文景观一样，自然景观中古代人创造的那部分价值无法计量，当代人创造的那部分价值由社会必要劳动时间决定。需要强调的是，虽然有的自然景观本身没有价值，有的自然景观和人文景观的价值无法计量，但经过人类社会的漫长演进，绝大多数旅游吸引物都具有深厚的历史文化意义，还具有不可替代的稀缺性和垄断性，在供求关系的作用下，其价格大大偏离了价值，这也是旅游垄断价格形成的历史原因。

二、旅游产品的类型

旅游产品与其他产品一样，具有一般商品所具有的基本属性，旅游产品能满足人们的某种需求，并能用于交换实现商品的价值和使用价值。从不同的角度旅游产品可作不同的类型划分。

（一）按照旅游产品的特点

可划分为观光旅游产品（自然风光、名胜古迹、城市风光等）、度假旅游产品（海滨、山地、温泉、乡村、野营等）、专项旅游产品（文化、商务、体育健身、业务等）、生态旅游产品（主旨是保护环境、回归自然，变革了以往的旅游发展模式）等。

（二）按照旅游产品的基本功能

可划分为康体旅游、享受旅游、探险旅游、特种旅游等。

（三）按照对旅游产品的开发程度

可划分为全新旅游产品、换代旅游产品、改进旅游产品等。

（四）按照旅游产品的形态

按旅游产品形态可分为团体包价旅游、散客包价旅游、半包价旅游、小包价旅游、零包价旅游、自助旅游和定制旅游等。定制旅游最早开始于自助游，但它有自己的特点，一般有三种形式：①单项组合定制，如自由行的机票与酒店；②主题定制，如奢华旅游，有具体行程和主题，其实就是针对小众的特色旅游线路；③完全 C2B 定制，

客人提出具体需求旅游企业对接。

（五）按照劳动的表现形式

从劳动的表现形式划分，旅游产品可分为物化劳动形式、活劳动形式和不包含劳动的自然存在物三部分。

电子商务模式

B2B（Business to Business），是指商家与商家建立的商业关系。例如在麦当劳中只能够买到可口可乐，是因为麦当劳与可口可乐的商业伙伴关系。商家们建立商业伙伴的关系是希望通过大家所提供的东西来形成一个互补的发展机会，大家的生意都可以有利润。

B2C（Business to Consumer），就是经常看到的供应商直接把商品卖给用户。例如你去麦当劳吃东西就是B2C，因为你只是一个客户。

C2C（Customer to Consumer），客户之间的商业关系，客户自己把东西放上网去卖。例如淘宝、拍拍、易趣等。

C2B（Customer to Business），模式比较本土的说法是要约，由客户发布自己要些什么东西，要求的价格是什么，然后由商家来决定是否接受客户的要约。假如商家接受客户的要约，那么交易成功；假如商家不接受客户的要约，那么就是交易失败。例如U-deals、当家物业联盟等。

ITM（Interactive Trading Mode），意思是“互动交易模式”，该模式将电子商务和传统的实体店铺结合，使线上与线下资源有效整合，全面优化企业应对信息化市场战略。该模式被传统零售业和电子商务业视为未来发展新趋势。

三、旅游产品的特征

当旅游经济要素在一定条件下转化为旅游生产力并与现实的旅游需求相结合时，便开始生产过程并生产出旅游产品。旅游产品的特征主要表现在以下几个方面：

（一）旅游产品的综合性

从旅游产品构成上来看，旅游产品是由旅游资源、旅游设施、旅游服务等诸多要素组合而成的，以满足旅游者在食、住、行、游、购、娱等方面需求的一体化产品，其中既有有形部分，也有无形部分，此外，还涉及其他众多的相关部门和行业所提供的服务和产品。

从旅游者角度看，作出前往某一目的地旅游的购买决定时，不仅仅是考虑一项服务或产品，而是将多项服务或产品结合起来进行考虑。例如，旅游者在选择度假目的地的游览点或参观点的同时，还要考虑该地的住宿、交通、餐饮等一系列的设施和服务情况。

旅游产品是一种综合性的群体产品或集合产品。旅游产品的涉及面比任何经济部门都要广。任何一个部门或一个环节出现失误，都会导致整个旅游产品的滞销。例如，旅行社组团，服务质量很好，旅游目的地风景优美，住宿条件也很好，可就是路上交通堵塞，或者行车误点，这就成为这条旅游线路的缺憾。

（二）旅游产品的无形性

旅游产品是以旅游企业为旅游者提供的服务为主的产品，而服务性产品的基本特征就是无形性。旅游产品的质量和价值必须是旅游者到达旅游目的地，并在旅游活动中享受到交通、住宿、餐饮和游览服务时才体现出来，对它的评价和衡量也是依赖旅游者的印象和感受。

（三）旅游产品的生产与消费的同步性

旅游产品的生产过程与消费过程是高度统一的。服务活动的完成需要由生产者和旅游者双方共同参与，生产过程的进行，也就是消费过程的完成。旅游产品无法运输，其交换过程不引起产品的移动，而是旅游者的移动。只有当旅游者来到旅游目的地，享受了他们需要的全部服务之后，旅游产品的生产和交换才算完成。在这里，旅游产品的生产、交换与消费是结合在一起的。

（四）旅游产品的依赖性

旅游产品对于公共物品有较强的依赖性，没有大量的可供旅游者观赏的自然、人文景观和良好的基础设施条件，旅游产品的生产和供给就不可能进行。

（五）旅游产品的不可转移性

旅游产品进入流通领域后，仍然固定在原来的空间上，其物流和商流是分离的。旅游活动中发生空间移动的是旅游者、而不是旅游产品，旅游产品和旅游目的地具有相对固定性。旅游者只能到旅游产品的生产所在地进行消费。旅游者在购买旅游产品后，这种买卖交易并不发生所有权的转移，而只是使用权的转移。换言之，只是准许买方在某一特定的时间和地点得到或使用有关的服务。

同时，旅游业的固定资产专用性较强，很难进入其他产业，其他产业也难以替代。如果宏观控制不当、旅游产品的供求不平衡时，企图通过存量调整来改善产品结构往往是做不到的。

（六）旅游产品不可储存性

旅游产品不是一个个具体的实体商品，而是通过服务满足旅游者的需要。旅游者购买旅游产品后，旅游企业只是在规定的时间内交付有关产品的使用权。对旅游企业来讲，旅游产品的效用是不能积存起来留待日后出售的。一天无人购买，旅游产品这一天的价值就将自然消失，而且永远不复存在。因为新的一天来临时，它将表现新的价值。所以旅游产品的效用和价值不仅固定在地点上，而且固定在时间上。无论是航空公司飞机上的一个座位还是旅游饭店的一间客房，只要有一些闲置，所造成的损失

将永远无法弥补回来。因此，旅游产品具有不可储存性的特点。

（七）旅游产品的脆弱性

旅游业是一个敏感度很高的产业，旅游产品风险性较大，容易受到各种政治、经济、文化、自然等因素的影响而造成旅游产品的供给、需求和价格的剧烈变化，进而使其价值和使用价值的实现面临很大的风险。旅游产品的脆弱性，使其生产过程很难正常进行，往往导致旅游产品供大于求或供不应求。在影响旅游产品生产的诸多因素中，大部分因素是旅游生产过程本身不可控制的。因此，要在某一地区优先发展旅游业，就必须切实考察该地区旅游业和相关行业的发展状况，充分考虑该地区的法制状况及其对各种风险的防范与应变能力等。

第二节　旅游产品的构成

一、旅游产品的一般构成

旅游产品由核心产品、形式产品和延伸产品三个层次构成。

（一）核心产品

旅游产品的核心产品（Core Product），一般是指旅游吸引物和旅游服务。核心产品向旅游者提供基本的、直接的使用价值以满足旅游者从事旅游活动最基本的需要，构成旅游产品的基本部分。核心产品也是旅游产品满足旅游者需求的基本效用和核心价值所在，是旅游者购买和消费的主体部分。

（二）形式产品

旅游产品的形式产品（Actual Product）是指核心产品借以实现的形式或目标市场对某一需求的特定满足形式，包括旅游产品的载体、质量、特色、风格、声誉、组合方式等。旅游产品的形式产品是促进旅游产品核心价值满足旅游者的生理需求或向心理效应转化的部分，属于旅游产品向市场提供的物质产品和劳务的具体内容。

（三）延伸产品

延伸产品（Augmented Product）是指旅游者购买形式产品时，附带获得的各种利益的总和，包括旅游者在购买之前、之中和之后所得到的附加服务和利益。延伸产品是指旅游产品的延伸部分或辅助部分。旅游者购买旅游产品时获得的优惠条件、付款条件及旅游产品的推销方式等，是旅游企业通过额外优惠的方式使旅游者产生一种出乎意料的惊喜。

任何一种旅游产品都是一个整体系统，它不单用于满足某种需求，还能得到与此有关的一切辅助利益，并且产品的形式部分、延伸部分等因素决定了旅游者对旅游产品的评价。

旅游企业在进行旅游产品开发时，应注重旅游产品的整体效能，并在形式部分和延伸部分上形成自身产品的差异化，以赢得竞争优势。质量是旅游产品差异化的基础。

目前，许多旅游企业都把提高产品质量和改进产品延伸部分作为吸引旅游者、参与竞争的有效手段。延伸部分为旅游者提供了许多附加利益，能形成对旅游者独特吸引的因素，从而创造旅游者对产品和企业的信赖，有助于旅游企业保持和扩大市场。

二、旅游产品的需求构成

（一）按旅游者的需求程度

按旅游者的需求程度分析，旅游产品可分为基本旅游产品和非基本旅游产品，这种划分方式，有助于旅游企业针对不同的旅游消费需求，提供不同内容的旅游产品，满足旅游者的多种消费需求。

（二）按旅游者的消费内容

按旅游者的消费内容分析，旅游产品可由食、住、行、游、购、娱等组成，这种划分方式，要求经营者必须全方位地向旅游者提供餐饮、住宿、交通、游览、购物、娱乐等消费内容，任何一方面都不能忽视。

三、旅游产品的供给构成

旅游产品在整体上是一种综合性的组合型产品，它主要由旅游资源、旅游设施、可进入性、旅游服务和旅游商品等多种要素构成。其中，既有物质的要素，又有非物质的要素；既有有形的要素，又有无形的要素。旅游企业凭借各种旅游经济要素，向旅游者提供交通、住宿、餐饮、游览、购物、娱乐等各种服务，以满足旅游者的需求。旅游服务把旅游者、旅游资源和旅游设施联系在一起，使旅游产品成为一个有机的综合体。也可以说，旅游产品是一种以服务形式存在的消费品。

（一）旅游资源

旅游资源（Tourism Resources）是指在自然和人类社会中一切可以用于发展旅游业的自然资源和人文资源的总称。一般而论，自然资源包括：气候、地形、动植物、海滩、自然风景等，而人文资源则包括：民族、风土、人情、历史古迹、博物馆、餐饮菜肴、工艺美术、文学音乐、舞蹈、电影、电视及众多的娱乐设施等。旅游资源能够吸引旅游者进行旅游活动，并为旅游业所利用而产生经济、社会、生态效益，它是一个地区旅游开发的前提条件，也是旅游者选择目的地的决定因素。

（二）旅游设施

旅游设施（Tourist Facilities）是指旅游目的地旅游行业的人员直接或间接向旅游者提供服务所凭借的物质条件，如各种设施、设备等。它包括交通运输设施、餐饮住宿设施、游览娱乐设施和旅游购物设施等，同时这些也是构成旅游产品的必备要素。旅游设施一般分为专门设施和基础设施两大类，它们之间紧密依靠，专门设施建立在基础设施之上并有效发挥作用。

（三）可进入性

可进入性（Accessibility）是指旅游者进入旅游目的地的难易程度和时效标准。它

具体表现为进入目的地参与旅游活动所付出的时间和费用，也包括旅游者抵达旅游地的便捷程度和旅游中的舒适方便程度。它是连接旅游产品各组成部分的中心线索，是旅游产品能够组合起来的前提条件。

（四）旅游服务

旅游服务（Tourism-related Service）是旅游产品的核心。旅游企业除了向旅游者提供餐饮和旅游商品等少量有形物质外，还大量提供各种各样的接待、导游等服务。旅游服务的内容主要包括服务观念、服务态度、服务项目、服务价格、服务技术等无形性产品。

（五）旅游商品

旅游商品（Tourist Commodities）是指旅游者在旅游活动中所购买的，对旅游者具有实用性、纪念性、礼品性的各种物质形态的商品，它是旅游产品的重要组成部分，是重要的旅游收入来源。

第三节　旅游产品的开发

一、旅游产品的生命周期

旅游产品生命周期（Tourist Production Life Cycle）就是指一个旅游产品从开发出来投放市场到最后被淘汰退出市场的整个过程。一条旅游线路、一个旅游项目、一个旅游景区、一个旅游区开发等都将遵循一个从无到有、由弱至强、然后衰退、消失的过程。

旅游产品生命周期可以划分为导入期、成长期、成熟期、衰退期四个阶段，每个变化阶段都有其不同的特点（如图2-1所示）。因此，旅游企业必须针对旅游需求及时进行旅游产品的更新换代，适时开发旅游新产品，才能保持旅游产品的市场生命力。

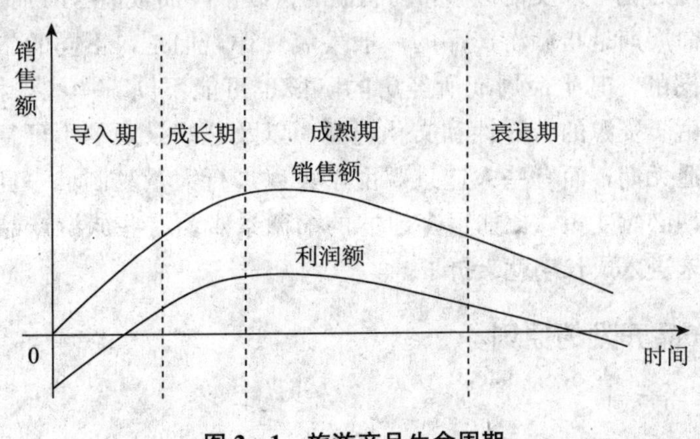

图2-1　旅游产品生命周期

旅游产品生命周期的各个阶段通常是以旅游产品的销售额和所获利润的变化状态来进行衡量。通常处于不同生命周期阶段的旅游产品具有不同特点：

（一）旅游产品的导入期

由于旅游产品尚未被旅游者了解和接受，因此旅游者的购买很多是试探性的，几乎没有重复购买，导致销售量缓慢增长。并且为了使旅游者认识旅游产品，旅游企业又需要做大量的广告和促销工作，使旅游产品的投入和销售费用较大，导致旅游企业往往利润极小，甚至亏损。竞争对手往往还持观望态度，市场还未出现竞争。

（二）旅游产品的成长期

由于前期旅游宣传促销的效果出现，旅游者对旅游产品逐渐熟悉，越来越多的人购买旅游产品，重复购买者也逐渐增多，使旅游产品在市场上开始有一定的知名度，旅游产品销售量迅速增加，销售额迅速增长，旅游产品表现出良好的市场前景。在旅游产品利润和良好市场前景的吸引下，竞争对手开始开发类似的替代旅游产品推向市场，市场上出现竞争。

（三）旅游产品的成熟期

在这个阶段，由于很多的旅游产品进入市场，扩大了旅游者对旅游产品的选择范围，使旅游市场竞争十分激烈，加上一些新产品对原有旅游产品的替代性，使旅游产品差异化成为市场竞争的核心。但是销售额的增长幅度越来越小，旅游产品的利润在达到最高点后开始下降。竞争者开发了很多同类旅游产品，扩大了旅游者对旅游产品的选择范围，竞争十分激烈，更为严重的是，出现了更好的替代性旅游产品，前期旅游者已开始转移到新的替代性旅游品的消费市场中去。

（四）旅游产品的衰退期

由于新的旅游产品已进入市场并逐步地替代老产品，除少数名牌旅游产品外大多数旅游产品销售量逐渐减少，旅游产品进入了更新换代的阶段。这时，旅游企业若不迅速采取有效措施使旅游产品进入再成长期，以延长旅游产品的生命周期，则旅游产品将随着市场的激烈竞争以及销售额和利润额的持续下降而被迫退出旅游市场。

旅游产品生命周期是指旅游产品的一般发展规律，但是，不同的旅游产品其生命周期又往往是不同的，其生命周期所经历的阶段也可能不同。一些独特的自然景观、历史文化景观，由于资源的特殊性和文化内涵，以及这些景观的不可复制性，其产品生命周期可能遥遥无期；而有些人造景观由于可以进行大量复制，一旦竞争产品大量出现，其生命周期必然变短，比如很多地方的缩微景观；有些旅游产品、服务项目由于种种原因甚至未进入成长期就夭折了。

二、旅游产品开发的原则

（一）市场导向原则

旅游产品的开发必须树立市场观念，以市场为导向，以旅游需求作为旅游产品开发的出发点。没有市场需求的旅游产品开发，不仅不能形成有吸引力的旅游目的地和

旅游产品，而且还会造成对旅游资源的浪费和对生态环境的破坏。具体而言，市场导向原则要求在旅游产品开发中做好以下几个方面的工作：

（1）要根据经济社会发展及对外开放的实际状况，进行旅游市场定位，确定客源市场的主体和重点，明确旅游产品开发的针对性，提高旅游经济效益。

（2）要根据市场定位，调查和分析市场需求和供给，把握目标市场的需求特点、规模、档次、水平及变化规律和趋势，从而形成适销对路的旅游产品。

（3）针对市场需求，对各类旅游产品进行筛选、加工或再创造，然后通过设计、开发和组合将其变成具有竞争力的旅游产品，并推向市场。

总之，树立市场观念，以市场为导向，才能使旅游产品开发有据有序，重点突出，确保旅游产品的生命力经久不衰。

（二）效益观念原则

在产品开发上，既要把经济效益作为旅游产品开发的主要目标，又要考虑社会效益和生态效益，谋求综合效益的提高。树立效益观念，须从以下几方面入手：

（1）要讲求经济效益，无论是旅游地的开发，还是某条旅游线路的组合，或是某个旅游项目的投入，都必须先进行项目可行性研究，认真进行投资效益分析，不断提高旅游目的地和旅游线路投资开发的经济效益。

（2）要讲求社会效益，在旅游地开发规划和旅游线路产品设计中，要考虑当地经济社会发展水平，要考虑政治、文化及地方习惯，要考虑人民群众的心理承受能力，形成健康文明的旅游活动，并促进地方精神文明的发展。

（3）要讲求生态效益，按照旅游产品开发的规律和自然环境的可承载力，以开发促进环境保护，以环境保护提高开发的综合效益，从而形成“保护—开发—保护”的良性循环，创造出和谐的生存环境。

（三）产品形象原则

根据市场需求，对旅游资源进行开发、加工和再创造，从而组合成特色鲜明、适销对路的旅游产品，树立良好的旅游产品形象。树立良好的旅游产品形象，需要做到以下几点：

（1）以市场为导向，根据客源市场的需求特点及变化，进行旅游产品的设计。

（2）以旅游资源为基础，把旅游产品的各个要素有机结合起来，进行旅游产品的设计和开发，特别是要注意在旅游产品设计中注入文化因素，增强旅游产品的吸引力。

（3）树立旅游产品的形象，充分考虑旅游产品的品位、质量及规模，突出旅游产品的特色，努力开发具有影响力的拳头产品和名牌产品。

（4）随时跟踪分析和预测旅游产品的市场生命周期，根据不同时期旅游市场的变化和旅游需求，及时开发和设计适销对路的旅游新产品，不断改造和完善旅游老产品，从而保持旅游业的持续发展。

三、旅游产品开发的内容

（一）旅游目的地开发

在旅游经济发展战略指导下，根据旅游市场需求和旅游产品特点、对某一区域内旅游资源进行开发，使之成为旅游者集散、停留、游览的目的地。通常形式有：

1. 以自然旅游资源为主的开发

这类开发以保持自然风光的原貌为主，主要进行道路、餐饮、住宿、娱乐等配套设施建设，以及环境绿化、景观保护等。如一个地区的特殊的地貌、生物群落、生态特征都是可供开发的旅游资源。自然旅游资源只要有特点就可以不必非要具备良好的生态环境，比如沙漠、戈壁开发好了都是值得一游的旅游吸引地。但是自然景观式景区的开发必须以严格保持自然旅游资源原有风貌为前提，并控制旅游景区的建设量和建设密度，自然景观内的基础设施和人造景区应与自然环境协调一致。

2. 以人文旅游资源为主的开发

这是一种凭借丰富的历史文化古迹和现代建设成就所进行的以人文景观资源为主的开发。它通过对残缺的文化历史古迹进行恢复和整理，如对具有重要历史文化价值的古迹、遗址、园林、建筑等，运用现代建设手段，对之进行维护、修缮、复原、重建等，使其恢复原貌后，自然就具备了旅游功能，成为旅游吸引物。人文景观的开发一般需要较大的投资和较高的技术。

3. 在原有旅游产品基础上的创新开发

这类开发主要是利用原有资源和开发基础的优势，进一步扩大和新添旅游活动内容和项目，以达到丰富特色，提高吸引力的目的。比如在海滨自然景观旅游中，增添一些水上运动项目，诸如飞行伞、划艇、滑水、冲浪等都是不错的项目，不仅未破坏原有景观，还可以和原有的湖光山色相映成趣，成为新的风景区。

4. 非商品性旅游资源开发

非商品性旅游资源一般是指地方性的民风、民俗、文化艺术等，它们虽然是旅游资源但还不是旅游商品，本身并不是为旅游而产生，也不仅仅为旅游服务。对这类旅游资源的开发，涉及的部门和人员较多，需要进行广泛的横向合作，与有关部门共同挖掘、整理、改造、加工和组织经营，在此基础上开发成各种旅游产品。围绕少数民族风情、风俗、艺术等进行的以民族文化旅游资源为主的开发，会改变原居民地的生活方式和习俗，同时旅游者带来的外来文化，会对当地的文化生态造成较大的影响。

5. 应用高科技进行的旅游产品开发

这是运用现代科学技术所取得的一系列成就，经过精心构思和设计，再创造出颇具特色的旅游活动项目，如迪士尼乐园（Disneyland Park）就是成功的例子。现代科技以其新颖、奇幻的特点，融娱乐、游艺、刺激于一体，大大开拓和丰富了旅游活动的内容与形式。

（二）组合旅游产品开发

把旅游资源、旅游设施和旅游服务综合联系起来，根据旅游者的期望和消费水平，组合成旅游产品。旅游线路是旅游产品的具体表现方式，也是对单个旅游产品进行组合的具体方式，是旅游地向外销售的具体形式。旅游线路开发就是把旅游资源、旅游吸引物、旅游设施和旅游服务按不同目标旅游者的需求特点进行特定组合。在旅游线路的组合中，单项旅游产品只是其中的一个组件，开发者并不对单项旅游产品进行实质性地改动，而是考虑不同旅游者的需求特点、支付能力来对旅游产品进行组合搭配。

从不同角度出发，可将旅游产品作以下几种分类：

1. 按旅游线路的性质分类

可以划分为普通观光旅游线路和特种专项旅游线路两大类，当然也可以是二者结合的混合旅游线路，比如在度假旅游中加入观光游览等。

2. 按旅游线路的游程天数分类

可以分为一日游线路与多日游线路。

3. 按旅游线路中主要交通工具分类

可以分为航海旅游线路、航空旅游线路、内河大湖旅游线路、铁路旅游线路、汽车旅游线路、摩托车旅游线路、自驾车旅游线路、自行车旅游线路、徒步旅游线路，以及几种交通工具混合使用的综合型旅游线路等。

4. 按使用对象的不同性质分类

可分为包价团体旅游线路、自选散客旅游线路、家庭旅游线路等。

四、旅游产品开发策略

（一）旅游目的地开发策略

旅游目的地开发最直接的表现形式就是旅游景区的开发建设。一个旅游目的地要进行旅游产品开发，首先必须凭借其旅游资源的优势，或保护环境，或筑亭垒石，或造园修桥，使之成为一个艺术化的游赏空间，让原有风光更加增辉添色，更符合美学欣赏和旅游功能的需要。旅游目的地开发的策略，根据人工开发的强度及参与性质可分为以下几种：

1. 资源保护型开发策略

对于罕见或出色的自然景观或人文景观，要求完整地、绝对地进行保护或维护性开发。有些景观因特殊的位置而不允许直接靠近开发，它们只能作为被观赏点加以欣赏，其开发效用只能在周围景区开发中得以体现，对这类旅游地的开发，其要求就是绝对地保护或维持原样。

2. 资源修饰型开发策略

对一些旅游地，主要是充分加以保护和展现原有的自然风光，允许通过人工手段，适当加以修饰和点缀，使风景更加突出，起到“画龙点睛”的作用。如在山水风景的某些地段小筑亭台，在天然植被风景中调整部分植物群，在人文古迹中配以环境绿化等，就属于这类开发。

3. 资源强化型开发策略

这类开发指在旅游资源的基础上，采取人工强化手段，烘托优化原有景观景物，以创造一个新的风景环境与景观空间。如在一些自然或人文旅游景区上搞园林造景，修建各种陈列馆和博物馆，以及各种集萃园和仿古园等。

4. 资源再造型开发策略

这类开发不以自然或人文旅游资源为基础，仅是利用旅游资源的环境条件或基础设施条件，打造一些人造景区和景观形象。如在一些交通方便、客流量大的地区上兴建民俗文化村、微缩景区公园，在一些人工湖泊打造一些亭台楼阁、旅游设施等。

（二）组合旅游产品开发策略

旅游产品开发以最有效地利用资源，最大限度地满足旅游者需求和最有利于企业竞争为指导，遵循旅游产品开发的原则，具有以下几种旅游产品的组合策略：

1. 市场型组合策略

市场型组合策略是指针对某一特定旅游市场，根据旅游需求提供旅游产品。如旅行社专门为日本市场提供观光、寻踪、考古、购物等多种旅游产品；针对青年旅游者市场开发探险、新婚、修学等适合青年口味的旅游产品；针对老年旅游者市场，开发观光、怀旧、度假、养老旅游产品等。这种策略有利于企业集中力量对特定的一个目标市场进行调研，充分了解其各种需求，开发满足这些需求的多样化、多层次的旅游产品。但由于目标市场单一，市场规模有限，企业产品的销售量也受到限制，所以在整个旅游市场中所占份额较少。

2. 产品型组合策略

产品型组合策略是指以某一种类型的旅游产品去满足多个目标旅游市场的同一类需求。如旅行社开发观光旅游产品推向欧美、日本、东南亚等市场。因为产品线单一，所以旅游企业经营成本较少，易于管理，可集中企业资金开发和不断完善某一种产品，进行产品的深度加工，树立鲜明的企业形象。但采取这种策略使企业产品类型单一，增大了旅游企业的经营风险。

3. 市场产品型组合策略

市场产品型组合策略是指旅游企业开发、经营多种旅游产品，并推向多个不同的旅游市场，满足不同旅游市场的需求。如旅行社经营观光旅游、度假旅游、购物旅游、会议旅游等多种产品，并以欧美市场、日本市场、东南亚市场等多个旅游市场为目标市场。企业采取这种组合策略，可以满足不同市场的需要，扩大市场份额，但经营成本较高，需要企业具备较强的实力。

4. 特殊产品专业型组合策略

特殊产品专业型组合策略是指针对不同目标市场的需求提供不同的旅游产品。如对欧美市场提供观光度假旅游产品，对日本市场提供修学旅游产品，对东南亚市场提供探亲访友旅游产品；或者经营探险旅游满足青年市场的需要，经营休闲度假

旅游满足老年市场的需要等。这种策略能使旅游企业有针对性地开发不同的目标市场，使产品适销对路。但企业采取此种策略需要进行周密的调查研究，投资较多，成本较高。

五、旅游产品的开发程序

（一）产生创意

旅游企业可围绕企业长期的发展战略和市场定位，来确定新产品开发的重点，确定旅游新产品的创意和构思。旅游新产品的创意和构思来源有以下几个方面。

1. 旅游者

旅游者的需求是旅游新产品开发的原始推动力，企业可以通过对旅游者进行调查，收集旅游者对旅游新产品的创意建议，然后进行整理和筛选，捕捉有价值的创意。

2. 旅游从业人员

旅游业的从业人员，包括旅游产品的销售人员、导游等。他们处于旅游第一线，与旅游者和竞争者接触密切，最了解旅游者的需求，最能提出旅游新产品的创意。

3. 竞争者

企业可以通过分析其他的竞争企业的产品的成功与不足之处，进行改良和强化。

4. 旅游科研和策划机构

旅游科研和策划机构处于新产品开发第一线，对旅游产品见多识广，加上一定的理论功底和职业素养，对旅游业的发展颇具前瞻性，企业应该重视他们的创意。

5. 旅游企业的高层管理人员

旅游企业的高层管理人员也是旅游新产品开发的重要来源。

（二）创意筛选

收集到若干旅游新产品的创意后，应根据企业自身的战略发展目标和拥有的资源条件对新产品进行评估和选择。

（三）旅游产品概念的发展与测试

用旅游者所能理解的具体项目将构思作进一步具体描述，形成具体的旅游产品概念。比如针对大城市中的少年儿童对农作物和农业的陌生，旅游企业确立了“农村、农业、农事”的旅游创意，但是这一创意还待具体开发成旅游景区和旅游线路。例如，针对这一创意，可以开发多种农业旅游产品项目，比如“城郊双休务农游”“秋季果园摘果游”“春种游”等具体的旅游产品概念。然后就可以把这些具体的产品构思，形成形象化的文字资料和设计相应的旅游线路计划，对潜在旅游者进行调查和测试，了解他们对产品概念的意见和建议，使新产品概念更加完善，并测试市场接受情况。然后进行具体的旅游新产品的细节设计和制订相应的营销计划。

（四）商业分析

在拟定出旅游新产品的概念和营销策略方案后，需要企业对此项目进行商业分析。商业分析就是经济的可行性分析，主要从以下几个方面进行：

1. 投资分析

对新产品所需的投资总额进行测算，规划资金的来源，是企业独家投资，还是合资开发，还是引进新的战略投资者，以及投资的回收方式和投资回收年限。

2. 销售量的预测

进行销售量的预测，需要确定新产品的旅游目的地，各旅游目的地最乐观的销售量和最悲观的销售量，同时还需进行新产品的生命周期各阶段的预测，尤其是导入期所需的时间。

3. 进行新产品的量本利分析

在预测出旅游产品各时间段的销售额的基础上，进一步测算新产品的成本和价格，并据此计算出新产品的盈亏平衡点，以及实现盈亏平衡的大致时间，预测在各阶段的盈亏情况。

总而言之，在确保旅游新产品经济上的可行性以后，才能进入具体开发阶段。

（五）产品开发

产品开发阶段是旅游新产品开发计划的实施阶段，大量的资金投入从实质性开发阶段开始。包括旅游产品具体项目设施的建设，基础设施的建设，员工的招聘和培训，与原有旅游项目的利用和整合等。

（六）旅游产品的试销

当旅游新产品的开发已初具规模，具备一定的接待能力时，就可以利用已有的服务项目，组建成一定的旅游产品组合，选择一些典型的目标客源市场进行试销。为减少不完善的负面影响，可以邀请一些专家和业内人士提前试用，从其使用中，收集亲历的感受，整理其意见和建议，适当对旅游新产品进行完善后，再小范围、小规模地向普通旅游者试销产品，以进行改进。

（七）正式上市

通过旅游新产品的试销，企业可以获得新产品上市的试销经验，以帮助进行上市的决策。在新产品正式上市之前，企业需要对旅游新产品上市的时间、上市的地点、预期旅游客源地和目标旅游者以及导入市场的策略进行决策。

1. 上市的时间决策

对于季节性较强的旅游产品，最好选择由淡转旺的季节上市，这样能使新产品的销售量呈上升趋势。但也该避免在旅游旺季上市，因为毕竟不完善，如果旅游者大量涌入会使企业因经验不足而应接不暇，因此最好是有一个从少到多的适应和完善过程。

2. 上市的地点决策

企业需要确定推出旅游新产品的客源地。是在所有潜在的客源地市场全面推出呢？还是由点到面地逐步扩散？各地的经济收入水平不同，消费特点不同，对新产品的接受也会表现出较大的差异。因此应该对不同市场的吸引力作出客观的评价。评价的指标有：市场潜力、企业在当地的声望、产品的分销成本、对其他市场的影响力以及市场竞争的激烈程度等。企业可根据有关数据来选择主要的市场，并制订新产品的区域

扩展计划。当然最好是选择那些政治、经济、文化中心城市推出新产品，这样可对周边市场也产生较大的辐射影响。

3. 上市的目标旅游者决策

在新产品的市场开拓中，企业应将销售和促销的重点集中于最佳的潜在旅游者。最佳的潜在旅游者群应具备以下特征：愿意最早使用新产品；对新产品持肯定和赞赏态度；乐于传播信息；对周围的旅游者有较大的影响；购买量较大。在这样的目标市场上，企业容易较快地获得高销售额，并有利于调动销售人员的积极性，也能较快地渗透市场。

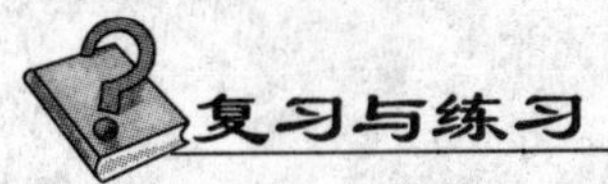

复习与练习

一、填空题

1. 旅游产品是指旅游企业凭借一定的旅游资源、旅游设施和其他媒体，向旅游者提供的用以满足旅游者需求的全部________。

2. 从劳动的表现形式划分，旅游产品的可分为________、________和不包含劳动的自然存在物三部分。

3. 可进入性主要为旅游者进入旅游目的地的难易程度和时效标准，具体表现为进入目的地参与旅游活动所付出的________和________。

二、选择题

(　　) 1. 下列设施中，属于基础设施的是________。

A. 饭店　　B. 旅游专门交通

C. 城市交通系统　　D. 景区

(　　) 2. 旅游吸引物和旅游服务构成了旅游产品的________。

A. 形式部分　　B. 延伸部分

C. 供求部分　　D. 核心部分

(　　) 3. 旅游产品的物流和商流是分离的，表现了旅游产品的________。

A. 无形性　　B. 易折性

C. 生产、消费不可分割性　　D. 不可转移性

(　　) 4. 以下哪项不具有不可储存性的特点。

A. 飞机上的一个座位　　B. 饭店的一间客房

C. 旅游商店的一件纪念品　　D. 歌剧院的一个包厢

(　　) 5. ________是一个地区旅游开发的前提条件，也是旅游者选择目的地的决定因素。

A. 旅游资源　　B. 旅游商品

C. 旅游服务　　D. 旅游设施

三、名词解释

1. 旅游产品
2. 旅游产品生命周期
3. 可进入性

四、问答题

1. 简述旅游产品的市场生命周期。
2. 旅游产品具有哪些特征？
3. 简述旅游产品的供给构成。

第三章　旅游需求

教学目标

1. 了解旅游需求的概念和产生条件；
2. 了解旅游需求的特征和指标体系；
3. 掌握旅游需求的变化规律和旅游需求弹性；
4. 熟悉旅游需求的衡量指标及需求调查和预测的方法。

第一节　旅游需求的产生和指标体系

一、旅游需求的概念

旅游需求（Tourism Demand）就是指在一定时期内，有一定支付能力和余暇时间的人们愿意并能够以一定价格购买旅游产品的数量。旅游需求是旅游市场形成的基础，是一个国家旅游业发展的前提。

旅游需求可分为有效或现实旅游需求和受抑制的旅游需求。现实旅游需求是指具有一定支付能力和闲暇时间的人们在一定时期内，愿意按照一定的旅游价格购买的旅游产品的数量；受抑制的旅游需求是指那些因各种原因在一定时期内不能或暂缓购买旅游产品的需求状态，它又分为潜在旅游需求和延缓旅游需求。现实旅游需求产生直接影响，具有眼前和近期性；受抑制的旅游需求产生间接影响，具有长期性，但具有更大市场潜力价值。

二、旅游需求的产生

要掌握旅游需求的特点和一般规律，必须了解旅游需求形成的原因，旅游需求的形成不仅要具备一定的客观条件，而且要具备一定的主观条件。

（一）客观条件

1. 支付能力——可自由支配收入

随着经济社会的发展和国民收入的增加，人们的消费水平、消费结构、消费方式不断向高层次演进。在国民消费演进和跃升的过程中，用于满足生存需要的开支相对下降，而用于满足享受需要和发展需要的开支比重相对上升。各国旅游发展的经验表明，当人均收入达到 300～450 美元时，人们就产生国内旅游的需求，从而构成近距离的旅游消费；当人均国民收入达到 800～1000 美元时，人们就产生邻国旅游的需求，从而构成区域性的旅游消费；当人均国民收入达到 3000 美元以上时，人们就产生远程旅游的需求，从而构成洲际性的旅游消费。

旅游支付能力一般以可自由支配收入的高低为衡量支付能力高低的指标。可自由支配收入是指人们的全部收入中扣除必须缴纳的全部税金和社会预支消费（如养老保险、医疗保险、失业保险、住房公积金等）以及日常生活消费后剩余的收入。可自由支配收入一般通过恩格尔系数（Engel's Coefficient）来衡量，它是旅游需求产生的前提条件。可自由支配收入越高，表示旅游支付能力越强。

支付能力对旅游需求的实现具有重要意义。它不仅是衡量一个旅游客源地产生旅游需求潜力的重要指标，而且也是影响一个旅游目的地能否纳入到旅游者选择决策范围的一个重要因素，更是决定着旅游者旅游方式、旅游等级、旅游类型、旅游消费结构和水平的关键因素。

小知识

恩格尔系数

恩格尔系数（Engel's Coefficient）指居民家庭中食物支出占消费总支出的比重。其计算公式如下：

$$恩格尔系数=\frac{食物支出金额}{总支出金额}$$

19 世纪德国统计学家恩格尔·厄恩斯特（Engel Ernst）根据经验统计资料对消费结构的变动提出这一看法：一个家庭收入越少，家庭收入中或者家庭总支出中用来购买食物的支出所占的比例就越大；随着家庭收入的增加，家庭收入中或者家庭支出中用来购买食物的支出将会下降。恩格尔系数是用来衡量家庭富足程度的一个重要指标。系数越低，表明可自由支配收入水平越高，反之则低。

国际上常常用恩格尔系数来衡量一个国家和地区人们生活水平的状况，一个国家或家庭生活越贫困，恩格尔系数就越大；反之，生活越富裕，恩格尔系数就越小。根据联合国粮农组织（Food and Agriculture Organization of the United Nations）提出的标准，恩格尔系数在 59% 以上为贫困，50%～59% 为温饱，40%～50% 为小康，30%～40% 为富裕，低于 30% 为最富裕。

2. 闲暇时间——可自由支配时间

联合国的《消遣宪章》对闲暇时间的定义为："闲暇时间是指个人完成工作和满足生活要求之后，完全地由他本人支配的一段时间。"闲暇时间又称余暇时间，它是旅游需求得以形成的又一重要条件。可自由支配时间越长，旅游可能性越大。闲暇时间对旅游需求具有重要意义。

闲暇时间分为四种模式：工作之余、周末、法定假期、带薪假期。闲暇时间因长短不同，对旅游需求的作用亦不同，导致活动内容方式有差异。工作之余的闲暇时间一般只用于看电影、看电视、闲谈等活动；周末的闲暇时间可以产生近距离的短期旅游，如国内一日游等；法定假期和带薪假期的闲暇时间则可以产生中长距离的远程旅游，如跨省旅游或国际旅游等。

随着社会生产力的发展和劳动生产率的提高，人们的闲暇时间会不断增多。西方国家每周的工作时间一般是35个小时左右，每周两个休息日。20世纪60年代后，西方各国普遍实行了带薪休假制度，除周末和法定节假日外，带薪假期一般在20～40天不等。目前，中国每周的工作时间为40小时，每周两个休息日，加上传统的节假日，带薪假期占一年的1/3以上。

3. 现代化的旅游交通

导致旅游需求形成的客观条件除了可自由支配的货币和闲暇时间外，还包括现代化的旅游交通条件，大型的宽体客车、高速火车、豪华空调客车和高速公路等，不仅使旅游者的洲际越洋旅游成为可能，而且使旅游者的空间位移更加方便、迅速和舒适，因而极大地激发了人们的旅游动机，促进了远距离旅游和国际旅游的发展。

综上所述，可自由支配的货币、闲暇时间和现代化的旅游交通，是旅游需求形成的三大客观条件。

（二）主观条件

出游动机是人们产生旅游需求的主观条件。当一个人具备了外出旅游的客观条件，有时间有能力购买某一旅游产品时，如果没有意识到自身的旅游需要，或者说没有旅游的意愿时仍然不会产生旅游需求。换言之，一个人只有具备了旅游的客观条件，同时又具有相应的出游动机时，现实的旅游需求才能最终形成。出游动机受旅游者个人心理、素质、年龄等因素的影响，可变性大。

三、旅游需求的特征

（一）旅游需求的指向性

旅游需求的指向性表现为旅游需求的时间指向性和旅游需求的地域指向性两个方面。

旅游需求的时间指向性主要是指旅游需求在时间上具有较强的季节性，形成旅游的淡季和旺季。

旅游需求的地域指向性包括两个方面：从旅游客源地角度看，旅游需求表现为地域上的集中性；从旅游目的地角度看，旅游需求在地域上表现为热点地区和冷点地区的共存。所以旅游需求的地域指向性的特征决定了旅游企业的布局分散化。

（二）旅游需求的整体性

旅游需求表现为人们追求更好的物质和精神享受方面的满足，包括食、住、行、游、购、娱等方面，具有系列性和整体性。旅游者决定去某地旅游时，不会只考虑某一方面的旅游产品或服务，而是将多种有关的旅游产品或服务综合起来进行考虑，这是与旅游产品整体性密切相关的。从提供者角度说，旅游产品具体表现为一条旅游线路，在这条线路上，提供给旅游者的食、住、行、游、购、娱等多种服务并构成一个整体，满足旅游者需求。从旅游者购买的角度说，旅游产品是通过一次旅游而得到的经历和体验。

（三）旅游需求的敏感性

旅游者对旅游目的地的政治和经济环境具有很强的敏感性。当旅游目的地的经济社会状况发展良好时，旅游需求旺盛；反之，旅游需求就萎缩。例如，中东长期处于战争、动乱的政治环境导致其旅游需求衰落；2003 年的非典事件对全球旅游业造成了巨大的危害。

（四）旅游需求的多样性

个性化需求是旅游需求多样性的根本。由于人们的个性差异，生活条件的不同，经济收入的差别和人们所处的社会环境的影响使人们的需求多种多样，因而旅游需求也表现为一种多样性的需求。

旅游市场广阔，旅游者人数众多，而个人经济条件、人生经历、文化水平、社会地位等差异差别很大，对旅游产品的要求和旅游的意愿当然会各不相同。因而，旅游市场需求也就呈现出多样性的特点。

由于物质的日益丰富，人们可以根据自己个人的爱好自由地选择旅游的方式，自助游、探险游、生态游将会越来越成为时尚。散客旅游和半自助旅游将逐渐增多；短线旅游多于长线旅游，地区性旅游和中程旅游成为旅游的主体；人们外出旅游的频度将增加，但每次外出的时间将减少。

（五）旅游需求的复杂性

旅游需求的复杂性一方面是受人的心理活动的复杂性所决定，即人们对购买和消费旅游产品的认知、态度、情绪、偏好及学习过程的复杂性；另一方面是受旅游环境的复杂性的影响。

四、旅游需求的指标体系

旅游需求的变化状况及水平，可通过旅游需求指标来反映和衡量。旅游需求指标是旅游经济指标体系的有机组成部分，其主要通过一套经济指标来综合反映旅游需求的状况，并预测旅游需求的发展趋势。它是衡量一个国家或地区旅游需求状况的尺度，为人们掌握一个国家或地区旅游经济的发展态势提供了数量的依据。

五、旅游需求的衡量指标

旅游需求衡量指标主要包括以下几类：

（一）衡量旅游需求实际发展状况的指标

1. 旅游者人数

旅游者人数是指旅游目的地国家或地区在一定时期内所接待的旅游者总人数。旅游者人数指标反映了旅游需求的总体规模，据此可以更好地掌握旅游需求的现状及趋势。

2. 旅游者人次

旅游者人次是指一定时期内到某一旅游目的地国家或地区的旅游者人数与平均旅游次数的乘积。其计算公式如下：

$$\text{旅游者人次}=\text{旅游者人数}\times\text{平均旅游次数}$$

需要说明的是，有时人次的减少并非坏事，这或许是停留时间增长导致的结果。

3. 旅游者人均停留天数

旅游者人均停留天数是指一定时期内旅游者停留天数与旅游者人次的比。其计算公式如下：

$$\text{旅游者人均停留天数}=\frac{\text{旅游者停留天数}}{\text{旅游者人次}}$$

旅游者人均停留天数从平均数的角度反映了旅游需求的现实状况，同时也揭示了不同时期旅游需求的变化趋势。据此，可以分析其中的原因并制定相应的对策。

4. 旅游者停留天数

旅游者停留天数是指一定时期内旅游者人次与人均停留天数的乘积。其计算公式如下：

$$\text{旅游者停留天数}=\text{旅游者人次}\times\text{人均停留天数}$$

旅游者停留天数从时间的角度反映了旅游者对旅游目的地国家或地区的产品需求状况，同时也体现了该目的地旅游产品吸引力的大小。在统计旅游人次时，一定要充分考虑旅游者的停留时间，以便全面衡量旅游需求的基本状况。

5. 旅游者消费总额

这一指标是指一定时期内旅游者在旅游目的地的全部货币支付，包括旅游者在旅游活动中所购买的各种商品和各项服务的支出，如餐饮费、住宿费、交通费、娱乐费和购物花费等。对于旅游目的地国家或地区来说，这一指标从价格上反映旅游需求及旅游业经营状况，即这个国家或地区的旅游收入，具有重要的经济意义。值得说明的是，国际旅游者的消费总额不包括国际交通费，而国内旅游者的交通费则计入旅游消费总额之中。

6. 旅游者人均消费额

旅游者人均消费额是指一定时期内旅游者消费总额与旅游者人数之比，它以价值形态从平均数的角度反映了某一时期的旅游需求状况。用公式表示如下：

$$旅游者人均消费额=\frac{旅游者消费总额}{旅游者人次}$$

旅游者人均消费额从平均数的角度以价值形态反映了某一时期的旅游需求状况。对于了解旅游者的消费水平及变化情况，确定相应的旅游目标市场和旅游营销策略，具有重要的参考作用。

（二）衡量旅游需求发展潜力和趋势的指标

1. 旅游出游率

旅游出游率反映的是一定的时期内一个国家或地区居民产生外出旅游需求的能力，同时在一定程度上反映旅游客源地的经济发展水平和居民外出旅游偏好。包括旅游净出游率和旅游总出游率。

（1）旅游净出游率。

旅游净出游率是指一定时期内一个国家或地区外出旅游的人数与其总人口的比率。其计算公式如下：

$$旅游净出游率=\frac{外出旅游人数}{总人口数}\times 100\%$$

（2）旅游总出游率。

旅游总出游率是指一定时期内一个国家或地区外出旅游的人次与其总人口的比率。其计算公式如下：

$$旅游总出游率=\frac{外出旅游人次}{总人口数}\times 100\%$$

旅游出游率反映了一定时期内一个国家或地区居民外出旅游需求的状况，也反映了这个国家或地区在一定时期内产生旅游需求的能力和水平。同时该指标也反映了这个国家或地区作为旅游客源地的可能性程度，可作为选择客源市场的依据。在其他条件不变的情况下，出游率越高，居民外出旅游的人次越多，旅游需求总量就越大。

2. 旅游开支率

旅游开支率，又称为旅游消费率，是指一定时期内一个国家或地区的居民用于外出旅游的消费总额和这个国家或地区居民消费总额（或者国内生产总值或国民收入）的比率。其计算公式如下：

$$旅游开支率=\frac{旅游消费总额}{居民消费总额}\times 100\%$$

旅游消费率反映了一个国家或地区旅游生产的产品用于最终消费的比重，是衡量国民经济中旅游消费比重的重要指标。从价值角度上，它还反映了一定时期内一个国家或地区的居民外出旅游需求的强度。

3. 旅游重游率

旅游重游率是指一定时期内一个国家或地区的外出旅游人次与这个国家或地区的外出旅游人数的比率。用公式表示为：

$$旅游重游率=\frac{外出旅游人次}{外出旅游人数}\times 100\%$$

旅游重游率也等于旅游总出游率与净出游率的百分比。旅游重游率反映了一定时期内一个国家或地区的居民外出旅游的频率即旅游需求的规模和能力。这也是选择客源市场的又一项参考指标。在其他条件不变的情况下，重游率越高，表示这个国家或地区居民对旅游的需求总量越大。

第二节　旅游需求规律

旅游需求规律是指在影响旅游需求的其他因素不变的情况下，旅游需求量与旅游商品价格成反比，而与人们的可支配收入和闲暇时间成反比，从而影响着旅游经济活动的变化及发展。旅游需求规律反映旅游需求量与旅游价格、可自由支配收入和闲暇时间的相关性和变动关系。

一、旅游需求的影响因素

旅游需求除了受到旅游者的主观因素、收入水平、闲暇时间及交通条件的直接作用外，还受到政治、经济、文化、法律、自然、社会等各种外在因素影响。

（一）人口因素

人口是影响旅游需求的最基本的因素之一。因为旅游本身就是人的一种行为。因此，人口的数量、素质、分布及构成对旅游需求产生着重要的影响，从而形成不同的旅游需求规模和结构。

（二）经济因素

经济条件是产生一切需求的基础，因此，国民经济发展水平、人们收入分配、旅游产品价格、外汇汇率等都直接和间接地影响着旅游需求的规模及结构。

（三）社会文化因素

必须分析旅游者所在国家或地区的社会文化的差异性，以及由于社会文化因素影响所形成的消费习惯和需求心理，尽可能适应旅游者的消费习惯和爱好，投其所好，避其所忌，才能促使旅游需求不断增加。

（四）政治法律因素

旅游接待地国家或地区的政局稳定，则消费者对这个国家或地区旅游产品的需求量就多，反之，则对这个国家或地区旅游产品的需求量就少。此外，旅游接待地国家或地区的有关法律法规及其执行情况，也对旅游需求产生着直接和间接的影响。

（五）旅游资源因素

旅游资源和旅游需求相辅相成，旅游资源刺激旅游需求的产生，旅游需求则促使旅游资源转换成经济优势，二者相互影响，相互作用，相互促进。

二、旅游需求量的变化规律

旅游需求的产生和变化受多种因素的制约和影响，但对旅游需求量具有决定性影响的因素主要是旅游价格、人们的收入状况和闲暇时间。因此，旅游需求量变化的规律性主要反映为旅游需求与价格、收入和闲暇时间的相关性和变动关系。

（一）旅游需求量与旅游价格呈反方向变化

旅游价格是决定和影响旅游需求量的基本因素，在影响旅游需求量的其他因素不变的情况下，旅游需求总是随旅游价格的涨落而发生相应的变化。当旅游价格上涨时，旅游需求量就会下降；当旅游价格下跌时，旅游需求量就会上升（如图 3－1 所示）。

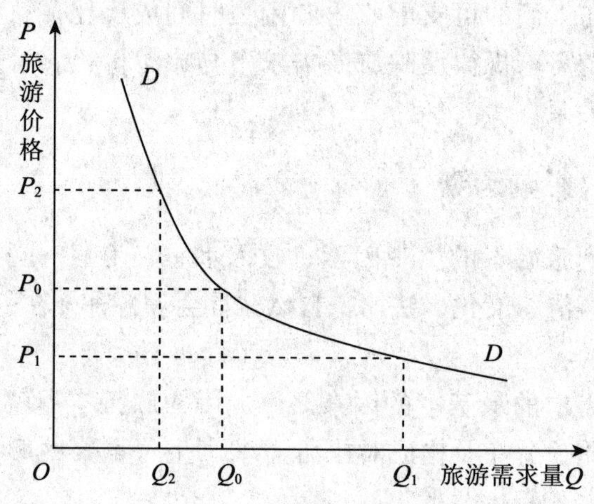

图 3－1　旅游需求价格曲线

由图 3－1 可知，旅游需求价格曲线 D 是一条自左上方向右下方倾斜、斜率为负的曲线。它表明随着产品价格上涨，旅游需求量下降，呈反比关系。

价格变化对旅游需求量的影响来自两方面：价格变化的收入效应，正相关关系；价格变化的替代效应，相对价格提高，需求降低。用函数表示如下：

$$Q_d = f(P_a)$$

式中：Q_d——一定时期内的旅游需求量；

P_a——一定时期内的旅游价格；

f——两者之间的函数关系。

实际上，当刺激旅游需求的因素发生作用时，虽然价格没有变化，其需求量也会增加，反之减少，如促销或客源地经济变化等。

（二）旅游需求量与人们可支配收入呈同方向变化关系

在其他因素既定的情况下，人们可支配收入越多，旅游产品的需求量就越大；人们可支配收入越少，旅游产品的需求量就越小。二者之间的关系，反映在坐标图上就形成旅游需求收入曲线（如图 3－2 所示）。

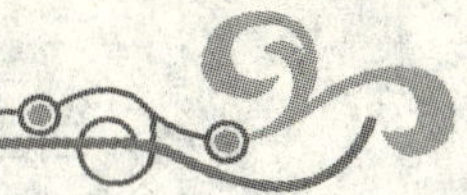

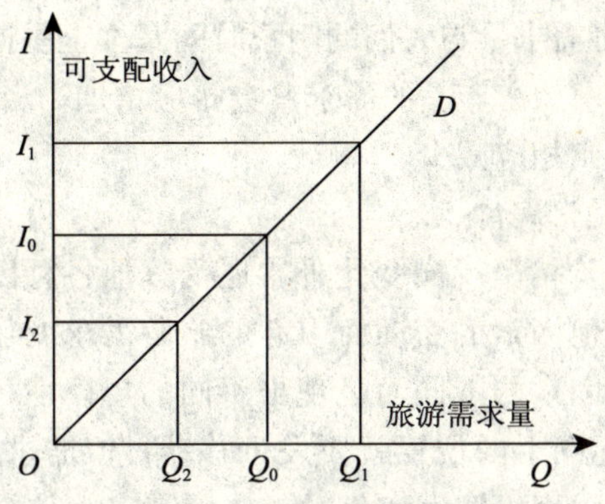

图 3-2　旅游需求收入曲线

在图 3-2 中，曲线 D 为旅游需求收入曲线，I_0、I_1、I_2 代表不同的可支配收入，Q_0、Q_1、Q_2 代表不同的旅游需求量。当人们的可支配收入为 I_0 时，人们的旅游需求为 Q_0；当可支配收入上升到 I_1 时，旅游需求量就会上升到 Q_1；当可支配收入下降到 I_2 时，旅游需求量就会下降到 Q_2。因而旅游需求收入曲线 D 是一条自左下方向右上方倾斜的直线，表示旅游需求量与人们的可支配收入呈同向变化的关系。用函数表示如下：

$$I=f(D)$$

式中：I——人们的可支配收入；

D——一定时间内的旅游需求量；

f——两者之间的函数关系。

（三）旅游需求量与人们的闲暇时间呈同方向变化

旅游产品是一种特殊的消费，必须花费时间，闲暇时间不仅对旅游需求的产生具有决定性作用，而且直接影响着旅游需求量的变化。当人们的闲暇时间增多时，旅游需求量就相应增加，当人们的闲暇时间减少时，旅游需求量就相应减少（如图 3-3 所示）。

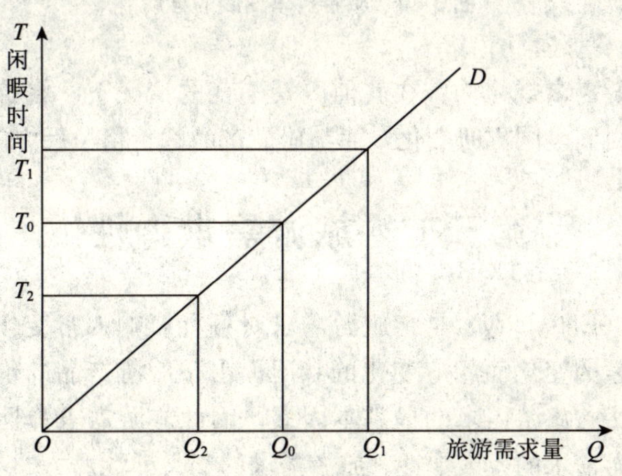

图 3-3　旅游需求时间曲线

由图 3－3 可知，旅游需求量与人们的闲暇时间基本上呈同方向变化的关系。当人们的闲暇时间增多，人们对旅游产品的需求量会相应增加；当人们的闲暇时间减少时，人们对旅游产品的需求量则相应减少。

（四）旅游需求水平变化规律

旅游需求除了与旅游价格呈反向变化外，还受其他各种因素影响的变化。在旅游价格既定条件下，由于其他因素的变动而引起的旅游需求变化，称为旅游需求水平的变化。其变化因各种影响因素的不同而呈现出不同的规律性。如果这些相关因素发生改变，需求曲线 D 在坐标图上的位置就要发生移动，但需求曲线 D 本身不会发生变化。也就是说，当其他相关因素发生变化时，旅游需求与价格之间、旅游需求与可支配收入之间、旅游需求与闲暇时间之间的关系依然成立。以旅游需求量与旅游价格为例（如图 3－4 所示）。

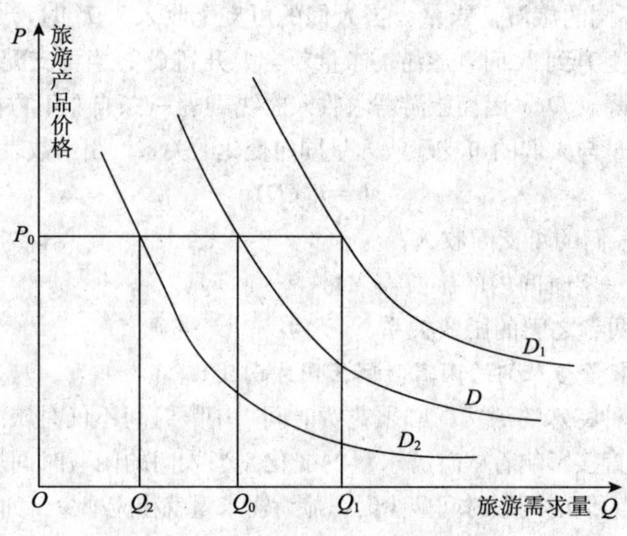

图 3－4　旅游需求曲线的移动

综上所述，旅游需求规律为：在其他因素不变的情况下，旅游需求与人们的可自由支配收入和闲暇时间呈同方向变化，而与旅游产品的价格呈反方向变化。

第三节　旅游需求弹性

旅游需求弹性（Elasticity）是指旅游需求对各种影响因素变化的敏感性，即旅游需求量随其影响因素的变化而相应变化的状况。由于旅游产品的价格、旅游者可支配收入和闲暇时间是影响旅游需求的最基本因素，因此旅游需求弹性一般可分为旅游需求的价格弹性、旅游需求的收入弹性、旅游需求的交叉弹性。

一、旅游需求的价格弹性

旅游需求的价格弹性（Price Elasticity of Demand）是指旅游需求量对旅游价格变化的反应程度及变化关系。根据旅游需求规律，在其他条件不变的情况下，不论旅游价格是上涨还是下跌，旅游需求量都会出现相应的减少或增加。

旅游需求价格弹性系数是指旅游产品的旅游需求量变化的百分数与价格变化的百分数的比值。用 E_{dp} 表示旅游需求价格弹性系数，其计算公式如下：

$$E_{dp}=\frac{\text{旅游需求量变化百分比}}{\text{旅游产品变化百分比}}$$

（1）当 $|E_{dp}|>1$ 时，表明旅游需求量变动的百分比大于旅游产品价格变动的百分比，这时称旅游需求富于弹性。如果旅游需求是富于弹性的，则表明旅游产品价格提高，旅游产品需求量将减少，但减少的百分比大于价格提高的百分比，从而使旅游总收益减少；相反，如果价格下降，则需求量增加，但增加的百分比大于价格下降的百分比，从而使旅游总收益增加。

（2）当 $|E_{dp}|<1$ 时，表明旅游需求量变动的百分比小于旅游产品价格变动的百分比，因此称旅游需求弹性不足。如果旅游需求弹性不足，则表明旅游产品价格提高，旅游产品需求量将减少，但减少的百分比小于价格提高的百分比，从而使旅游总收益增加；相反，如果价格下降，则需求量将增加，但增加的百分比小于价格下降的百分比，从而使旅游总收益减少。

（3）当 $|E_{dp}|=1$ 时，表明旅游需求量变动的百分比与旅游产品价格变动的百分比相等，因此称这种旅游需求价格弹性为单位弹性。如果旅游产品的需求价格弹性属于单位弹性，则旅游需求价格的变化对旅游企业的收益影响不大。

一般而言，发达国家，收入水平较高，可自由支配收入和闲暇时间多，因此，其旅游需求价格弹性往往较发展中国家小。而在发展中国家，由于经济水平不高，旅游消费属于一种满足高层次需求的消费，属非基本生活需求的享受性消费，其价格的细微变化可能激发或抑制人们的旅游消费欲望，则需求量变化较大，因而其旅游需求价格弹性亦较大。

二、旅游需求收入弹性

旅游需求收入弹性（Income Elasticity of Demand）是指旅游需求量与人们可支配收入之间的反应及变化关系，而旅游需求收入弹性系数，则是指人们可支配收入变化的百分比与旅游需求量变化的百分比的比值。用 E_{di} 表示旅游需求收入弹性系数，其计算公式表示如下：

$$E_{di}=\frac{Q_1-Q_0}{Q_0}\div\frac{I_1-I_0}{I_0}$$

式中：E_{di}——旅游需求收入弹性系数；

Q_0——变化前的旅游需求量；

Q_1——变化后的旅游需求量；

I_0——变化前的可支配收入量；

I_1——变化后的可支配收入量。

（1）当 $E_{di}>1$ 时，表示旅游需求量变动的百分比大于人们可支配收入变动的百分比，说明旅游需求对收入变化的敏感性大。

（2）当 $E_{di}<1$ 时，表示旅游需求量变动的百分比小于人们可支配收入变动的百分比，说明旅游需求对收入变化的敏感性小。

（3）当 $E_{di}=1$ 时，表示旅游需求量的变动的百分比与人们可支配收入变动的百分比相等，因此旅游需求收入弹性为单位弹性。

从经济学角度看，通常高级消费品的需求收入弹性都较大。因为，随着社会生产力的发展及人们收入水平的提高，人们用于低级的生活必需品的支出比重将逐渐下降，而用于高级生活消费品的支出比重将逐渐上升。旅游活动正是满足人们高层次生活的需求，并逐渐成为人们必不可少的生活消费品，所以旅游需求收入弹性一般都比较大。

三、旅游需求交叉弹性

旅游需求交叉弹性（Cross-price Elasticity of Demand）是指某旅游产品价格的变化对另一旅游产品需求量变化产生的影响。它是衡量某种旅游产品的需求量与互补产品以及替代产品的价格变动之间依存程度的指标。根据旅游产品的互补性和替代性特点，旅游需求交叉价格弹性表现为以下两种情况：

（1）如果旅游产品 A 对旅游产品 B 具有互补性关系，那么旅游产品 A 价格下降必然引起对旅游产品 B 的需求增加；反之，旅游产品 A 价格上涨必然引起对旅游产品 B 的需求量减少。因此，对于具有互补性产品而言，其旅游需求交叉价格弹性系数必然为负值。换句话说，若旅游产品甲对旅游产品乙的旅游交叉弹性系数是负值，则表明旅游产品甲对旅游产品乙具有互补性，其数值越大，表明两种旅游产品相互依赖程度或补充程度越强，两家企业合作越密切。

（2）如果旅游产品 A 对旅游产品 B 具有替代性关系，那么旅游产品 A 价格下降必将引起对旅游产品 B 的需求量减少；反之，旅游产品 A 价格上涨必然引起旅游产品 B 的需求量增加。因此，对于具有替代性产品而言，其旅游需求交叉价格弹性系数必然为正值。换句话说，若旅游产品甲与旅游产品乙的旅游交叉弹性系数是正值，则表明旅游产品甲对旅游产品乙具有替代性，其数值越大，表明两种旅游产品替代程度越高，则生产者之间的竞争程度越强。

由于旅游产品具有替代性和互补性的特点，因而某种旅游产品的需求量不仅对其自身的价格变化有反应，而且对其他旅游产品的价格变化也有反应。旅游需求的交叉弹性就是指某一种旅游产品的需求量对其他旅游产品价格变化反应的敏感性。用 E_d 表示旅游需求交叉弹性系数，其计算公式是：

$$E_d=\frac{Q_{x1}-Q_{x0}}{Q_{x0}}\div\frac{P_{y1}-P_{y0}}{P_{y0}}$$

式中：E_d——旅游需求交叉弹性系数；

Q_{x0}——变化前旅游产品 x 的需求量；

Q_{x1}——变化后旅游产品 x 的需求量；

P_{y0}——变化前旅游产品 y 的价格；

P_{y1}——变化后旅游产品 y 的价格。

（1）当 $E_d>0$ 时，表示两种旅游产品之间为替代品。那么旅游产品 y 价格下降将会引起对旅游产品 x 的需求量减少；反之，旅游产品 y 价格上涨则将引起其替代旅游产品 x 的需求量增加。因此，替代品的需求量与该商品的价格呈正方向变动，故 $E_d>0$。

（2）当 $E_d<0$ 时，表示两种旅游产品之间互为补充。旅游产品 y 价格下降将会引起对旅游产品 x 的需求量增加；反之，旅游产品 y 价格上涨则将引起对旅游产品 x 的需求量减少。因此，其互补品的需求量与该旅游产品的价格呈反方向变化，故 $E_d<0$。

（3）当 $E_d=0$ 时，表示两种旅游产品之间呈独立关系。当产品 x、y 互不相关时，x 价格上涨，对 y 的需求量影响甚微，说明两旅游产品之间的关系不大，其 E_d 趋向 0。

在实际旅游经济活动中，旅游产品的替代关系与互补关系并不是绝对的。在一定条件下，两者之间可能出现互相转化，即原来是替代关系的旅游产品转化为互补关系，原来是互补关系的旅游产品转化为替代关系。例如，航空、铁路、公路运输本来是相互替代的，但为了开拓国内外旅游市场而把它们有机配套起来，于是就从替代关系转化为互补关系；同理，旅游交通与旅游饭店原来提供的服务是互补关系，但如果旅游饭店建立相应的旅游交通，以扩大服务内容，则旅游交通与旅游饭店内部的旅游交通就由互补关系转化为替代关系。因此，旅游产品的替代关系与互补关系，不仅对旅游需求产生一定的影响，同时也是旅游企业拓宽经营范围、实行资源优化配置、提高经济效益的有效途径。

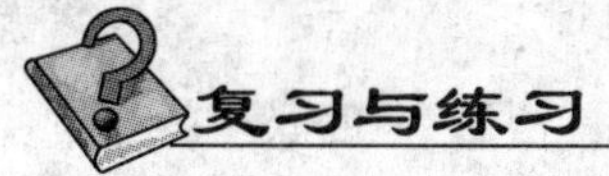

复习与练习

一、填空题

1. 旅游重游率是指一定时期内一个国家或地区的________与________之比。

2. ________是指某旅游产品价格的变化对另一旅游产品需求量变化产生的影响。

3. 旅游需求的地域指向性的特征决定了旅游企业的________。

二、选择题

（　　）1. 旅游需求可以分为________。

A. 长期旅游需求和短期旅游需求　　B. 直接旅游需求和间接旅游需求

C. 现实旅游需求和受抑制的旅游需求　　D. 主观旅游需求和客观旅游需求

(　　) 2. 下列指标中反映入境旅游需求实际发展状况的指标是________。

A. 旅游开支率　　B. 旅游出游率　　C. 旅游消费总额　　D. 旅游重游率

(　　) 3. 一般以________的高低作为衡量旅游支付能力高低的指标。

A. 总收入　　B. 可自由支配收入

C. 当年收入　　D. 活期存款

(　　) 4. 旅游需求的时间指向性是指旅游需求具有________。

A. 季节性　　B. 敏感性　　C. 地域性　　D. 多样性

(　　) 5. 若旅游需求的交叉弹性为正值，则表示两种旅游产品之间为________。

A. 替代　　B. 互补　　C. 融合　　D. 循环

三、名词解释

1. 旅游需求的价格弹性
2. 旅游出游率
3. 旅游需求

四、问答题

1. 旅游需求具有哪些特征？
2. 简述影响旅游需求的主要因素。
3. 衡量旅游需求的指标有哪些？

第四章　旅游供给

教学目标

1. 了解旅游供给的概念、内容、特征和影响因素；
2. 掌握旅游供给规律及供给弹性；
3. 熟悉旅游供求的矛盾运动和旅游供求平衡。

第一节　旅游供给的内涵和影响因素

一、旅游供给的概念

旅游供给（Tourist Supply）是指一定时期内旅游企业愿意并且能够以一定价格水平向旅游市场提供的旅游产品的数量。正确认识和理解旅游供给的内涵，必须掌握好以下几点：

（一）旅游供给以满足旅游者的旅游需求为出发点

旅游需求是旅游供给的基本前提条件，旅游企业必须以旅游者的需求层次和需求内容为客观要求，建立起一整套适应旅游活动需要的旅游供给体系，保证提供旅游活动需要的全部内容。一方面，旅游供给的资源和设施就是旅游需求的物质基础；另一方面，要对旅游需求的动向、内容和层次进行必要的调查研究和预测，结合制约旅游供给的其他条件制订计划，组织旅游产品生产，达到实现旅游供给的目的。

（二）旅游供给是旅游企业愿意提供的旅游产品

旅游供给与旅游需求一样，是相对于旅游产品的价格而言的。在特定的价格下，总有特定的旅游产品供给量与之相对应，并随着价格的变动而变动。旅游产品的供给不仅仅是单个旅游产品数量的叠加，而是综合反映旅游产品的数量多少和质量高低。

（三）旅游供给是旅游企业可能提供的旅游产品

旅游供给更重要的是提高旅游产品的质量，在独特的自然与人文旅游资源的基础上，注重提高服务质量和旅游设施水平，才能增加有效供给，更好地满足旅游市场的要求。

二、旅游供给的内容

（一）旅游资源

旅游资源是指那些能够对旅游者构成吸引力的自然因素、社会因素及其他因素，是旅游目的地旅游供给的首要内容，是旅游业发展的基础。如果没有旅游资源，旅游业则失去了其存在和发展的基础。一个国家或地区拥有的旅游资源丰裕而且独具特色，那么它对旅游者就会形成强烈的吸引力。所以，一个国家或地区的旅游业是否兴旺发达，首先取决于它所拥有的旅游资源的丰裕程度和质量。

在旅游资源中，最基本的部分一般是自然资源、历史遗产和民族文化。这些旅游资源因其成因而固定在一定的地域和社会环境之中，因此具有垄断性和不可移动的特点，否则，它们便会失去其原有的价值和吸引力。此外，由于这些旅游资源一部分是大自然亿万年演化的结果，另外一部分是长期社会历史发展的产物，因而，在全部旅游供给中，它们的数量在相当长的时间内是恒定不变的，也就是说，这些旅游资源的供给不可能随着旅游市场需求的扩大而任意扩大。

（二）旅游设施

旅游设施是为直接开展旅游经济活动向旅游者提供食、住、行、游、购、娱等方面服务的凭借物，是旅游企业投资的主体部分，是代表旅游目的地接待能力的硬性指标。这种旅游接待能力的大小反映着一个国家或地区旅游业的实力和发展规模。旅游设施和相应旅游产品或服务的数量代表着一个国家或地区旅游业的接待能力。一般来说，商业性的旅游设施主要包括旅游运输设施、餐饮住宿设施、游览娱乐设施和旅游购物设施四部分。

（三）旅游服务

从目的地旅游供给的角度看，旅游服务既包括商业性的旅游服务，也包括非商业性的旅游服务。前者一般指当地旅行社的导游服务和翻译服务、旅游交通的客运服务、旅游饭店业餐饮住宿服务、旅游商业的购物服务及其他部门向旅游者提供的商业性接待服务。后者则主要包括旅游目的地为旅游者提供的旅游问询服务和出入境服务，以及当地居民为旅游者提供的无偿服务。旅游服务的最终目的是通过使旅游者的需求在合理的基础上得到最大满足，从而获得良好的经济和社会效益。

三、旅游供给的特征

旅游产品是一种特殊的综合性产品，它的供给具有特殊性，主要表现在以下几个方面：

（一）旅游供给的计量差别性

旅游产品的综合性表明旅游供给是由多种旅游资源、旅游设施与旅游服务构成的，而且这些构成要素具有异质性的特点，因而旅游供给不能用提供的旅游产品数量的累加来计算，只能用旅游者作为旅游供给的计量单位，并反映旅游供给的数量及生产

能力。

（二）旅游供给的产地消费性

旅游产品的地域固定性和生产消费的同一性，决定旅游产品消费必须通过流通环节将旅游者运送到生产地进行消费。因此，旅游供给在地域上是不可移动的，只能是在固定空间上的产品供给。而旅游者要消费这些旅游产品，他们就只能通过流通环节，到旅游供给的产地进行消费。因此，旅游供给重点要考虑旅游景区的环境容量和承载力及接待能力，因为它们直接影响旅游供给的数量和水平。

（三）旅游供给的可持续性

一般物质产品的供给可通过再生产持续不断地供给，但旅游产品的生产供给则不一样。不论是旅游景区，还是旅游饭店，旅游企业提供的旅游产品能在较长一段时间内保持持续供给，甚至永续利用。但是旅游产品一旦遭到破坏，则会影响其供给能力，甚至永久丧失该种旅游产品的供给能力。

（四）旅游供给的多样性

旅游需求的多样性使旅游供给具有多样性的特征。旅游产品的使用价值在于满足旅游者心理和精神上的需求，这种需求因旅游者的个体差异而千差万别，所以旅游供给具有个别多样性的特点。这就要求旅游企业在旅游产品的生产和供给过程中，要充分考虑旅游者在物质和精神方面的需求，把相应的物品和服务都纳入经营的范畴，在大力发展传统大众旅游产品的同时，针对特殊旅游者的特殊需求，积极开发个性化的旅游产品和供给。

（五）旅游供给的协作性

旅游需求是一种综合需求，旅游者在旅游过程中的食、住、行、游、购、娱等各方面的需求，单靠某一个旅游企业的供给是无法满足的。因此，旅游供给必然是由社会多个旅游企业与多种行业共同协作完成的。旅游者的需求是多种产品的组合需求，旅游供给是多个企业、多种行业的组合性协作供给。

（六）旅游供给的低弹性

影响旅游供给的因素是多方面的，概括起来主要有自然条件、历史条件、经济社会发展状况及科学技术发展水平等。在这些因素中，很难找到一个因素，它的变动能在较短的时间里产生大量的旅游供给。旅游资源大都是自然的和历史的结果；而某些旅游的设施要增加，其建设不仅需要大量的资金投入和必要的科技手段，也需要一定的时间。由此可见，旅游供给表现为一种低弹性。

四、旅游供给的影响因素

（一）旅游吸引物因素

旅游吸引物是指自然界和人类社会中，凡能对旅游者产生吸引力的各种事物和因素。旅游吸引物是旅游活动的客体，是旅游供给的基本前提和核心依托。旅游吸引物有狭义和广义之分。狭义的旅游吸引物一般是指有形的旅游资源，包括自然旅游资源和人文旅游资源；广义的旅游吸引物除有形的旅游资源外，还包括旅游服务、社会制度、民俗文化、生活习惯等无形的旅游资源。

旅游供给的基本要素旅游资源的开发不是无限的，而是受旅游环境容量的限制，因此旅游目的地环境容量在很大程度上决定和影响旅游供给的规模和数量。旅游需求过量和旅游环境超载不仅会损坏资源和设施，还会引起当地居民的不满，影响旅游供给的质量，甚至给旅游地带来众多的社会问题，削弱旅游产品的吸引力。

（二）旅游产品和相关产品的价格

旅游产品的价格直接影响着旅游供给者愿意提供产品的数量。旅游市场上，旅游企业提供产品是为了赢利。因此，当旅游产品的价格上升，旅游企业感到有利可图时，他们就会增加旅游供给的数量；而当旅游产品的价格下跌，旅游企业没有赢利或赢利不多时，他们就会减少旅游供给的数量。

旅游相关产品的价格发生变化，都将引起社会要素资源的重新配置，进而影响旅游产品供给量的变化。例如，如果飞机票涨价，而旅游目的地的旅游产品价格不变，这就意味着旅游产品的相对价格降低了，相对利润也随之减少，因而必然引起社会要素资源的重新配置，进而影响旅游产品供给量的变化。

（三）旅游生产要素的价格

旅游产品是一个包括食、住、行、游、购、娱等多种要素在内的综合性产品，各种生产要素价格的高低直接关系到旅游产品成本的高低。在旅游产品价格不变的情况下，各种生产要素价格提高，则旅游产品的成本就会增加，利润就会减少，旅游企业就会减少旅游产品的供给量；反之，当各种生产要素价格下降时，旅游产品成本降低，利润增加，则旅游产品的供给量增加。

（四）经济社会发展水平因素

旅游业是一项综合性和依赖性很强的经济产业，因此经济社会发展状况和水平不仅为旅游供给提供各种物质基础的保证，而且在一定程度上决定旅游产品供给的数量和质量。

旅游供给的很多内容都依赖于经济社会的发展所能提供的物质条件。如果一个国家或地区的经济社会发展水平高，经济实力雄厚，科学技术发达，则这个国家或地区旅游业的综合接待能力就强，旅游供给就充足。反之，如果经济社会发展的水平低，基础设施薄弱，生产手段落后，能够提供的服务和设施就很有限，旅游产品供给的数量和质量就会受到制约。

一个国家或地区经济社会的发展还会影响旅游企业的心理预期。如果社会总体经济运行良好，旅游企业就会增加供给；如果旅游企业对整个地区的经济前景不看好，他们就会相应地减少供给。因此，经济社会发展的状况和水平不仅为旅游供给提供各种物质基础的保证，而且在一定程度上决定着旅游产品的供给数量和质量。

（五）科学技术因素

科学技术进步为旅游资源开发、保护及旅游产品开发等提供方法、手段和依据，

从而有效增加旅游供给，加速旅游资金的周转，降低旅游产品成本，提高旅游经济效益。在以自然景观为主的旅游景区中，运用高科技作为辅助手段可以使这些自然景观的供给更具广泛性。运用高科技手段开发的具有现代水平的各种主题公园，其旅游供给量大大增加。另外，随着现代科学技术的发展，电子技术在服务领域中广泛使用，这极大地提高了旅游企业的服务效率和服务水平，也相应地增加了旅游供给。

（六）政策因素

旅游经济政策不仅对旅游经济发展具有重要的影响作用，也是影响旅游供给的重要因素之一。特别是有关旅游经济发展的战略与规划，扶持和鼓励旅游经济发展的各种方针和政策，不仅对旅游经济发展具有重要的影响作用，而且直接影响旅游供给的规模、数量、品种和质量。一些国家在旅游税收、价格、投资等方面都实行了优惠政策，大大激发了旅游供给者的积极性，对于扩大旅游供给起到了极大的激励作用。

第二节　旅游供给规律及供给弹性

一、旅游供给规律

旅游供给规律，又称供给定理，是指在其他条件不变的情况下，某旅游产品的供给量与该旅游产品的价格呈同方向变化的规律性。

（一）旅游供给量变化的规律性

由于旅游企业追求利润最大化目标，随着旅游产品价格的升高，旅游企业愿意并且能够提供的产品数量增加；相反，随着旅游产品价格的降低，旅游企业愿意并且能够提供的产品数量减少。旅游供给量与旅游产品价格之间的呈同方向变化关系（如图4－1所示）。

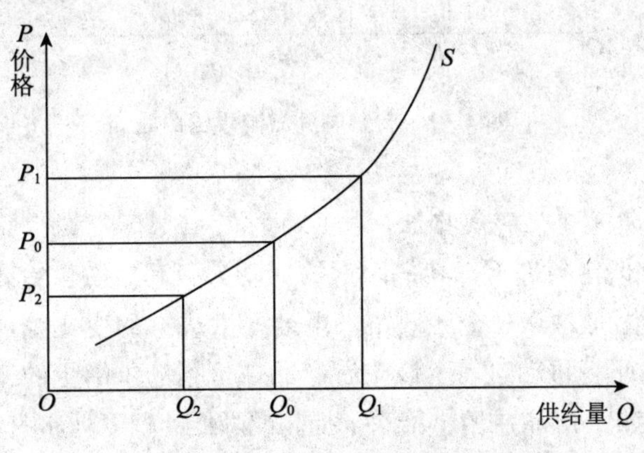

图4－1　旅游供给曲线

从图4－1中可以看出，旅游产品价格为 P_0 时，旅游供给量为 Q_0，当旅游产品价

格上升至 P_1 或下降至 P_2 时，旅游供给量则相应增加至 Q_1 或减少至 Q_2。如果其他因素不变，旅游产品价格变化将导致旅游供给量沿曲线移动。

旅游供给量与旅游产品价格之间是一种函数关系，用公式表示为：

$$S=f\ (P)$$

式中：S——旅游供给量；

P——旅游产品价格；

f——两者之间的函数关系。

（二）旅游供给能力的相对稳定性

旅游供给能力分为旅游综合接待能力和旅游环境承载能力。它在一定条件下是既定的，且旅游供给受旅游环境承载能力的限制，因而旅游供给量受旅游供给能力制约。当旅游供给能力最大时，旅游供给具有相对稳定性。因此，旅游供给量与旅游产品价格的同方向变化并不是无限制的，当旅游供给量达到一定程度后，即使旅游产品价格再高，旅游供给量也是固定不变的或者不会无限地上升。如某一旅游景区，其空间容量是一定的，一旦达到旅游供给能力的极限，无论景区门票价格有多高，旅游供给量也不可能会再增加。这种关系可用图 4-2 表示。

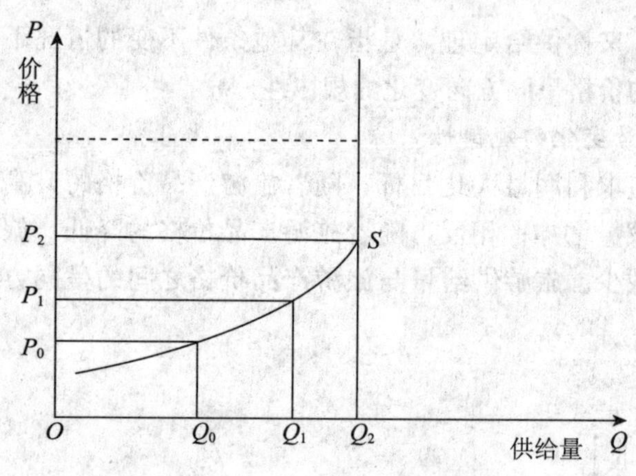

图 4-2　有限制的旅游供给曲线

（三）旅游供给水平变化的规律性

在旅游产品价格既定条件下，其他因素的变动会引起旅游供给的水平变动。如当地政府对发展旅游业的税收政策、金融政策、生产要素成本的变化等，导致旅游供给曲线则会向左方或向右方平行移动，表示该旅游产品在价格与供给量的变化关系既定的情况下，其他因素发生变化，导致旅游供给水平提高或降低的程度（如图 4-3 所示）。

当促进旅游供给的因素发生作用时，如政府制定政策支持旅游业发展，则旅游需求曲线便会发生向右下方平行移动，表示在旅游产品价格保持原有水平的情况下，由于政府对旅游业支持，旅游供给水平增加。当抑制旅游供给的因素发生作用时，如政

府制定了限制旅游业发展的政策，则旅游供给曲线便会发生向左上方平移，表示在旅游产品价格保持原有水平的情况下，由于政府对旅游业采取了限制政策，旅游供给水平减少。

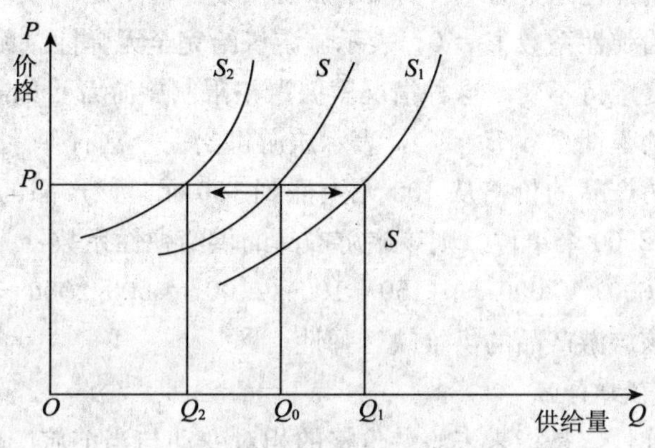

图 4－3　旅游供给曲线的移动

在图 4－3 中，曲线 S 为原旅游供给曲线，如果除价格以外的其他因素的变化导致旅游供给量增加，整个曲线便会向左移至 S_2，如果除价格以外的其他因素的变化导致旅游供给量减少，整个曲线便会向右移至 S_1。

二、旅游供给弹性

旅游供给弹性是指旅游供给对各种影响因素变化作出的反应。具体分析如下：

（一）旅游供给价格弹性

旅游供给价格弹性是指旅游供给量对旅游产品价格变动的反应程度及变化关系。为进一步测定旅游供给对价格的敏感性，可通过计算旅游供给价格弹性系数 E_s 来获得。具体而言，旅游供给价格弹性系数 E_s 是变化前后旅游供给量的百分数与变化前后旅游产品价格的百分数之比。用 E_s 表示旅游供给的价格弹性系数，其计算公式为：

$$E_s=\frac{Q_2-Q_1}{Q_1}\div\frac{P_2-P_1}{P_1}$$

式中：E_s——旅游供给的价格弹性；

Q_1——变化前的旅游供给量；

Q_2——变化后的旅游供给量；

P_1——变化前的旅游产品价格；

P_2——变化后的旅游产品价格。

旅游供给量与旅游产品价格的变化方向相同，所以，旅游供给价格弹性系数始终表现为正值。不同的旅游供给弹性系数可反映旅游供给价格弹性的不同状况：

第一，旅游供给弹性系数 $E_s>1$，表示旅游供给富有价格弹性。经常发生在旅游目的地旅游业发展的初期成长阶段，如新开发景区、主题公园等。

第二，旅游供给弹性系数 $E_s=1$，表示旅游供给具有单位弹性。旅游价格一定幅度的变化会引起旅游供给量以同一幅度变化，这种情况极为少见。

第三，旅游供给弹性系数 $E_s<1$，表示旅游供给弹性不足。

第四，旅游供给弹性系数 $E_s=0$，表示旅游供给完全无弹性。无论价格怎样发生变化，旅游供给量始终维持不变。这种情况就要严格限制旅游者，如需要保护的文物点。

第五，旅游供给弹性系数 $E_s=\infty$，表示旅游供给完全富有弹性。

例如，当某旅游产品的价格从 100 元上涨到 150 元，该产品的市场供给数量也从 2000 个单位上升到 2500 个单位。则该旅游产品的供给弹性系数：

$E_s=(2500-2000)/2000\div(150-100)/100=500/2000\div50/100=0.5$

这个结果表明该旅游产品的供给缺乏弹性。

（二）旅游价格预期弹性

旅游价格预期弹性，是指未来旅游价格的相对变动与当前旅游价格相对变动之比。当前旅游价格的相对变动，是指目前旅游市场上实际旅游价格相对于旅行社报价的变化；而未来旅游价格的相对变动，则是指未来旅游市场上旅游者预期实际价格相对于旅行社报价的变化。把未来旅游价格的相对变化与现期旅游价格的相对变化进行比较，即可计算旅游预期价格弹性系数。

用 E_i 表示旅游预期价格弹性系数，其计算公式如下：

$$E_i=\frac{\Delta F}{F}\div\frac{\Delta P}{P}$$

式中：E_i——旅游预期价格弹性系数；

F——旅游产品未来价格；

P——旅游产品现行价格。

旅游预期价格弹性系数无论对于旅游者还是旅游企业来讲，都是一个重要的价格决策影响系数，其对当前的旅游需求和旅游供给都会产生重要的影响。

1. 对于旅游者

当 $E_i>1$ 时，则表明旅游者预期未来旅游价格的相对变动将大于现期旅游价格的相对变动。即当现期旅游价格上升，旅游者预期未来旅游价格上升的幅度可能更大，于是就会增加现期旅游产品的购买；当现期旅游价格下降，旅游者预期未来旅游价格下降的幅度可能更大，从而就会减少现期旅游产品的购买。

当 $E_i<1$ 时，则表明旅游者预期未来价格的相对变动将小于现行价格的相对变动，于是现期旅游价格提高，旅游者持币待购，并导致现期旅游需求减少。但由于旅游需求同时还受闲暇时间因素的影响，因而价格预期对于旅游需求的影响相对较小，即旅游预期价格弹性系数一般都较小。

2. 对于旅游企业

当 $E_i>1$ 时，表明旅游企业预期未来价格的相对变动将大于现行价格的相对变动。

于是当现期旅游价格上升，旅游企业为了将来获得更大的收益，就会减少现期的旅游供给，并加大投入以增加未来的旅游供给量；当现期旅游价格下降，为了保持经营的稳定性，旅游企业也会适当减少现期的旅游供给。

当 $E_i<1$ 时，表明旅游企业预期未来价格的相对变动将小于现行价格的相对变动，即旅游市场价格稳定，于是旅游企业就会加大旅游宣传促销，以增加现期的旅游供给。

第三节　旅游供求平衡

旅游需求产生旅游供给，旅游供给又能激发旅游需求。在旅游市场上，旅游供求平衡是相对的，有条件的；不平衡是绝对的、无条件的。旅游供给与旅游需求彼此之间要求互相适应，并表现出供求从不平衡到平衡，再由平衡到不平衡的循环往复变化过程。如果供需之间根本不能适应，矛盾突出，则被称为供求失衡。如果供需之间大体上能够适应，矛盾不突出，可以称之为供求平衡。

一、旅游供求矛盾

（一）旅游供求矛盾的含义

旅游供求矛盾是指旅游供给与旅游需求之间通过旅游产品价格结合而形成的既相互依存又相互制约的对立统一关系。相互依存指的是旅游需求决定旅游供给、旅游供给影响旅游需求；相互制约是指旅游产品的提供者和旅游者在旅游活动中追求不同的目标和效用从而引发的矛盾。旅游需求的伸缩性和变动性与旅游供给的稳定性之间的矛盾是旅游供求矛盾的主要原因。

（二）旅游供求矛盾的表现形式

旅游供给与旅游需求两者之间相互矛盾的关系主要表现在数量、质量、时间、空间和结构等方面的矛盾冲突上。

1. 旅游供给与旅游需求数量上的矛盾

旅游供给与旅游需求在数量方面的矛盾，主要表现为旅游供给或旅游接待能力与实际旅游人数之间的矛盾。由于旅游需求的不稳定性和随机性与旅游供给在一定时间内的有限性和相对稳定性，因此，在一定时间内，必然出现旅游供求总量之间不平衡。在旅游市场上，旅游需求是一个多变量，人们的收入水平、消费水平、时间、气候、社会环境、宣传舆论等的改变，都会使旅游需求产生较大的波动，使实际旅游人数很快地增加或减少。但旅游供给却不同，一段时期内建设形成的旅游供给能力，相对而言是有限的、稳定的，不可能有快速的提高或降低。旅游供给的这种既定性与旅游需求自身的多变性，必然使供给与需求难以适应，出现旅游供给总量与接待实际旅游人数上的不平衡。要么供不应求，旅游景区人满为患；要么供过于求，旅游饭店冷冷清清。

2. 旅游供给与旅游需求质量上的矛盾

旅游供给与需求在质量方面的矛盾，主要表现为旅游者的心理预期与实际旅游供

给之间的差距。由于旅游供给的发展是以旅游需求为前提，所以旅游供给的发展一般总滞后于旅游需求，从而造成旅游供给与旅游需求在质量方面的矛盾。其次，旅游产品是一种无形的产品，主要是以旅游服务的形式表现出来。旅游供给质量的高低主要是取决于旅游者自身的感受。由于这种感受带有很强的主观性，因此会使旅游者对旅游产品的心理预期与实际的旅游供给产生一定的差距。

3. 旅游供给与旅游需求时间上的矛盾

时间因素有时直接影响旅游供给能力，有时通过抑制旅游需求而造成旅游供给与需求的冲突，且旅游供给的常年同一性与服务的季节性形成旅游供给与需求时间方面的矛盾。旅游市场上旅游需求的发生是多变的、不稳定的，但在产生的时间上还是具有一定的指向性。在客源地国家或地区的节假日，旅游需求产生得多；在旅游资源表现最好的季节，旅游需求也产生得多。旅游需求在时间上的指向性和集中性与旅游设施的常年性和均衡性形成了很大的反差，造成某一地区的旅游产品在一段时间内供不应求，而在另一段时间内则供过于求，形成所谓的旅游旺季和旅游淡季。

4. 旅游供给与旅游需求地域上的矛盾

旅游产品的不可移动性和容量的有限性与旅游需求的变动性造成旅游供给与需求空间地域上的矛盾。旅游供给与需求的空间地域的矛盾，主要表现为旅游供求在地域空间上分布失衡，从而使得旅游者多流向旅游资源比较丰富的旅游热点地区。有的旅游目的地供大于求，游人稀少；有的旅游目的地供不应求，游人如织，形成旅游的冷点和热点地区。

5. 旅游供给与旅游需求结构上的矛盾

旅游供给稳定性、固定性与旅游需求复杂性、多样性造成旅游供给与需求结构方面的矛盾。旅游供给与需求的结构矛盾主要是指旅游供求在构成上不适应。这种不适应是多方面的，集中表现在：旅游供给的内容和项目与旅游需求不相适应；旅游供给的档次和级别与旅游需求不相适应；旅游供给的方式与旅游需求不相适应。造成不适应的原因在于：旅游供给在一定时期内是稳定的、固定的，而旅游需求却是复杂的、多样的。在旅游市场上供需结构矛盾所产生的直接影响就是，同一时期内某一旅游产品供不应求，另一旅游产品则供过于求。

二、旅游供求平衡

（一）旅游供求平衡的含义

旅游供求平衡（Equilibrium of Supply and Demand）是指消除旅游供给与旅游需求之间的不适应、不平衡现象，使旅游供给与旅游需求相互适应，实现供求均衡。经济学上有两个基本的原理，即最优化原理和均衡原理。最优化原理即人们总是选择他们能够支付的最佳消费方式；均衡原理即价格会自动调节供求，直到产品的供给数量与需求数量相等。

在市场经济条件下，旅游供求矛盾主要依靠价值规律的作用进行调节，通过价格

机制达到市场均衡。旅游市场上，当某种旅游产品供不应求时，该旅游产品的价格就会上升，促使需求量减少，而供给量则增加，直到供求大体相当为止；反之，当某种旅游产品供大于求时，该旅游产品的价格就会下降，促使旅游需求量上升，而旅游供求量则会减少，直到供求大体相当为止。通过旅游价格的上下调整使旅游供给与旅游需求达到平衡，这便是市场经济条件下旅游供求规律。

（二）旅游供求平衡的调控

旅游供求平衡不但量要平衡，而且在供求的质方面也要适应。因此，旅游供求平衡具有平衡的相对性，不平衡的绝对性，供求平衡的随机性等特点。为实现旅游供求平衡的目标，须对旅游供求平衡进行调控。旅游的供求平衡调控有多种方式，概括起来有规划控制和过程控制两种方式。

1. 旅游供求平衡的规划调控

通过调节旅游供给规划来实现旅游供求平衡，是一种前馈控制。其内容包括：旅游资源调研和开发，旅游需求预测，旅游区规划和建设，基本旅游供给与相关旅游基础设施的发展计划，人员培训和行业规范等方面。

2. 旅游供求平衡的过程调控

根据旅游市场上旅游供给与需求的变化来调控旅游供求平衡，是一种过程控制。这包括宏观和微观的调控两个方面。在宏观层次，国家可以根据旅游经济发展的目标和旅游供求平衡的现实状况，通过政策对旅游供求进行引导或限制，促成旅游供求的平衡。在微观层次上，对旅游供求平衡的调控，主要是通过市场机制来进行。当旅游市场上出现供过于求的情况时，旅游产品的价格不得不下降，从而使旅游供给减少；当市场上出现供不应求时，价格上扬，从而使旅游供给扩大。

从微观和宏观两方面的调控来看，还可以具体细分成以下政策：

（1）旅游发展战略与规划。

为保证旅游经济活动的健康发展，弥补市场机制之不足，很多国家或地区的政府都详细制订了本国或本地区旅游业的发展战略与规划，旨在通过必要的行政、经济和法律手段来调节旅游供求。旅游发展战略与规划是一种长期性的调节手段，它对旅游供给和旅游需求有着较持久的控制作用。

（2）税收政策。

调节旅游供求的税收政策涉及两个方面：一个是对旅游企业实行的税收政策；另一个是向旅游者征收旅游税的政策。当旅游产品供不应求时，通过对旅游企业实行减免税的政策，可以降低生产成本，增加企业利润，吸引多方投资，推动旅游企业扩大再生产，进而刺激旅游供给量的增加。同样，向旅游者直接征税可以减少旅游需求，从另一方面调节旅游供求矛盾。反之，当旅游产品供大于求时，通过对旅游企业增税的政策，则可以抑制旅游供给，使旅游供求达到平衡。

（3）价格政策。

价格是影响旅游供给和旅游需求最主要的因素。在价值规律自发作用的基础上，针对不同形式的供求矛盾，旅游目的地国家或地区的政府可以采取不同的价格策略，如地区差价、季节差价、质量差价、优惠价、上下限价等，以此来调节供求关系，使之平衡或适应。

（4）营销策略。

由于旅游供给的弹性较小，在供给体系既定的情况下，主要依靠刺激旅游需求来调节旅游供求矛盾。旅游市场营销的特点是见效快、较为直观、易于运用，只要选准目标市场，促销措施到位，短期内便会激发旅游需求。因此，各旅游目的地国家或地区的政府经常采用市场开发、宣传招揽、产品渗透等营销策略，使旅游供求矛盾很快得到缓解。

复习与练习

一、填空题

1. 商业性的旅游设施主要包括旅游运输设施、________、________和旅游购物设施四部分。

2. ________是影响旅游供给和需求最主要的因素。

3. 旅游产品的不可移动性使得旅游者多流向旅游资源比较丰富的旅游热点地区，这反映了旅游供求________。

二、选择题

（　）1. 旅游供给在一定的程度上的________与旅游需求的多样性之间的矛盾，是旅游市场供求经常处于不平衡的重要原因。

A. 稳定性　B. 复杂性　C. 多样性　D. 相关性

（　）2. 影响旅游供给的最主要因素是________。

A. 经济因素　B. 旅游吸引物因素

C. 政策因素　D. 预期因素

（　）3. 旅游供给弹性系数等于零表示旅游供给________。

A. 弹性无限大　B. 无弹性

C. 弹性不足　D. 弹性充足

（　）4. 旅游供求规律在________上的矛盾表现为旅游地出现“旅游热点”和“旅游冷点”。

A. 时间　B. 季节　C. 地域　D. 价格

（　）5. 中国的________部地区是旅游冷点地区，但该地区旅游资源丰富，民族文化特色浓。

A. 东　B. 中　C. 西　D. 东北

三、名词解释

1. 旅游供给

2. 旅游供给规律

3. 旅游供求平衡

四、问答题

1. 旅游供给的主要内容是什么?

2. 旅游供求矛盾主要表现在哪些方面?

3. 谈谈影响旅游供给的主要因素。

第五章　旅游市场

教学目标

1. 了解旅游市场的内涵、特征、作用和类型；
2. 掌握旅游市场的竞争结构及市场竞争机制；
3. 熟悉旅游市场机制的分类、功能及特征；
4. 了解旅游市场调查和预测。

第一节　旅游市场的内涵和类型

一、旅游市场的内涵

从广义上来说，旅游市场（Tourism Market）是指旅游产品交换过程中所反映的有关旅游者与旅游企业之间各种经济行为和经济关系的总和。在旅游经济活动中，旅游市场上存在着相互对立和相互依存的双方：一方是卖方，即旅游产品的供给者；另一方是买方，即旅游产品的需求者，也就是平常所说的旅游者。供需双方的矛盾运动推动着旅游经济活动的发展，其过程包含了旅游需求者与供给者之间、旅游需求者之间、旅游供给者之间的各种关系，并且通过市场作用表现出来。

从狭义上来说，旅游市场是指在一定的时间、一定地点和条件下对旅游产品具有支付能力、购买欲望和购买权利的消费群体。旅游需求是旅游市场形成的基础，缺乏旅游需求，旅游经济活动运行的市场基础就不牢固，旅游产品价值实现就会遇到障碍。因此，从狭义上来说，旅游市场就是旅游需求市场或旅游客源市场，它由旅游者、旅游购买力、旅游购买欲望和旅游购买权利所构成。

（一）旅游者

旅游者是旅游产品的消费者，是构成旅游市场的主体。一个国家或地区总人口多，则潜在的旅游者就多，需要旅游产品的基数就大，因此，人口的多少反映了旅游产品潜在市场的大小。

（二）旅游购买力

购买力是指人们在可支配收入中用于购买旅游产品的能力，它是由收入水平决定

的。没有足够的支付能力，旅游者便无法成行，旅游只会是一种主观愿望。

（三）旅游购买欲望

购买欲望是旅游者购买旅游产品的主观愿望或需求，是反映潜在购买力变成现实购买力的重要条件，没有购买欲望，即使有购买力也不能形成旅游市场。

（四）旅游购买权利

旅游市场大小还取决于人们购买旅游产品的权利。购买权利是指允许旅游者购买某种旅游产品的权利。对于旅游市场来说，尤其是国际旅游，由于旅游目的国或旅游客源国单方面的限制，如不发给签证或限制出境，都会使旅游权利受阻而导致无法形成国际旅游市场。

以上四个要素是相互制约、缺一不可的，人口因素是前提，没有旅游者就没有市场；人口多而居民收入又高的国家和地区才是真正具有潜力的市场；有了人口和收入，还必须使旅游产品符合旅游者的需求，引起其购买欲望，并在具备旅游权利的情况下，使潜在旅游市场变成现实旅游市场。

二、旅游市场的特征

（一）旅游市场的多样性

旅游需求的多样性形成旅游市场的多样性。旅游市场的多样性主要体现在以下几个方面：①旅游者的需求具有多样性。在大众旅游时代，旅游者的构成多种多样，其需求也千差万别。②旅游购买形式多样化，有团体包价旅游、半包价旅游、小包价旅游、散客旅游等多种形式。③旅游产品多样化，由于旅游者的需求多种多样，这就决定了旅游产品必须多样化，才能满足旅游者的不同需求。

（二）旅游市场的季节性

旅游市场受旅游闲暇时间分布不平衡和旅游目的地自然条件、气候条件差异的影响，造成季节性十分明显，有旺季和淡季之分，这就要求旅游行政管理部门、旅游行业组织及旅游企业采取一些行之有效的政策和措施，调节旅游客流量，相对缩短淡旺季之间的差距，使旅游业协调发展。

（三）旅游市场的波动性

旅游市场的发展不是直线型的，而是在曲折中向前发展的。许多社会因素都可能对旅游需求和旅游供给以及旅游目的地和旅游客源地产生很大的影响。战争、政治风波、治安、民族歧视、经济水平等，都可能导致旅游市场的关联性的变化甚至变局，从而使旅游市场具有波动性。这种波动性可能引起旅游流向的变化，也可能引起旅游市场结构的变化，还可能引起旅游消费结构的变化。

（四）旅游市场的全球性

随着生产力提高、交通条件的改善和经济社会的发展，促使旅游市场全球性形成。旅游市场是由全球范围的旅游需求与旅游供给组成的，有全球性的特征。市场对旅游产品的选择有全球性的自由，不受地域、政治、民族局限等限制。旅游地的接待对象无民族、无国界之分，旅游者的旅游活动也不受地方和国界的束缚。

三、旅游市场的作用

旅游市场是经济社会高度发展的产物，是旅游业赖以生存和发展的条件，它对旅游经济的发展起着十分重要的作用，具体表现在以下几个方面。

（一）旅游产品交换功能

旅游市场是联结旅游供给者和旅游需求者的纽带。通常旅游产品开发出来以后，必须在市场上进行销售，使旅游产品的价值得以实现。旅游需求者通过市场选择并购买自己感兴趣的旅游产品，因而旅游市场是实现旅游产品在供给者和需求者之间交换的桥梁。旅游市场把旅游需求和供给衔接起来，能灵敏地反映旅游市场的供求状况，使旅游企业的生产和销售有据可依，解决了供求之间的矛盾，从而更好地满足旅游者的需求，更充分地发挥旅游接待设施的能力，促进旅游经济的健康发展。

（二）旅游经济调节功能

旅游市场的调节功能表现在两方面：①旅游市场是调节旅游供求平衡的重要杠杆，在旅游市场上，当供求双方出现矛盾时，就会引起旅游市场竞争加剧和价格波动，于是市场竞争机制和价格机制就会产生作用，调节生产和消费，使供求重新趋于平衡；②通过旅游市场对旅游经济的调节，可以实现整个旅游业按比例配置各种资源，进一步实现经济社会资源的优化配置，并通过市场调节，使旅游部门和企业根据市场需要和供求状况合理分配劳动。

（三）旅游信息反馈功能

在市场经济条件下，旅游者的经济活动会通过市场动态变化表现出来。从总体上来看，旅游市场通过信息传递，为旅游目的地制定旅游业发展规划和经济决策提供依据。对旅游企业而言，一方面将旅游产品信息传递给市场，另一方面根据市场反馈的旅游需求信息和市场供求状况，调整旅游产品价格，组织生产适销对路的旅游产品，市场信息为旅游企业提供了经营决策的依据。对旅游者而言，一方面将需求信息传送到市场，为旅游产品生产经营者开发旅游产品提供依据；另一方面又从旅游市场上获取经济信息，指导、调整和变更旅游需求。总之，旅游市场通过信息反馈，成为旅游经济活动的“晴雨表”，指导着旅游经济的发展。

（四）旅游产品检验功能

旅游市场还可以检验旅游企业及其产品质量的优劣，推动旅游企业改善经营管理，提高服务质量。在旅游经济活动中，旅游者因支付一定的旅游费用而成为旅游服务的权利享有者，旅游企业则因获得一定的旅游收入而成为旅游服务的承担者，它们之间的相互关系是通过市场买卖的形式实现的。因此，旅游产品价格高低，旅游服务质量好坏，旅游住宿等级如何，旅游交通和旅游景区状况如何都必然反映到旅游市场上来，旅游市场成了检验旅游企业经营管理的一面镜子。旅游者在购买决策过程中，必然要对旅游市场上的各种产品进行比较，只有适合旅游者需求的产品，才是他们愿意购买

的旅游产品。

四、旅游市场的类型

（一）按区域划分旅游市场

世界旅游组织（UNWTO）将世界旅游市场划分为六大区域性市场。它们分别是东亚及太平洋旅游市场、南亚旅游市场、中东旅游市场、欧洲旅游市场、美洲旅游市场、非洲旅游市场。在这六大旅游市场中，欧洲旅游市场与美洲旅游市场最为繁荣，它们不仅是世界上主要的旅游客源地区，而且是主要的旅游接待地区；东亚及太平洋地区的旅游市场发展速度最快，已经成为全球旅游市场份额最大的旅游客源地和旅游接待地；非洲具有丰富的自然资源和人文资源，旅游业的发展前景很好；中东和南亚地区目前的市场占有率虽然较小，但仍然是一个有发展潜力的旅游市场。

（二）按是否跨越国境划分旅游市场

按是否跨越国境可将旅游市场划分为国内旅游市场和国际旅游市场。国内旅游市场是指旅游活动在一国范围内进行，旅游者为本国居民。国际旅游市场是指旅游活动在世界范围内进行，旅游者为外国居民。国际旅游市场又可以分为出境旅游市场和入境旅游市场，出境旅游市场指本国居民赴国外旅游，入境旅游市场指外国居民到本国旅游。

（三）按消费水平划分旅游市场

按消费水平可将旅游市场划分为豪华旅游市场、标准旅游市场和经济旅游市场。由于旅游者的收入各不相同，其旅游需求具有很大的差异，由此形成了不同消费水平的旅游市场，即豪华旅游市场、标准旅游市场和经济旅游市场，也就是日常所说的高档市场、中档市场和低档市场。

（四）按旅游组织形式划分旅游市场

按旅游组织形式可将旅游市场划分为团体旅游市场和散客旅游市场。团体旅游是指旅游者参加一个旅游团体，并向当地旅行社交付所需费用，然后由目的地旅行社负责该团的旅游活动这样的一种形式。散客旅游是指单个或自愿结伴的旅游者，自主进行旅游活动的一种组织形式。这两种旅游形式各有优劣，随着国民经济及旅游业的发展，散客旅游的比重越来越大。

五、旅游市场发展趋势

未来旅游市场的发展具有以下趋势：

（1）旅游市场需求呈不断扩大趋势，市场范围不断扩大。

（2）旅游市场竞争日趋激烈，呈现多元化，商务、会议、生态及专项旅游广泛兴起，旅游活动和旅游项目的高科技元素日益增多。

（3）市场需求呈现多样化多层次性，团体旅游日趋减少，散客旅游快速发展。

（4）旅游市场格局出现新的变化，国际旅游市场和国内旅游市场逐渐并轨。

(5) 旅游市场的东西部差异在日益缩小，与远程旅游相比，中程和短程旅游所占的市场份额越来越大。

(6) 旅游市场秩序的规范进程加快。

第二节　旅游市场竞争

竞争是商品经济的必然现象。无论什么社会制度，只要有市场，就会有竞争。旅游市场竞争（Tourism Marketing Competition）是指旅游企业在旅游市场上销售旅游产品时，相互争夺旅游者，以求得旅游者和社会的承认，从而实现旅游产品价值的经济活动。旅游市场的竞争目标主要是争夺旅游者、争夺旅游中间商和提高旅游市场占用率。

一、旅游市场竞争的作用

（一）促使旅游企业提高效益

竞争对于旅游企业来说，是一种外部的强制力量。它迫使旅游企业不断开发旅游产品，及时采用先进技术和设备，实行科学化管理，提高劳动生产率，提高旅游企业的综合实力。只有这样，旅游企业才能在激烈的市场竞争中站稳脚跟，并在旅游市场上取得一定份额。

（二）提高旅游产品质量，更好地满足旅游者的需求

旅游市场竞争的实质是争夺旅游者。竞争使旅游企业意识到，要想在竞争中取胜，关键在于能否把握市场需求，能否推出适销对路的优质旅游产品。为此，旅游企业必须以市场为导向，把旅游者的需要和满足放在首位，努力提高旅游产品的质量，降低旅游商品的价格，不断开发新的旅游产品，最大限度地满足旅游者的需要。

（三）促进旅游经济要素的合理配置，优化旅游产业结构，提高旅游市场占有率

由于不同旅游产品生产者生产同种旅游产品所花费个别劳动量不同，因而只有通过市场竞争，才能形成旅游产品的价格，才能进行有效的旅游产品交换活动。竞争引起价格涨落和供求变化，导致资金和劳动力按价值规律的要求流动，旅游资源由此得到了合理的开发和利用。竞争推动了企业的集团化进程，实现了旅游业的大规模运营，优化了旅游产业结构。竞争还在客观上促进了市场的发展，众多的旅游企业积极参与生产竞争，扩大了旅游市场份额，拓宽了旅游市场空间。

二、旅游市场竞争的影响因素

（一）旅游者和旅游企业的数量

旅游者和旅游企业的数量决定旅游市场竞争的激烈程度。从旅游市场的形成来看，旅游市场竞争主要是指旅游供给主体——旅游企业之间的竞争。在现实旅游市场的竞争中，旅游供给主体数量的多少显然是影响旅游市场竞争激烈程度的主要因素。对于

那种只有一两个企业进行供给的产品市场，竞争显然是极其微弱甚至不存在的。而形成这种市场的先决条件要么是旅游供给者对资源的垄断，要么是这个旅游供给者规模足够大，要么是政府赋予了企业某种特殊的权利，使得这类产品的供给企业数较少，以使企业能避开激烈的竞争，形成局部垄断，甚至是完全垄断。比如中国的长城、法国的卢浮宫都是少见的完全垄断旅游产品。

（二）旅游产品的同质性

由于旅游产品的同质性，以至于旅游者无法辨别不同企业所提供旅游产品的区别，因而它是形成旅游市场竞争的重要条件。从旅游市场交换的对象来看，旅游市场竞争主要是指旅游产品之间的竞争，特别是那些或多或少具有同质性的旅游产品间的竞争。因而，旅游产品的同质性是影响旅游市场竞争的又一个重要因素。旅游产品的同质性包括旅游产品投入要素的同质性、销售方式的相似性、价格的相似性、质量和服务标准的同一性等，致使很多旅游产品因其同质性而成为对方的部分甚至是完全替代产品，因而导致产品供给者之间激烈的竞争。

（三）旅游市场进出的条件

旅游市场进出的自由程度，直接影响和决定旅游市场的竞争程度。如果旅游市场进出壁垒相对较低，企业能够自由进入，则旅游市场的竞争会更加激烈一些；如果旅游市场进出壁垒相对较高，企业不能自由进出，则旅游市场的竞争相对弱一些，并与竞争状况和市场壁垒相对应，形成垄断竞争的旅游市场和完全垄断的旅游市场。

（四）旅游信息的完整性

在全球经济一体化的时代，人们生活的社会已经是一个信息社会。除了传统的钱、物、人等三个社会的构成要素之外，信息对社会的存在和发展具有非常重要的作用。个人的任何心理与行为，都和他们接受什么样的信息，以及怎样处理信息，存在密切的关系。对于旅游市场竞争来说，离开旅游信息就无法进行。旅游信息的完全程度包括信息框架和可信性。旅游信息的信息框架，是指对旅游产品和服务的言语描述方式；旅游信息的可信性是指信息源由于它的专长性和可靠性等特征，而被人们接受和相信的程度。它们直接决定旅游市场竞争程度，影响旅游竞争机制作用的正常发挥。

三、旅游市场的竞争结构

按旅游市场的竞争程度，可将旅游市场竞争结构分为完全竞争旅游市场、垄断竞争旅游市场、寡头垄断旅游市场、完全垄断旅游市场。

（一）完全竞争旅游市场

完全竞争旅游市场，是一种由众多旅游者和旅游企业所组成的旅游市场。其市场结构必须具备以下条件：一是旅游市场上存在许多彼此竞争的旅游者和旅游企业，每个旅游者和旅游企业所买卖的旅游产品数量在整个市场上占有的份额都很小；二是各旅游企业生产经营的旅游产品是完全相同的；三是所有生产要素资源能够在各行业间完全自由流动，旅游企业可以自由地进入或退出完全竞争的旅游市场；四是市场上每

个旅游者和旅游企业都具有充分的市场信息。由于现实中不存在同时具备以上四个条件的市场，因而完全竞争旅游市场实际上只是一种理论的假设。

（二）垄断竞争旅游市场

垄断竞争旅游市场，是一种介于完全竞争和完全垄断之间，既有垄断又有竞争的旅游市场结构。垄断竞争旅游市场的竞争性主要表现在：一是同类旅游产品市场上拥有较多的旅游企业，每一经营者的产量在市场总额中只占较小的比例，任一单独经营者都无法操纵市场；二是在市场经济条件下，旅游企业进入或退出旅游市场一般较容易；三是不同的旅游企业生产和经营的同类旅游产品存在着一定的差异性，从而使处于优势的旅游产品在价格竞争和市场份额的占有上优于其他旅游企业。

垄断竞争旅游市场的垄断性主要表现在：一是每个国家或地区的旅游资源不可能是完全相同的，从而导致每一种旅游产品都有其个性，于是旅游产品间的差异性在一定程度上就形成了旅游产品的垄断性；二是政府的某些方针政策的限制，也会形成旅游产品的垄断；三是由于各种非经济因素的制约，使旅游者不能完全自由选择旅游产品而进入任何旅游目的地，从而使某些旅游产品形成一定的垄断性。总体而言，旅游市场是以垄断竞争为主体的市场。

（三）寡头垄断旅游市场

寡头垄断旅游市场，是指为数不多的旅游企业控制了绝大部分旅游产品供给的市场结构，并且每个旅游企业在行业中都占有相当大的份额，以致其中任何一家的产量或价格变动都会影响整个旅游产品的价格和其他旅游企业的销售量。寡头垄断旅游市场也是介于完全垄断旅游市场和完全竞争旅游市场之间，并偏于完全垄断旅游市场的一种市场结构。在现实市场经济中，寡头垄断旅游市场往往比完全垄断旅游市场更为普遍，尤其对于某些独特的或稀少的旅游资源，通过开发和建设容易形成寡头垄断的旅游产品和旅游市场。完全竞争和完全垄断是旅游经济市场竞争的两个极端的现象，在现实中极为少见。垄断竞争和寡头垄断是旅游市场上大量存在的竞争类型，其中最常见的是垄断竞争型的市场状态。导致旅游市场垄断的因素有：旅游资源分布状况、地理位置及距离、历史和文化渊源、特殊政策等。

（四）完全垄断旅游市场

完全垄断旅游市场，是一种完全由一家旅游企业控制旅游产品供给的旅游市场，是与完全竞争旅游市场相对应的另一种市场结构的极端状态。完全垄断旅游市场的主要特征：一是某旅游企业完全控制了某种旅游产品的供给和销售市场，这种旅游产品没有其他可以替代的旅游产品；二是旅游市场上旅游产品的价格和产量是由该旅游企业完全控制的；三是旅游市场具有较强的壁垒，甚至是封锁的，其他任何旅游企业都无法进入；四是旅游市场上的信息是不充分的。完全垄断旅游市场最突出的特征是旅游产品的唯一性，如西安的秦兵马俑、北京的故宫、埃及的金字塔等。

四、旅游市场竞争策略

旅游市场竞争的目标必须通过竞争策略来实现，旅游市场竞争的策略贯穿于旅游

经济活动的各个阶段，常见的有以下几种：

（一）价格策略

价格是调节经济活动的经济杠杆之一，也是市场竞争最常用的手段。通常可以运用的有低价策略、高价策略和平价策略。

1. 低价策略

低价策略也称为市场渗透策略。这种策略采取薄利多销的低价策略，吸引更多的旅游者，迅速占领客源市场，并能排斥竞争对手阻止其进入目标市场。虽然有时低价策略会使企业的短期利益受到一定的影响，但通过形成一定的市场占有率，可为日后的发展奠定基础。运用低价策略的前提是企业生产旅游产品的成本应较低，旅游者对价格变动反应灵敏，产品市场容量大和企业有足够的资金能力。

2. 高价策略

这种策略是利用某些旅游产品具有垄断性、稀缺性、新奇性和名贵性的特点，采取高价策略，以期在短期内树立企业的形象，获得较高利润。在以下情况可以考虑采用高价策略：一是新开发的旅游产品刚投入市场时，由于竞争者的数量还不多，并且需求的价格弹性较小，对旅游者有较强的刺激力、感染力和吸引力，往往能满足那些追求新奇的旅游者；二是当旅游企业提供的旅游产品和服务质量档次较高时，往往也制定较高的价格；三是产品特色突出，差异性、垄断性较大，竞争对手难以模仿，企业也可以制定较高的价格；四是当目标旅游者具有较高的求新心理和较强支付能力时，也可以运用高价策略。

3. 平价策略

如果旅游企业不能满足低价或高价的一些条件，则通常只能采用平价策略，以市场的平均价格为依据。另外，对于较弱的企业来讲，很难在市场上同实力较强的企业开展竞争，往往采取追随策略，在价格上首先考虑平价策略。采取平价策略，可使某种旅游产品的价格保持在一定水平，避免或防止旅游企业之间的削价竞争。

（二）产品策略

产品策略是旅游企业竞争的中心策略。因为旅游产品是旅游者考虑出游的一个关键因素，任何旅游企业都试图从旅游产品上吸引广大的旅游者。产品策略具体包括以下几种方式：

1. 专营化策略

专营化策略就是企业只选择一个或几个细分市场作为目标市场，以相应的旅游产品来满足目标市场旅游者的需要。由于企业的产品组合和目标市场比较单纯，可以实现低成本经营，从而可以运用低价策略以达到扩大市场占有率的目标。另外，由于产品高度差异化，可以有效地阻止竞争者进入该市场，避免过度竞争；由于目标市场较为单纯，旅游企业可以实现低成本经营；由于目标市场上的旅游产品高度专门化，可以有效地阻止其他竞争者，避免过度竞争。

2. 多元化策略

旅游企业的多元化是指通过提供品种丰富的旅游产品，提供多种旅游产品的组合，这样不仅可以满足不同旅游者的需求，还可以延长旅游者滞留的时间和消费范围。当然，旅游企业实施多元化的策略应注意有核心的产品，以利于吸引旅游者。

3. 高质量策略

产品质量是企业生命之所在，旅游企业应当充分考虑旅游产品的特点，尽量突出旅游产品的地方特色和民族风格，生产出高质量的旅游产品，扩大销售额，提高市场占有率。旅游产品同一般的有形产品不同，一般的有形产品若质量有问题，可以退换或在售后服务中予以保修，但旅游产品主要是无形的服务，无法退换，也无法保修。因此，若出现质量问题，就会严重损害企业的声誉，在市场上丧失竞争力。相反，如果产品质量上乘，旅游企业就会赢得旅游者的信赖，而在市场上获得竞争的优势。

4. 新产品策略

由于旅游需求千变万化，而且大多数旅游产品也存在着生命周期，旅游企业必须适应各种变化，不断开发出具有特色的旅游新产品，以适应市场需求。另外，旅游企业应当有一个合理的旅游产品结构，有效地避开传统旅游产品的激烈竞争，确保企业生存发展的必要空间。

（三）促销策略

在当今的旅游市场，旅游产品种类丰富，旅游企业越来越多，因此旅游企业即使提供最优的产品和价格，也要加强促销，主动地去影响旅游者，去创造需求、引导需求。为了招徕更多的旅游者，争取更多的市场份额，就要通过各种渠道和媒介，把旅游产品、旅游地、旅游企业、旅游机构介绍给旅游者。宣传的媒介和方式很多，诸如广告、宣传册、风光片、电话、传真、电子邮件、计算机网络等，企业应结合自身的特点及主要消费群体的需求，去选择最有效的方式进行宣传促销。

第三节　旅游市场机制

旅游市场机制（Tourism Market Mechanism）是指旅游市场中的交换各方在交换活动中形成的供求、价格、竞争、风险等要素有机结合、相互影响、相互制约的内在联系形式。在市场经济条件下，旅游市场的功能作用是通过旅游市场机制来实现的，其具体表现为旅游市场供求机制、旅游市场价格机制、旅游市场竞争机制、旅游市场风险机制四个机制的共同作用过程。

一、旅游市场机制的分类

（一）旅游市场供求机制

旅游供求机制是旅游供给和旅游需求之间通过竞争而形成的内在联系和作用形式，

也是旅游供求关系在旅游市场中的规律性反映。旅游供求机制不仅对旅游供求的平衡起着调节作用，而且对旅游者的合理流动也具有一定的引导作用。

旅游供求机制的作用主要表现在三方面：

(1) 旅游供求机制可以及时、灵敏地反映旅游经济运行的内在矛盾，反映旅游市场上供求双方的变化及发展态势，从而为旅游者和旅游企业提供信号和指示方向，调节旅游市场的供求平衡。

(2) 旅游供给机制依靠其他机制的配合作用，可以有效实现合理配置经济社会资源的功能，从而调节旅游市场供求结构的平衡。

(3) 国家可以通过旅游供求机制对旅游经济进行宏观调控，促进旅游业的永续发展。

(二) 旅游市场价格机制

旅游价格是旅游产品价值的货币表现，它既是旅游者与旅游企业之间进行旅游产品交换的媒介，又是衡量旅游企业生产和经营旅游产品的劳动耗费量的尺度。旅游价格机制促进旅游经济的有效运行，是旅游供求机制发挥作用的前提。在市场经济条件下，旅游价格机制对旅游经济运行的作用是多方面的。

(1) 对旅游者而言，旅游价格机制是调节旅游需求和需求规模的信号，即通过旅游价格的涨跌，反映旅游供求的变化，影响旅游者的购买欲望，并调节旅游者的需求规模和需求结构。

(2) 对旅游企业而言，旅游价格机制是旅游市场竞争和旅游供给调节的重要工具，即旅游企业通过价格变动来占领市场，调节旅游产品生产和供给的数量和结构。

(3) 对政府宏观管理而言，旅游价格机制一方面为国家制定旅游政策，调节旅游经济的运行提供必需的信息；另一方面自发地调节着旅游总供给和总需求的平衡。

(三) 旅游市场竞争机制

竞争是商品经济的产物，哪儿有商品生产和商品交换，哪儿就有竞争。竞争的实质就是消费力对生产力的关系。因此，旅游竞争机制是指在旅游市场中，各旅游企业之间为了各自的利益而相互争夺客源，从而影响旅游供求及资源配置方向的运动过程。

旅游竞争机制作为市场机制的基本要素之一，其核心内容是争夺旅游者。因为争夺到的旅游者越多，表明旅游产品的销售量越大，从而为旅游目的地国家和地区及旅游企业带来的收入越高，经济效益就会越好。

争夺旅游中间商即对从事旅游产品销售、具有法人资格的旅行社或旅游经纪人的争夺，也是旅游竞争机制的重要内容。因为各种各样的旅行社和旅游经纪人，是销售旅游产品的重要营销渠道，争夺到的中间商越多，得到的支持越大，旅游产品销量就越多。

争夺旅游者和中间商的目标又集中表现为提高旅游市场占有率，因为旅游市场占有率的高低变化对旅游供求和旅游价格产生着决定和影响作用。

在市场经济条件下，旅游竞争机制是客观存在的，是同旅游供求机制和价格机制紧密结合并共同发生作用的。

（四）旅游市场风险机制

在市场经济条件下，任何一个经济主体在市场经济活动中都面临着赢利、亏损和破产的多种可能性，必须承担相应的风险。因此，旅游风险机制就是旅游经济活动同赢利、亏损和破产之间的相互联系及作用的运动形式。

旅游风险机制作为旅游市场机制的重要部分，是一种无形的市场强制力量，促使每个旅游企业承认市场竞争的权威，从而自觉地对市场信号做出灵敏的反应，形成适应旅游市场竞争的自我平衡能力。同时，旅游风险机制也利用市场利益动力和破产压力的双重作用，促使每个旅游企业行为的合理化，并按照旅游需求提供适销对路的旅游产品。

二、旅游市场机制的功能

（一）旅游产品交换功能

旅游市场是联结旅游产品供给者和需求者，承担旅游产品交换和价值实现的任务。旅游供给者和需求者通过旅游市场销售和选择旅游产品。旅游市场通过供求机制把旅游供给和旅游需求衔接起来，解决了供求之间的矛盾，从而更好地满足旅游者的需求，更充分地利用旅游供给接待能力，提供物美价廉的旅游产品，促进旅游经济的健康发展。

（二）旅游资源配置功能

通过旅游市场的资源配置功能，可以把旅游资源进行有效分配，促进旅游业中的食、住、行、游、购、娱按比例地发展，实现旅游资源的优化配置。同时，还可通过市场机制使旅游企业按照市场供求状况，及时调整所经营的旅游产品结构，以适应旅游者需求和旅游市场的变化，不断提高旅游经济效益和社会效益，实现旅游资源及要素优化配置。

（三）旅游信息反馈功能

旅游企业通过旅游市场将旅游产品信息传递给旅游者，以引导和调节旅游需求的变化；同时旅游企业又根据旅游市场反馈的需求信息和供求状况，组织旅游产品的生产和供给。旅游市场通过信息传导和反馈功能，综合地反映着旅游市场的供求变化和旅游经济的发展状况。

（四）旅游经济调节功能

旅游市场是调节旅游经济活动和旅游供求平衡的重要杠杆。在旅游市场上，当旅游供求双方出现矛盾时，就会引起旅游市场竞争加剧和价格波动，影响到旅游经济活动的顺利进行，于是就需要通过供求机制和价格机制的作用，调节旅游产品的生产和消费，使旅游供求重新趋于平衡。

三、旅游市场机制的特征

（一）旅游市场机制的自动调节性

由于旅游市场机制的客观性，因此在具备一定条件时，旅游市场机制会自动发挥作用，当条件不具备时，则不发挥作用，这就是旅游市场机制所具有的自动调节性。

价格机制是市场机制的典型表现形式。旅游价格能够围绕旅游产品价值上下波动，从而自动地调节旅游需求和旅游供给，使之趋于平衡。当旅游供给小于旅游需求时，旅游价格就会上升，反之，当旅游供给大于旅游需求时，旅游价格就下降。旅游企业根据价格自动调节旅游产品生产量，旅游者根据价格自动调节购买旅游产品的数量及选择不同的旅游产品组合。

由于市场经济以利益目标的传导为特殊机理，自动调节以个体利益为基本目标，多数情况下，微观不能与宏观有效衔接，自动调节效果受到影响，有时调节成本也是相当大的，所以这种自动调节性并不能保证市场的良性循环，必须辅以其他调节方式。

（二）旅游市场机制的互动性

旅游市场机制的作用既受到旅游市场外部环境的影响，也与旅游市场机制的各种内在因素相联系，因而任何一种因素的变化都会引起其他方面的互动反应。如旅游供求状况的变化会引起旅游价格的涨落，而旅游价格的涨落则会加剧旅游市场竞争，进而引起旅游供求的变化。

（三）旅游市场机制的时滞性

旅游市场机制的作用过程和效果，有时是迂回的，有时是滞后的。特别在旅游市场体系不完善，信号系统不健全时，旅游市场机制的作用是滞后的。因此要充分发挥旅游市场机制的作用，就要进一步完善旅游市场体系，健全市场信号系统，为旅游市场机制的有效运行和灵敏的反应创造良好的条件。

（四）旅游市场机制的局限性

由于旅游市场机制作用具有一定的自发性，且在旅游市场体系不完善、价格信号不健全时，旅游市场机制的作用会具有局限性。如对旅游资源要素配置的盲目浪费和破坏，会对旅游业发展造成消极影响，甚至危及经济社会的发展。

（五）旅游市场机制的动态相关性

旅游市场机制的运行是靠各市场要素间相互联动、传导和制约实现的。如旅游产品供不应求引发旅游产品价格上涨，由此会在一定时期内形成超额利润，会吸引其他投资者进入旅游市场。当新增旅游投资增加到一定程度时，就会缓解供不应求甚至导致供过于求，于是价格又会下降，引发需求增加。这种相关性是市场机制运行作用的前提，一旦这些联系被人为地割断，市场机制便无法正常起作用；其次，这种相关性是处于动态之中的，正是由于市场要素的动态相关使得社会资源在动态中实现优化配置。

第四节　旅游市场开拓

一、旅游市场开拓的概念

旅游市场开拓是指为了扩大旅游产品销售、实现旅游产品价值、提高旅游市场占有率而进行的一系列活动。旅游市场开拓首先要在明确旅游市场战略目标的前提下进行市场调研和预测，了解市场需求和竞争对手，在此基础上，分析旅游企业所处市场的宏观环境和微观环境，使企业经营活动适应市场环境的变化；接着进行市场细分，并在市场细分的基础上，选择目标市场；最后针对目标市场，确定合适的市场营销组合，最终实现旅游市场开拓的战略目标。

二、旅游市场开拓的重要性

（一）旅游产品的特性决定必须不断开拓旅游市场

旅游业是一个服务行业，旅游产品具有不可转移性和不可储存性的特点。因此，比起其他行业，它对市场有更强的依赖性，市场对于旅游业是必不可少的。

（二）只有提高市场份额，才能确保旅游企业的生存和发展

对于旅游企业而言，无非面临两种市场——现有市场和潜在市场。现有市场是企业已进入和占领的市场，企业要生存，至少要维持住现有的市场规模，但这仅仅能解决维持生存的问题，解决不了发展的问题。在激烈竞争的旅游市场上，企业若不积极进取，努力寻求新的市场，不仅发展问题解决不了，而且现有市场也难以维持。因此，企业必须积极挖掘市场潜力，扩大市场销售，提高市场占有率。

（三）市场开拓能力是企业经营能力的重要标志

旅游市场是竞争激烈的买方市场，在这个市场，旅游者的需求在不断变化，竞争对手在不断变化，旅游企业由于自身的发展也在不断变化。面对这个动态的市场，企业只有开发新产品，开拓新市场，才能满足旅游者的需要。

三、旅游市场开拓的策略

旅游企业为取得最佳经济效益，在分析各种影响因素的基础上，选定目标市场，并在一定时期内，有计划地综合运用各种可能的市场策略和手段，进行旅游市场的扩展。旅游市场的开拓策略一般有以下几个方面：

（一）选择和确定客源市场

旅游者的需求是多种多样、千变万化的，任何一个国家、地区或旅游企业，都不可能满足所有旅游者的全部需求。因此，每个旅游目的地国家、地区或旅游企业，都应当在市场预测的基础上，为自己的旅游产品选择相应的客源市场，并根据客源数量或购买力的大小确定顺序。中国的主要客源国市场依次首先是韩国、日本，其次为美

国、德国、法国、英国等。

（二）旅游产品策略

旅游产品是开拓旅游市场的基础，在开发旅游产品时，必须把握市场需求，根据市场需求有针对性地开发旅游产品，要大力开发具有民族特色和地方特色的旅游产品，旅游产品的形式也要丰富多样。从中国目前情况看，团体包价形式、观光型的旅游产品仍占主导地位。旅游企业在继续经营团体包价旅游的同时，要大力发展散客旅游和半包价旅游；在继续经营观光旅游的同时，要大力开发度假旅游、会议旅游、商务旅游和专项旅游，推动旅游经济活动的全面发展。

（三）旅游价格策略

旅游价格制定得是否合理，直接关系到旅游产品是否具有竞争力，影响旅游市场开拓的效果。因此，在制定旅游价格时，要明确定价目标，根据旅游市场开拓的任务、目标市场的实际情况及竞争对手的价格，有针对性地确定旅游产品的价格，避免定价的盲目性和随意性，要根据定价目标选择适当的定价方法和定价形式，并注意保持价格的相对稳定。

（四）旅游分销策略

在旅游产品的交换过程中，旅行社、旅游饭店及其他旅游企业均面临分销渠道的选择问题。毫无疑问，旅行社仍然是分销渠道的主体，绝大多数旅游产品的价值和使用价值还是通过旅行社来实现的。按照分销职能，可以将旅行社分成两类，即旅游批发商和旅游零售商，旅游批发商的业务涉及旅游产品的组合、定价、促销和配销等，旅游零售商的主要业务是直接向旅游者销售旅游产品。旅游产品的分销渠道是否合适，直接影响着旅游产品的销售状况。旅游促销是旅游产品营销的一种有效手段，也是进一步开拓旅游市场的主要途径。旅游促销的方式有广告宣传、公关活动、参加或举办旅游博览会等。

四、旅游目标市场选择策略

一般来讲，对旅游目标市场的选择策略有三种：无差异目标市场策略、差异性目标市场策略和密集性目标市场策略。

（一）无差异目标市场策略

无差异目标市场策略是旅游企业将旅游市场整体看作一个目标市场，不考虑细分市场之间的区别和旅游者需求的差异性，仅推出一种旅游产品、制定一种价格、运用一种统一的旅游营销组合来满足所有旅游者的需求，致力于旅游者需求中的相同之处。无差异目标市场策略认为：企业面对的是一个同质市场，即旅游者的需求是无差别的，或者说，旅游者的需求即使存在差异，但是其共性大于特性，这是企业选择无差异性策略的前提。

无差异目标市场策略的优点在于产品标准统一，分销渠道单一，企业可以大规模生产和销售，易于管理，能降低成本。而事实上，旅游者的需求是不可能完全统一的，所以，旅游企业提供旅游产品时应该给旅游者以更多的选择空间。因此，无差异目标市场策略主要适用于市场上供不应求或少数垄断性较强以及初上市的旅游产品市场。

（二）差异性目标市场策略

差异性目标市场策略是旅游企业同时经营几个细分市场，并针对不同细分市场的需求特点，设计各种旅游线路、提供不同的旅游产品和服务、制定不同的营销组合。差异性目标市场策略既认识到了旅游者的需求是异质的，同时以不同的产品和服务来满足不同旅游者的需要。

差异性目标市场策略的优点是能更好地满足各类旅游者的不同需求，有利于提高旅游产品的竞争力和扩大旅游企业的销售量；同时经营数个细分市场，有助于企业降低风险。

差异性目标市场策略的缺点是企业产品种类多，导致研发费用增多，要求具有多种销售渠道，与此同时会使广告费用、推销费用、行政费用等随之增加；由于经营分散，企业在某一种产品中难以实现规模经济效益，从而影响了经营效率，影响企业优势的发挥。

（三）密集性目标市场策略

密集性目标市场策略是指旅游企业在市场细分的基础上，集中力量于一个特定的子目标市场，并以自己特定的营销组合策略来满足该市场的需要，实行高度的专业化经营。密集性目标市场策略的优势在于能充分发挥企业有限的资源优势，形成产品与经营特色，使企业在特定市场上具有很强的竞争力。

密集性目标市场策略的弱点是企业的目标市场比较单一和狭窄，一旦需求发生变化，企业就会出现危机。

五、旅游市场调查

旅游市场调查是指运用科学的方法，有针对性地、有计划地、系统地收集、整理和分析有关旅游市场活动方面的信息，以了解旅游市场环境与状况，为科学的旅游市场预测和分析提供依据。旅游市场调查是旅游市场开拓旅游市场的前提，也是旅游业健康稳定、持续发展的关键。

（一）旅游市场调查的内容

旅游市场调查的目的一般是由旅游市场调查的目的所决定。一般说来，主要涉及几个方面的内容：

1. 旅游市场环境调查

旅游市场环境调查是从宏观上调查和把握旅游企业生产运营的外部影响因素及产品的销售条件等。对旅游企业而言，市场环境调查的内容基本上属于不可控制的因素，包括政治、经济、社会文化、技术、法律和竞争等，它们对所有企业的生产和经营都产生巨大的影响。

2. 旅游市场需求调查

旅游市场需求调查是运用科学的方法和手段，有目的地针对旅游市场需求的数量、结构特征等信息以及变化趋势所进行的调查与研究。旅游需求调查的内容很多，既有对旅游需求产生的客观条件及环境的调查，又有对旅游需求产生的主观愿望的调查，既有对旅游活动开始前的旅游需求趋势调查，又有对旅游活动开始后的旅游需求满足情况的调查，而其中最重要的是对旅游客源地国家或地区的旅游需求调查。

3. 旅游市场供给调查

旅游供给是一定时期内旅游市场提供的旅游产品的总量。旅游市场供给调查包括旅游吸引物调查、旅游设施调查、可进入性调查、旅游服务调查、旅游形象调查和旅游容量调查。

4. 旅游企业营销运行状态及效果调查

营销运行状态及效果可通过对旅游企业可控制的因素的调查加以体现。旅游企业的可控因素主要包括旅游产品、旅游价格、旅游分销渠道和旅游促销。

5. 旅游竞争调查

旅游竞争调查包括竞争者的数量、分布和市场营销能力，竞争者的优势与不足，主要竞争对手的实力、市场营销策略和实际效果，与竞争对手合作的可能性和方式，本单位营销、战术及其效果等。

（二）旅游市场调查的程序

旅游市场调查的程序分为调查准备阶段、资料收集阶段和结果处理阶段。

1. 旅游市场调查准备阶段

调查准备阶段是旅游市场调查工作的准备和开始，准备阶段是否充分周到，对后面的市场调查工作的开展和调查的质量影响很大。这一阶段的主要内容是确定调查目标、确定调查项目、选择调查方法、估算调查费用、编写调查建议书等。

调查目标是指调查所要达到的具体目的，包括旅游企业产品和服务的问题、经营中出现的困难、市场竞争问题及未来发展方向等。为使调查目标明确具体，必须要考虑调查的目的、调查的内容、调查结果的用途及阅读者等问题，从而为下一步调查工作的顺利进行奠定基础。

在确定调查目标后，就要拟订调查方案和工作计划。调查方案是对某项调查本身的具体设计，主要包括调查的具体对象、调查的地区范围、调查资料收集和整理的方法等内容。调查工作计划是对某项调查的组织领导、人员配备和考核、完成时间、工作进度和费用预算等事先进行的安排，目的是使调查工作能够有计划地进行，以保证调查方案的实现。

2. 旅游市场调查的资料收集阶段

拟订的调查企划建议书经企业主管审查批准后，就进入到调查资料的收集实施阶段。这个阶段的主要任务是组织调查人员按照调查方案的要求和工作计划的安排，通过案头调查和实地调查系统地收集各种资料。一般而言，旅游企业市场调查所要收集

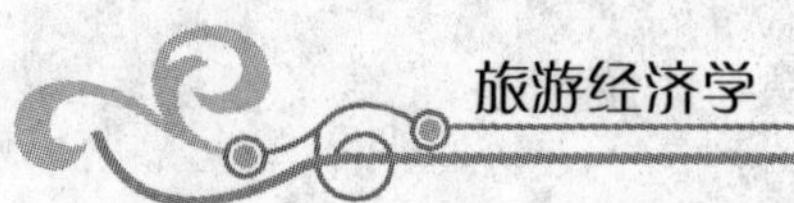

的资料主要有直接资料和间接资料。

直接资料是旅游企业市场调查者自己采用各种市场调查方式，如典型调查、重点调查、抽样调查等，以及各种市场调查方法，如观察法、实验法、访问法等，对市场信息进行收集、整理、分析的结果。直接收集的市场资料实用性强、可信度高，但取得直接资料需要较多的费用，而且有些资料是旅游企业无法取得的。

间接资料是指从别人所组织的各种调查所收集和积累起来的资料中，摘取和整理出的旅游市场或与旅游市场有关的资料。报纸、年鉴等都是其重要来源。间接资料的主要特点是节约费用，可以充分利用别的组织提供的而自身企业无法获得的调查资料，但需考证其真实性，且适用性对比直接资料较低。

资料收集阶段是旅游企业进行市场调查的重要阶段，是调查能否取得成功的关键，也是花费财力和人力最多而且最容易产生差错的阶段。因此要深入研究各种调查方法、调查方式以及科学地制作调查问卷。

3. 旅游市场调查的结果处理阶段

旅游市场调查资料的结果处理阶段是调查全过程的最后一环，也是市场调查能否充分发挥作用的关键。它包括资料的整理、资料的分析和旅游市场调查报告的撰写。当取得大量的旅游市场调查资料之后，首先要对其进行审核订正，分类汇总，根据研究目的进行加工整理，然后进行分析，在确实弄清旅游市场活动和过程的基础上，研究其动向及其发展变化规律，探索解决问题的方法。

（三）旅游市场调查的方法

旅游市场调查的方法有询问法、文案调查法、观察法、实验法和网络调查法。

1. 询问法

询问调查法是调查人员与被调查者直接接触的实地调查方法，旅游市场调查人员通过将事先拟订好的调查问题以各种方式向被调查者提出询问，通过其回答获取所需资料。为了方便调查人员收集资料的规范与整理资料的方便，事先拟定的问题一般以调查问卷的形式出现，所以，调查问卷的设计直接影响调查的效果。

询问调查法一般分为以下四种：

（1）访谈法。

由调查人员访问被调查者，根据调查提纲当面提问或电话提问，其方式有个人访谈、小组访谈、会议访谈。采用这种方法，调查人员可以依据被调查者的具体情况，灵活决定谈话方式、谈话内容和时间，并有助于消除被调查者的疑虑，建立融洽的访谈气氛，因而效果好、质量高。但是，这种方法费时间，费用也比较高，又容易受调查人员素质的影响，管理操作比较困难。

（2）邮寄法。

调查人员将设计好的调查问卷通过各种媒介（如利用邮政邮寄、电子邮件、报纸杂志刊登等）传递给被调查者，请其填写后寄回。这种方法可以调查比较多的内容，被调查者也可以有时间认真考虑、从容回答，但是，这种调查的回收率低、信息反馈

时间长，从表格中也很难判断被调查者回答的真实性。因此，使用邮寄调查法可以使用一定的物质刺激来提高调查表的回收率。

(3) 留置法。

这种方式介于访问法与邮寄法之间，是调查人员在访问过程中留下调查问卷，让被调查者自由填写，过后再予以收回。这种方法可以避免访谈法时间比较短、问题简单的缺点，也避免了邮寄法回收率低的不足；但是费时间，成本高。

(4) 电话法。

由调查人员通过电话向被调查者直接征询意见。这种方法的优点是信息反馈快，费用比较低，但是，问题不可能太多，也无法深入交谈。

2. 文案调查法

旅游市场调查需要收集两类数据，即统计数据与原始数据。其中，统计数据也称二手数据，是经别人收集、加工整理和已经发表的数据。文案调查法也称间接调查法、资料分析法或室内研究法。就是通过收集各种历史和现实的动态统计的二手资料，从中摘取与市场调查有关的情报，在办公室内进行统计分析的调查活动。一般而言，统计数据的收集相对快捷，成本较低。

统计数据的资料来源主要有：

(1) 旅游企业内部积累的各种资料，如旅游报刊以及一些内部文件。

(2) 国家机关公布的国民经济发展计划、统计资料、政策、法规等及一些内部资料。

(3) 旅游行业协会和其他旅游组织提供的资料，或旅游研究机构、旅游专业情报机构和咨询机构提供的市场情报和研究结果。

(4) 旅游企业之间交流的有关资料。

(5) 国内外公开出版物如报纸、杂志、书籍及图书刊登的新闻、报道、消息、评论以及调查报告。

获取以上统计数据的方法主要有三种：

(1) 文献资料筛选法。

文献资料筛选法是指根据旅游市场调查的目的和要求，有针对性地查找有关文献资料，从中分析和筛选出与旅游企业市场营销有关的信息情报。例如，旅游企业要收集有关中国旅游者旅游消费支出状况的统计数据，就可以通过《中国旅游统计年鉴》查出不同年龄阶段、不同职业状况的旅游者在不同城市的旅游消费支出状况，进而查出旅游者在餐饮、住宿、市内交通、购物、娱乐方面的状况。由于文献筛选法具有传播广泛、查找记录方便的优点，因而文献资料筛选法是旅游企业获取技术和经济情报的最主要来源。

(2) 报刊剪辑分析法。

报刊剪辑分析法是指调查人员平时从各种报刊中分析和收集旅游市场信息。信息社会突出的特点是信息量大和信息流快，市场情况的瞬息万变在日常新闻报道中都会

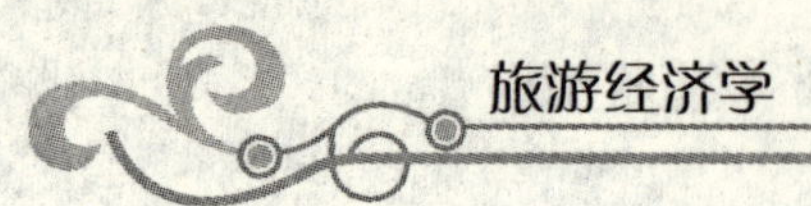

有所体现。

旅游调查人员如果仔细去观察、收集、分析各种公开发行的报纸与杂志中与旅游企业市场有关的信息，往往会收到意想不到的效果。因此，旅游企业应积极订阅与旅游相关的报纸杂志，同时还应该充分利用广播、电视、互联网络等现代电信宣传渠道，收集情报信息，以及时发现市场机会，争取和占领市场。

(3) 情报联络网络。

情报联络网络是指旅游企业在全国范围内或国外某些地区设立情报联络网，扩大商业情报资料收集工作的范围。一般由旅游企业派遣专门人员在重点区域市场设立固定情报资料收集点或同旅游相关部门以及有关情报中心定期互通情报，以获得有关旅游市场供求趋势、旅游者购买行为、价格情况等方面的信息，从而建立起旅游情报网。

世界上大型连锁酒店一般都设有情报联络网，连锁集团内部各酒店可以共享相关的旅游市场信息。由于情报联络网涉及的范围广，因而获取的情报信息量大、综合性高。但是这种方法也受到旅游企业自身规模、资金和人力的制约，它一般适用于一些大型的旅游集团企业。

3. 观察法

观察法是指由旅游调查人员到各种现场进行观察和记录的一种市场调查方法。在观察时，既可以耳闻目睹现场情况，也可以利用照相机、录音笔、摄像机等仪器对现场进行记录，以获得真实的信息。

观察法的优点是被调查者往往是在不知不觉中被观察调查的，处于自然状态，因此所收集到的资料较为客观、可靠、生动、详细。但这种费用较大，并且只能观察到事实的发生，观察不到行为的内在因素如感情、态度等，因此一般与面访调查等其他方法结合使用。

4. 实验法

实验法是指旅游调查人员将调查对象置于特定的控制环境之中，通过控制外采取变量和实验检验差异来发现变量之间的因果关系的一种调查方法。由于实验法是在较小的环境下进行实验，所以在管理上容易控制，所获取的资料也较为客观，一般适用于获取因果性调查数据。

5. 网络调查法

网络调查法是指旅游调查人员利用互联网了解和掌握市场信息的方法。具体方式是旅游企业通过 Web 附加调查问卷、给被调查者发送电子邮件等方式来获取被调查者的资料。这种新型的调查方法与传统方法相比，具有组织简单、费用低廉、调查结果客观性高、传播快速与直观、不受时空与地域限制、调查周期短等优点，但是，该方法调查对象仅局限于上网的人群，缺乏广泛性。

六、旅游市场预测

旅游市场预测是在旅游市场调查获取的各种一手资料和二手资料的基础上，运用

科学的分析方法和手段，根据旅游企业的需要，对旅游市场未来一定时间内的变化特点及发展趋势做出分析、判断和推测的过程。旅游企业市场预测的内容很多，但市场需求预测是市场预测的核心内容。正确的旅游需求预测可为旅游目的地国家和地区编制旅游发展规划，以及为旅游企业制订旅游发展计划、制定旅游价格、进行营销决策和旅游效益预测提供科学依据。

（一）旅游市场预测的方法

旅游市场预测分为旅游市场定性研究和旅游市场定量研究两种方法。

1. 旅游市场定性研究（Qualitative Research Method）

定性研究方法是根据社会现象或事物所具有的属性和在运动中的矛盾变化，从事物的内在规定性来研究事物的一种方法或角度。它以普遍承认的公理、一套演绎逻辑和大量的历史事实为分析基础，从事物的矛盾性出发，描述、阐释所研究的事物。进行定性研究，要依据一定的理论与经验，直接抓住事物特征的主要方面，将同质性在数量上的差异暂时略去。

定性研究有两个不同的层次，一是没有或缺乏数量分析的纯定性研究，结论往往具有概括性和较浓的思辨色彩；二是建立在定量分析的基础上的、更高层次的定性研究。

2. 旅游市场定量研究（Quantitative Research Method）

定量研究一般是为了对特定研究对象的总体得出统计结果而进行的。定量研究具有探索性、诊断性和预测性等特点，它并不追求精确的结论，而只是了解问题之所在，摸清情况，得出感性认识。定量研究的主要方法包括：与几个人面谈的小组访问，要求详细回答的深度访问，以及各种投影技术等。在定量研究中，信息都是用某种数字来表示的。在对这些数字进行处理、分析时，首先要明确这些信息资料是依据何种尺度进行测定、加工的。

在实际应用中，定量研究方法与定性研究方法有着明显的差别。这主要体现在如下几个方面：

1. 研究者的角色定位（Role of the Researcher）

作为定量研究，其对象是客观的、独立于研究者之外的某种客观存在物，因此，定量研究者力求客观，脱离资料分析；定性研究对象与研究者之间的关系十分密切，研究对象被研究者赋予主观色彩，成为研究过程的有机组成部分，也就是说，定性研究者是资料分析的一部分，没有研究者的积极参与，资料就不存在。

定量研究者认为，其研究对象可以被分成几个部分，通过这些组成部分的观察可以获得整体的认识；定性研究者则认为，研究对象是不可分的有机整体，因而他们检视的是全部和整个过程。

2. 研究设计（Design）

定量研究中的设计在研究开始前就已确定。定性研究中的计划则随着研究的进行而不断发展，并可加以调整和修改。

3. 研究环境（Setting）

定量研究运用实验方法，尽可能地控制变数。定性研究则在实地和自然环境中进行，力求了解事物在常态下的发展变化，并不控制外在变数。

4. 测量工具（Measurement）

定量研究中，测量工具相对独立于研究者之外，事实上研究者不一定亲自从事资料筹集工作。而在定性研究中，研究者本身就是测量工具，任何人都代替不了他。

5. 理论建构（Theory Building）

定量研究的目的在于检验理论的正确性，发现人类行为的一般规律，并对各种环境中的事物作出带有普遍性的解释，最终结果是支持或者反对假设。定性研究则试图对特定情况或事物作特别的解释，定性研究的理论就是研究过程的一部分，是“资料分析的结果”（Datadriven）。换言之，定量研究致力于拓展广度，而定性研究则试图发掘深度。

在实际研究中，定性研究方法与定量研究方法经常配合使用。在进行定量研究之前，研究者须借助定性研究确定所要研究的现象的性质；在进行定量研究过程中，研究者又须借助定性研究确定现象发生质变的数量界限和引起质变的原因。

（二）旅游市场预测步骤

1. 确定预测目标，拟订预测计划

旅游市场预测首先要明确预测的目标。必须搞清本次预测的要求和要达到的预测目的以及通过预测要解决的问题，只有这样才能够做到预测工作有的放矢。

2. 收集、整理和分析资料

旅游市场预测要重视市场调研过程中对信息的收集和分类，市场预测人员只有在掌握充分的信息基础上才能进行预测，这样预测的结果才具有科学性和指导性。

3. 选择预测方法，建立预测模型

预测方法的选择和预测模型的构建需要借助预测人员的经验判断、逻辑推理、数理统计、数学模型以及计算机计算等方法和手段，进行科学预测。

4. 预测

在选择好预测方法，构建好预测模型后，将各种基础数据及参数代入模型，进行预测。

5. 预测误差分析

根据预测模型代入各类数据进行计算，获得相应的数据后，要依据预测模型特征及相应的数理方法对预测的误差进行分析，并说明误差来源及克服办法。

6. 确定预测值，提交预测报告

市场预测人员在完成对市场的主要预测过程后，应该形成书面的预测报告，对预测过程和预测结果进行分析，并根据分析的结果为本企业的市场营销活动提出富有建设性的方案。

一、填空题

1. ________是旅游产品的消费者，是构成旅游市场的主体。

2. 世界旅游组织（UNWTO）将世界旅游市场划分为六大区域性市场。其中，________已经成为全球旅游市场份额最大的旅游客源地和旅游接待地。

3. 旅游市场的竞争目标主要是争夺旅游者、________和提高旅游市场占用率。

二、选择题

（　　）1. 旅游市场形成的基础是________。

A. 旅游者　　B. 旅游需求　　C. 旅游供给　　D. 旅游资源

（　　）2. 总体而言，旅游市场是以________为主体的市场。

A. 完全竞争　　B. 完全垄断　　C. 垄断竞争　　D. 不完全竞争

（　　）3. 下列不是旅游市场的构成要素有________。

A. 旅游者　　B. 旅游资源　　C. 旅游购买力　　D. 旅游购买欲望

（　　）4. 旅游市场的发展不是直线型的，而是在曲折中向前发展的。因而旅游市场具有________。

A. 异地性　　B. 世界性　　C. 季节性　　D. 波动性

（　　）5. ________一般就是指客源市场。

A. 广义的旅游市场　　B. 狭义的旅游市场

C. 一般的旅游市场　　D. 特殊的旅游市场

三、名词解释

1. 狭义的旅游市场

2. 旅游市场机制

3. 差异性目标市场策略

四、问答题

1. 旅游市场有哪些特征？

2. 简述旅游市场竞争策略。

3. 旅游目标市场的选择有哪几种策略？

第六章 旅游价格

教学目标

1. 了解旅游价格的概念、构成及特点；
2. 了解旅游价格制订的目标、原理、步骤及影响因素；
3. 熟悉旅游价格制订的方法和策略；
4. 掌握旅游差价和旅游优惠价的类别及区别。

第一节 旅游价格概念、构成及特点

一、旅游价格的概念与构成

（一）旅游价格的概念

旅游价格（Tourism Price）是旅游者为满足旅游活动的需要而购买单位旅游产品所支付的货币量。它是旅游产品价值、旅游市场的供求和一个国家或地区的币值三者变化的综合反映。在市场经济中，旅游者食、住、行、游、购、娱等需求必须通过交换活动，支付一定的货币量才能获得满足。旅游企业在向旅游者提供旅游产品时，必然要求得到相应的价值补偿，于是在旅游者与旅游企业之间围绕着旅游产品的交换而产生了一定货币量的收支，这就是旅游价格。从旅游企业的角度看，旅游价格又表现为向旅游者提供各种服务的收费标准。在人们不能有效认知旅游产品质量的情况下，市场竞争第一层次的竞争就是价格竞争。

（二）旅游价格的构成

一般商品的价格由原材料价格、劳动力价格和利润三部分组成，但旅游产品价格与有形产品的价格构成有所差异，是由旅游者的实际花费、服务费用和利润三部分组成。

1. 实际花费

旅游者在旅游过程中各个环节的享用费或使用费，如食、住、行、游、购、娱等旅游要素的实际花费。

2. 服务费用

服务费用是指生产费用，它包括生产旅游产品时用于建筑物、交通运输工具、各

种设备、设施及原材料等物质的耗费和旅游从业人员旅游服务的劳动补偿部分。服务费用一般由以下几个方面的费用构成：

(1) 导游服务费。包括地陪和全陪的费用，尤其是地陪，要全程陪同、讲解、服务全团，是一种体力与脑力结合的服务，导游服务费是对导游员智能、体能付出所应有的肯定和回馈。

(2) 旅游企业其他人工成本。如旅游计划调度、财务等后台人员，虽然没有直接为某一个旅行团服务，但却是旅行社运作旅行团、推销旅游产品所必需的人员。

(3) 向国家上交的税收。

(4) 旅游企业联络交际费用。如邮政电信费、商业场地租赁费、与合作伙伴的业务联系费用、旅游新产品的开发费用等。

(5) 旅游企业扩大再生产所需费用。

3. 旅游企业的利润

利润是指旅游从业人员新创造的价值部分，它包括向政府交纳的税金、贷款利息、保险费用和旅游商品经营的赢利等。

在旅游单项价格构成中，旅游价格包括以上三个方面的内容。但在统包价格中，旅游价格则由各个单项旅游产品的单价之和加上旅行社的成本与赢利所构成。

二、旅游价格的特点

1. 综合性与协调性

旅游产品要满足旅游者食、住、行、游、购、娱等多方面需求，旅游价格必然是旅游活动中食、住、行、游、购、娱价格的综合表现，或者是这些单个要素价格的总体显示。同时，由于旅游产品的供给方分属于不同行业与部门，因而必须经过科学的协调，使之相互补充、有机搭配，因此旅游价格又具有协调性，以协调各有关部门的产品综合地提供给旅游者。

2. 垄断性与市场性

旅游产品的基础是旅游资源，而独特个性是旅游资源开发建设的核心，这就决定了旅游价格具有一定的垄断性。它表现为一方面在特定时间和特定空间范围内旅游产品的价格远远高于其价值，高于凝结于其中的社会必要劳动时间；另一方面，旅游产品又必须接受旅游者的检验，随着旅游者的需求程度及旅游者需求条件的改变，旅游产品的垄断价格又必须作出相应的调整，从而使旅游价格具有市场性，即随着市场供求变化而变化。

3. 高弹性与高附加值性

由于旅游需求受到诸多不可预测因素的影响，使旅游者的旅游需求及旅游动机也是千变万化的。相反地，旅游供给却又相对地稳定，于是这种供求之间矛盾所造成相同旅游产品在不同的时间里价格差异较大，从而使旅游价格具有较高的弹性。从某种程度上讲，旅游活动就是旅游者获得一次独特心理感受的过程，在不同档次的旅游环

境中，相同的旅游产品带给旅游者的感受差异会很大。旅游产品的档次越高，服务越好，旅游者愿意支付的旅游价格也会越高，其中便蕴含了较高的附加值。

4. 一次性与多次性

旅游产品中，餐厅的食品、旅游纪念品等商品，是使用权与所有权都出售，其价格是一次性的；此外，诸如旅游景区、旅游交通和旅游饭店的客房等均只出售使用权而不出售所有权，从而造成不同时间的价格有所不同，存在多次性价格。因此，旅游产品价格实质上是一次性与多次性相统一的价格。

三、旅游价格的作用

（一）实现旅游企业的利润目标

通过旅游产品的定价，旅游企业可以收回成本和投资，并实现其利润目标。价格是旅游经济因素中唯一的直接收入要素，其他成本要素所支付的成本，都要通过合理的价格策略进行回收，并获取预期的利润。因此，对旅游企业来说，价格具有至关重要的作用。其他策略使用得再好，价格策略不适当，整个旅游经济的效益也无法体现。

（二）调整旅游产品的供求关系

旅游产品和其他有形产品制造业不同，制造业可以提前制造产品，储存待售，以此来调节市场供求关系。而旅游产品的特殊性，注定只能和市场销售、消费同步进行，旅游产品的供给量取决于旅游企业某个时点的接待能力，无法满足超过接待能力的旅游需求。只能利用价格机制，提高旅游产品的价格来抑制旅游者的需求，达到供求平衡的目的。

（三）利用价格来进行市场区隔

旅游企业要针对不同的细分市场，推出不同档次的旅游产品来满足不同目标旅游者的特殊需求。由于旅游产品的无形性，不同档次的旅游产品质量很难被旅游者辨识清楚，旅游企业可以通过对不同档次的旅游产品的价格差异来表现旅游产品的档次，这样就可以把不同的细分市场进行有效区隔。比如豪华游、标准游、经济游之间就有较大的价格差异。

（四）对付市场竞争

价格是旅游经济中最具灵活性、艺术性和策略性的竞争要素，它可以微调市场并进行快速反应，因此经常被企业得心应手地用于瞬息万变的市场竞争当中。价格可以随时针对旅游市场上供求关系的变化状况，以及竞争对手的市场策略及时做出调整，使企业保持市场竞争中的主动地位。

第二节　旅游价格的制订

一、旅游价格制订的目标

旅游价格制订的目标，是指旅游企业在对其生产或经营的产品定价之前，预先设

定的、有意识地要求达到的目的和标准。旅游企业在制订旅游价格时，必须首先确定旅游价格制订的目标，因为它是旅游价格决策的依据，直接关系到价格策略和定价方法的选择。

旅游价格制订的目标是由旅游企业生产经营目的决定的，它是生产经营目标的具体化。价格制订的目标必须与旅游企业生产经营的总目标相适应，为总目标服务。旅游企业作为市场经济的主体，其生产经营的根本目的是价值的增值，是追求收益的最大化。因此，判断旅游定价目标制订得正确与否，取决于一个较长时期内最终是否给企业带来尽可能多的利润总量。通常围绕收益最大化而展开的旅游价格制订的目标，主要有以下三个目标：

（一）以反映提高产品质量为目标

产品质量是产品价值的表现，是产品价格的基础。旅游产品价格必须反映旅游产品质量，做到质价相符，才能吸引旅游者，增大销量，实现收益的最大化。旅游定价选择这种定价目标具体又可分为以下三种类型：

1. 反映旅游产品特色的目标

旅游产品特色指产品的造型、质量、功能、服务、品牌、文化氛围的部分或全部，它反映了旅游产品对旅游者的吸引力。旅游产品有特色，旅游者不仅对该产品满意，而且还会期望通过消费这种旅游产品来炫耀其与众不同，显示其经济上的富有或地位上的优越，以获取精神上的满足。因此，这种旅游产品在定价时具有优势，其价格也相应要比同类旅游产品高。

2. 反映旅游产品垄断的目标

旅游资源是旅游产品形成的基础。一定时空环境里的旅游资源经过科学开发和组合而形成的旅游产品具有稀缺性，其价格也便具有垄断性。如深圳锦绣中华、西安兵马俑和云南石林等产品的稀缺性使之与同行业竞争对手相比具有很强的竞争能力，因此其定价可以取较高的价位，高于其他同类旅游产品。

3. 提高旅游者满意度的目标

旅游者通过旅游获得精神上的体验，留下长久的回忆，旅游服务对旅游者的心理感受和满意度影响很大。由于旅游者的文化背景、个人素养不同，旅游者阅历各异，因此，相同的旅游服务对不同的旅游者来说会有不同的感受，从而形成不同的评价。旅游企业针对不同旅游者的需求提供有针对性的服务，得到旅游者的较高评价，提高旅游者的满意度，可以制订较高的旅游价格。

（二）以保持和扩大市场占有率为目标

市场占有率，又称市场份额，是指旅游企业产品销售量或旅游收入在同类产品的市场销售总量或旅游总收入中所占的比重。市场占有率是企业发展的基础，代表着潜在的利润率。旅游企业的市场份额越大，就越有发展潜力，增加利润的机会就越多。特别是旅游产品既不可储存，又不能运输，因此，保持和扩大市场占有率尤为重要。以稳定和扩大旅游市场占有率为目标，具体可分为以下三种类型：

1. 以稳定价格为目标

旅游企业采取稳定价格的目标，实质是想通过本企业产品的定价或少数几家旅游大企业产品的定价左右整个市场价格水平。选择这种定价目标的应当是那些实力雄厚、市场占有率较高的大企业。

2. 以有助于市场推销为目标

旅游价格与旅游产品配置，促进销售和分销渠道结合，共同构成旅游目的地或旅游企业的营销组合，产品、价格、分销和促销四大要素彼此配合、相互依赖形成强有力的营销阵容，推动旅游产品的顺利销售。因此，旅游价格的制订和调整要考虑其他三个因素，要有利于其他要素作用的发挥，以保持和提高市场占有率。

3. 以符合市场行情为目标

旅游业是一个市场导向型产业，市场占有率的形成和变化是旅游市场竞争的结果。旅游企业要保持和提高自己的市场占有率，其价格制订必须符合市场行情，脱离市场行情的旅游价格很难吸引旅游者，也就很难保持市场占有率。

(三) 以稳定和增强企业竞争力为目标

稳定和增强旅游企业的市场竞争力，使其在市场竞争中不断谋求有利地位，较好地实现旅游产品的价值，取得尽可能多的收益。旅游定价选择这种定价目标具体又可分为以下三种：

1. 以增加当前利润为目标

这一目标是指旅游企业通过价格手段在短期内获取最大限度的利润。它适用于旅游产品的技术含量和质量指标在短期内居于市场领先地位，旅游者认同感明显，短期内供不应求的企业。这时旅游企业或通过薄利多销的低价定位，或通过厚利适销的高价定位较快地获取最大利润。当优势消失的时候，旅游企业已经有了开发新产品的财力，又可以创造新的竞争优势。

2. 以一定的均衡收益为目标

当旅游企业在同行业中占据主导地位，能够掌握市场需求情况，并基本能控制本企业的市场份额时，旅游企业可以选择一个保持长期稳定收益的定价水平，以一个固定的收益额作为定价目标，以使本企业在市场竞争中稳步发展。

3. 以平均利润为目标

当旅游企业的经营管理水平处于同行业中的中等地位时，企业往往以获取平均利润作为定价目标。

综上所述，旅游价格制订的目标是多种多样的，不同的企业可能有不同的定价目标，同一旅游企业在不同时期也可能有不同的定价目标。

二、旅游价格制订的原理

(一) 旅游产品的价值决定供给价格

价格是价值的货币表现，价值取决于社会必要劳动时间。这一基本理论也适用于

旅游产品，就是说旅游价格是由旅游产品的价值决定的，是由生产旅游产品的社会必要劳动时间决定的。所谓社会必要劳动时间，是指在现有社会正常的生产条件下，社会平均的劳动熟练程度和劳动强度下制造某种使用价值所需要的劳动时间。社会必要劳动时间不同，商品的价值不一样，其价格也应当有差异。

合理的旅游价格反映旅游资源对旅游者的吸引程度，吸引力强、观赏价值高的旅游资源，蕴含大量的物化劳动，应当收取较高的价格。旅游价格的制订还应体现旅游设施的数量和质量，如豪华型饭店与一般经济型饭店虽然都是旅游饭店，但其设施的配套与完善程度、舒适与先进程度差距很大，所花费的社会必要劳动时间差异明显，因而其价格有较大的差别。此外，旅游价格的水平还体现着旅游服务人员所提供的服务劳动的质量水平，包括客房、餐饮、翻译、导游等，热情周到高质量的服务反映着服务人员的业务素质较高，付出了更多更复杂的劳动，理应得到较高的报酬。

旅游产品的价值决定旅游产品的供给价格，这是旅游价格的下限，低于这一下限，旅游企业所付出的社会必要劳动就得不到合理的补偿，旅游产品的再生产就难以继续。另外，由于旅游企业的经营水平和经营状况不同，其个别劳动时间或者低于社会必要劳动时间，或者高于社会必要劳动时间。按照社会必要劳动时间决定价值量从而决定供给价格的规律性，可以反映出不同旅游企业的经营水平和经营状况，从而保护好的，淘汰差的，促使旅游企业不断改善经营管理，降低消耗，推动旅游业的发展。另外，按照社会必要劳动时间决定供给价格，也保护了旅游者的经济利益，使旅游产品货真价实地满足旅游者的消费需求。

（二）旅游业与其他行业的比较决定需求价格

需求价格是指在一定时期内旅游者对一定量的旅游产品愿意和能够支付的价格，它表现为旅游者的需求程度和支付能力。旅游业与国民经济其他行业相比较而决定旅游需求价格，主要表现在三个方面：

（1）旅游业比其他行业适度超前发展，以旅游业的优质服务和高层次满足刺激旅游需求，创造旅游市场，从而增强了旅游者的旅游需求强度，形成和抬高旅游需求价格。

（2）旅游业同其他行业相比，人们的其他需求可以或者已经通过其他行业得到满足，而旅游需求还没有满足或没有比较好地满足，这时人们的旅游需求程度较强。

（3）其他行业的发展使人们形成了旅游支付能力，从而使旅游者的旅游意愿转变为现实的旅游活动，旅游需求价格也便有了现实性。

旅游需求价格是旅游价格的上限，超过上限即超过旅游者的意愿和支付能力，旅游者的旅游活动就不能成行或者减少，再有特色的旅游产品，再有吸引力的旅游资源都没有现实意义。

（三）旅游市场竞争决定市场成交价格

旅游市场竞争通过旅游产品的供给者之间、需求者之间、供给者与需求者之间的竞争三个方面决定旅游产品的市场成交价格。

1. 旅游供给者之间的竞争影响旅游产品的市场价格

同种旅游产品的众多供给者为了尽快将产品销售出去而展开了激烈的价格竞争，如某个供给者要价较高，其他供给者则以较低的价格销售，迫使要价高的供给者不得不降价。供给者之间竞争的结果使市场成交价格在较低的价位上实现。

2. 旅游需求者之间的竞争影响旅游产品的市场价格

当某种旅游产品较为紧俏时，一些旅游需求者不惜高价予以购买，那些只愿出低价的需求者则会落空，不得不提高购买价格。需求者之间竞争的结果，使市场成交价格在较高的价位上实现。

3. 旅游供给者与旅游需求者之间的竞争影响旅游产品的市场价格

供给者期盼高价销售，需求者渴望低价购买，双方为此展开竞争，竞争中哪一方力量较大，旅游产品就会以倾斜于哪一方的价位成交。

（四）经济政策调节旅游产品市场成交价格

在市场经济中，市场作为配置社会资源的机制本身也会有内在缺陷，“市场失灵”或“市场失效”是经常发生的，客观上要求政府的经济政策调控市场。特别是当前中国市场体系还不健全，旅游市场还有诸多的问题，价格机制还不能充分发挥作用，在这样的情况下，政府经济政策对旅游价格的影响尤为重要。从中国旅游经济发展实际看，经济政策对旅游价格的调节主要包括以下方面：

（1）政府通过对旅游企业的审批年检，调节一个国家或地区的旅游企业数，从而影响旅游产品的供给，调节旅游价格。

（2）政府通过对旅游市场价格的调控，减少和避免旅游价格的信号失真，使旅游价格趋于合理。

（3）政府通过旅游经济发展政策直接和间接地影响旅游业的投资和旅游需求，进而影响旅游价格的变化。

（4）国民经济的发展状况决定通货膨胀率的高低和汇率的变动，从而影响旅游价格的变化。

综上所述，旅游价格制定的原理是：旅游价格一般以供给价格为下限，以需求价格为上限，旅游市场成交价格在上、下限之间，在特殊时期可能低于供给价格的下限。旅游市场成交价格不仅是旅游市场竞争的结果，也受政府经济政策的影响。

三、旅游产品定价的步骤

（一）研究目标市场旅游者的购买行为

旅游产品的营销活动需要在一定的目标市场中有针对性地开展，才能取得良好的收益。因此，旅游企业对旅游产品定价前，必须通过调查大量占有目标市场旅游者购买行为的相关资料——消费偏好、购买能力、需求容量、对价格的敏感程度等状况，以采取灵活的价格政策引导旅游者做出购买决策。同时，通过旅游者对旅游产品的“认知价值”和消费需求程度的评估，可以预测出旅游者所能接受的最高价格水平。

（二）评估旅游产品的成本

旅游产品的成本评估主要包括：掌握旅游产品的成本结构，进行盈亏平衡点分析，计算单位旅游产品的固定成本、变动成本以及最低成本。最低成本是旅游企业生产旅游产品可以支撑的价格下限，是制订产品价格的重要的参考依据。

（三）分析旅游市场所处的环境

旅游企业制订产品的价格，与市场环境的变化紧密相关。旅游企业在制订旅游产品的价格时必须综合考虑在区域性或者国际性的旅游大市场中，自身所面临的机遇以及来自各方面的挑战。例如潜在竞争者可能制订的价格，竞争对手制订的价格，各种社会文化环境因素引起人们消费心理变化等方面的问题。

（四）确定旅游产品的定价目标

旅游产品的定价目标科学与否，关系到旅游企业的生存与发展。因此，旅游企业确定旅游产品的定价目标时，要综合考虑影响产品价格的各方面因素，根据旅游市场需求、旅游企业自身规模与实力、竞争状况，结合旅游企业的发展战略确定符合旅游产品实际的定价目标。旅游企业在进行旅游产品定价和价格调整时会有所依据。即使整体环境发生变化，旅游企业也能够灵活地采取应变措施，实现定价目标。

（五）选择旅游产品定价的方法及策略

要使旅游产品的价值顺利实现，并使旅游产品的价格易于为旅游者所接受，旅游企业必须遵循旅游产品定价的基本原理，同时针对不同旅游者的心理需求，巧妙地进行旅游产品定价。这样才能做到旅游产品定价的科学性与艺术性相结合，才能为旅游企业与旅游者创造良好的合作环境。

四、旅游产品定价的影响因素

（一）旅游产品成本

旅游产品成本是构成旅游产品价值和价格的主要组成部分，它是由旅游产品的生产过程和流通过程所花费的物质消费和支付的劳动报酬而形成的。旅游企业在确定旅游产品的价格时，要使总成本得到补偿，价格不能低于平均成本费用。当旅游产品的售价大于产品成本时，旅游企业就可能形成赢利；反之，旅游企业的销售收入不能弥补其劳动消耗，旅游企业的生产将出现亏损。显然，旅游产品的成本是旅游企业核算盈亏的临界点，它是影响旅游产品价格最直接、最基本的因素。

（二）旅游产品供求关系

旅游产品供求关系是指在市场经济中决定旅游产品的买方和卖方这两种基本力量变化方向的基本关系。当旅游产品的供求关系发生变化时、旅游产品的价格也要发生变化。一般说来，在旅游旺季时，旅游产品的价格呈现上涨的趋势；而在旅游淡季，旅游产品的价格呈现下降的趋势。此外，旅游热线、旅游冷线的旅游产品的价格迥异，也是由供求关系的影响形成的。因此，对旅游冷线和在旅游淡季对旅游产品实行价格折扣、在旅游旺季浮动产品的价格，都是供求关系调整产品价格的表现。

（三）旅游产品市场竞争状况

旅游产品市场竞争状况是指旅游产品竞争的激烈程度。旅游产品市场的竞争越激烈，对旅游产品的价格影响就越大。在完全竞争中，旅游企业是被动地接受市场竞争中形成的价格，而没有定价的主动权，只能依靠提高管理水平与服务质量去扩大市场占有率。在垄断市场上，某种旅游产品只是独家经营，那么其制订的价格基本上是垄断性价格。在寡头垄断市场上，少数几家大型旅游企业控制与操纵旅游产品的生产与经营，它们之间相互制约与限制，因而旅游产品的价格是由寡头企业控制和协议制定的。

（四）旅游产品的需求弹性

旅游产品的定价不仅受到产品供求关系的制约，而且受到产品需求弹性的影响。旅游产品的需求弹性反映的是旅游价格的变化对市场需求量变化的影响程度。不同类型旅游产品的市场需求量对价格变化反应的敏感程度是不同的。一般说来，旅游景区产品、旅游购物、旅游娱乐的需求弹性相对较高，而旅游餐饮、旅游住宿、旅游交通的需求弹性相对较低。但是从总体说来，旅游产品的需求弹性整体上是比较高的。

（五）旅游企业营销目标

旅游企业营销目标的实现与旅游产品的价格紧密相关。旅游营销目标主要有利润导向目标、销售导向目标、竞争导向目标、社会责任导向目标四种类型。其实，在现实操作中，旅游企业在市场营销中总是根据不断变化的市场需求和自身实力状况，调整自己的营销目标和产品的价格。若旅游企业追求短期收回投资成本，往往制订较高的产品价格，以便在短期再获取利润。如果旅游企业追求长期利润最大化，则应制订企业可以接受的最低价，以排挤竞争对手，提高产品的市场占有率，争取在较长时期有更大的发展。

（六）社会心理因素

社会心理因素是人们对客观存在的社会现实的主观感受和心理反映。当旅游者的社会心理表现为外部消费活动时，便促进人的消费行为。这种行为在一定程度上是旅游经济活动和旅游者行为的调节器，也影响旅游产品价格的形成与变动。对旅游产品的价格起较强影响的心理因素有三种：

1. 价格预期心理

价格预期心理是指在经济运行过程中，旅游者群体或旅游者个人对未来一定时期内价格水平变动趋势和变动幅度的一种心理估测。这种主观推测如果形成一种旅游者群的价格预期心理趋势，那将会较大的影响旅游市场中旅游价格和预期价格的变动水平。

2. 价格观望心理

价格观望心理是价格预期心理的又一种表现形式，一般产生于市场行为比较活跃时期，是指旅游者对价格水平变动趋势和变动量的观察等待，以期达到自己希望的水平后，才采取消费行动，从而取得较为理想的对比效率。

3. 价格攀比心理

价格攀比心理是指不同旅游者之间的攀比和旅游生产经营者之间的攀比。旅游者之间的攀比心理会导致盲目争购，超前消费乃至诱发和加重消费膨胀态势，成为推动价格上涨的重要因素。而旅游生产经营者之间出现的价格攀比会直接导致价格的盲目跌涨，进而冲击旅游者在正常时期的消费心理判断能力，使旅游市场出现不应有的盲目波动。

（七）汇率变动

汇率变动指国际间货币比价的变动状况。入境旅游是外国旅游者流入旅游目的地消费旅游产品的“出口贸易”，因而汇率变动对旅游产品价格的变动有着显著的影响。汇率变动的影响主要通过旅游产品报价的形式反映出来。若目的地国以本国货币对外报价，当该国的货币贬值幅度大于国际旅游价格提升幅度时，那么用外币换算的旅游实际收入呈现下降趋势，这样对于外国旅游者有利，必然引起前往该目的地国家或地区旅游者人数的增加。

（八）通货膨胀

通货膨胀是指在流通领域中的货币供应量超过了货币需求量而引起的货币贬值、物价上涨等现象。旅游目的地的通货膨胀会带来旅游企业旅游产品的生产与经营成本费用的上涨，而且由于市场上单位货币的购买力下降，旅游企业必须提高旅游产品的价格，并使价格的提升幅度大于通货膨胀率，才能保证减少亏损。由于通货膨胀导致某地区旅游产品的价格大幅度上升，客观上会损害旅游者的利益，以及破坏旅游地的形象。

（九）政府宏观管理

政府对旅游市场产品价格的宏观管理主要通过行政、法律手段来进行调节。为维护市场秩序，规范市场行为，政府往往会通过对旅游产品的价格干预来反对不正当竞争或者牟取暴利的旅游价格，既维护旅游者的利益，也要维护旅游企业的正常利益和效益。例如政府对娱乐业乱收费的整治，以及对旅游开发的税收政策，都属于政府宏观管理的范畴。

第三节　旅游价格制订的方法和策略

一、旅游价格制订的方法

（一）成本导向定价法

成本导向定价法（Cost-oriented Pricing）是以旅游企业的单位产品成本为基础，再加上预期利润来制订旅游产品价格的方法。单位产品成本加上企业的赢利就是旅游产品的价格。成本导向定价法是最常用、最基本的定价方法。成本导向定价法又衍生出了成本加成定价法、盈亏平衡定价法、边际成本定价法、千分之一法等几种具体的

定价方法。

1. 成本加成定价法

成本加成定价法（Cost-plus Pricing）是按产品单位成本加上一定比例的利润制订产品价格的方法。该方法是将生产经营中耗费的固定成本除以产品销量加上单位变动成本得到单位产品成本，再加上按成本计算的一定比例的利润，即成为纳税前价格。纳税前价格加上应纳税金便形成旅游产品的售价。其计算公式如下：

$$\text{单位旅游产品价格}=\frac{\text{单位产品制造成本}+\text{单位产品销售利润}}{1-\text{期间费用率}-\text{营业税率}}$$

成本加成定价法能保证旅游企业的生产成本和期间费用得到补偿后还有一定利润，产品价格水平在一定时期内较为稳定，计算方法简便易行。但是，成本加成定价法忽视了市场供求和竞争因素的影响，忽略了产品生命周期的变化，缺乏适应市场变化的灵活性，不利于企业参与竞争，容易掩盖企业经营中非正常费用的支出，不利于企业提高经济效益。

2. 盈亏平衡定价法

盈亏平衡定价法（Breakeven Pricing），也叫保本定价法或收支平衡定价法，是指在销量既定的条件下，企业产品的价格必须达到一定的水平才能做到盈亏平衡、收支相抵。盈亏平衡定价法的关键是确定盈亏平衡点，即企业收支相抵，利润为零时的状态。其计算公式为：

$$\text{单位旅游产品价格}=\frac{\text{固定成本}/\text{总产量}+\text{单位产品变动成本}}{1-\text{营业税率}}$$

例　某饭店有客房300间，全年应摊销的固定费用为300万元，每间客房平均消耗原材料为15元/间·天，预计客房销售率为60%，该饭店营业税率为5%。试求饭店每间客房的销售价格。

$$\text{单位旅游产品价格}=\frac{3000000/(300\times60\%\times365)+15}{1-5\%}$$

$$=\frac{3000000/65700+15}{0.95}=\frac{60.66}{0.95}=63.85\text{（元）}$$

根据盈亏平衡定价法确定的旅游价格，是旅游企业的保本价格。低于此价格旅游企业会亏损，高于此价格旅游企业则有赢利，实际售价高出保本价格越多，旅游企业赢利越大。因此，盈亏平衡定价法常用做对旅游企业各种定价方案进行比较和选择的依据。

3. 边际成本定价法

边际成本定价法（Marginal Cost Pricing），又称为变动成本定价法或边际贡献定价法，是指旅游产品的单价大于单位变动成本的定价方法，即保证旅游产品的边际贡献大于零的定价方法。边际成本是指每增加或减少单位产品所引起的总成本变化量。边际贡献是指每增加单位销售量所得到的收入超过增加的成本的部分。当旅游产品的销量足够大，旅游企业的当期固定成本已经收回，增加的旅游产品销量可以不考虑固定

成本时，新增旅游产品的单价大于单位变动成本的余额即是对旅游企业的利润贡献。如一间客房成本价为100元/天，其中固定成本60元，变动成本40元，如销售价格被迫降为90元/天，卖则亏10元/天，不卖则亏60元/天，故还是卖为好。当然，如果售价低于40元/天，则不卖为好。

由于边际成本与变动成本比较接近，而变动成本的计算更容易一些，所以在实际定价中多用变动成本替代边际成本。边际成本定价法计算公式：

$$\text{单位旅游产品价格}=\frac{\text{总变动成本}+(\text{价格}-\text{单位变动成本})}{\text{实际销售量}}$$

4. 千分之一法

千分之一法，也称千分之一法则或千分之一经验公式，是根据有关工程或设备造价的千分之一来对产品或服务定价。旅游饭店业经常根据整个饭店造价来确定客房出租价格，即将每间客房的出租价格确定为客房平均造价的千分之一。例如，某旅游饭店总造价5000万元，有客房200间，根据千分之一法计算，每间客房价格为250元。计算方法如下：

$$\text{单位旅游产品价格}=\frac{\text{总造价}}{\text{产品数量}}\times 1‰$$

$$=\frac{50000000}{200}\times 1‰=250\ (\text{元})$$

成本导向定价法是旅游企业生存所必需的，因为旅游价格低于成本，旅游企业就会亏损。成本导向定价法计算简便，利于核算，同行业之间也可以比较，还给人以买卖公平的感觉。但成本导向定价法只考虑了产品的成本，反映了以产定销的经营思想，没有考虑市场竞争、旅游需求及市场其他环境因素的变化，因而成本导向定价法灵活性差，不利于旅游企业获取最佳利润。成本导向定价法适合于旅游市场还处于卖方市场或市场经营环境比较稳定的情况。

（二）需求导向定价法

需求导向定价法（Demand-oriented Pricing）就是根据旅游者的需求程度、需求特点和旅游者对旅游产品价值的认识和理解程度来制订价格，需求量大时定价高，需求量小时定价低。旅游需求的大小是一个国家或地区发展旅游业的前提条件，旅游定价必须关注旅游需求。旅游者愿意支付的价格高低不仅取决于旅游产品本身有无效用和效用的大小，而且取决于旅游者对旅游产品的主观感受和评价。因此，分析旅游者对旅游产品价值的认识和理解状况，把握旅游需求强度，据此进行旅游价格的制订，就成为旅游定价方法的一个重要类别。常用的需求导向定价法主要有以下两个：

1. 理解价值定价法

理解价值定价法（Value-based Pricing），也称觉察价值定价法，是以旅游者对旅游产品价值的感受及理解程度作为定价的基本依据。把买方的价值判断与卖方的成本费用相比较，定价时更应侧重考虑前者。因为旅游者购买旅游产品时总会在同类旅游产品之间进行比较，选购那些既能满足其消费需要，又符合其支付标准的旅游产品。旅游者对旅游产品价值的理解不同，会形成不同的价格限度。这个限度就是旅游者宁愿付款而不愿失去这次购买机会的价格。如果价格刚好定在这一限度内，旅游者就会顺利购买。

为了加深旅游者对旅游产品价值的理解程度，从而提高其愿意支付的价格限度，旅游企业定价时首先要搞好旅游产品的市场定位，拉开本企业旅游产品与市场上同类旅游产品的差异，突出旅游产品的特征，并综合运用这种市场手段，加深旅游者对旅游产品的印象。这样才能使旅游者感到购买这些旅游产品能获得更多的相对利益，从而提高他们接受价格的限度，旅游企业则据此提出一个合理的价格，进而估算在此价格水平下旅游产品的销量、成本及赢利状况，最后确定实际价格。

2. 需求差异定价法

需求差异定价法（Demand-different Pricing），又称差别定价法，是指在旅游产品成本相同或差别不大的情况下，根据旅游者对同一旅游产品的效用评价差别来制订差别价格。这种定价方法，是指对同一产品在同一市场上制订两个或两个以上的价格，或使不同产品价格之间的差额大于其成本之间的差额。这样做的好处是可以使产品定价最大限度地符合旅游市场需求，促进销售，有利于企业获取最佳的经济社会效益。常见的需求差异定价法的形式主要有以下几种：

（1）旅游者细分定价，即同一旅游产品对不同旅游者的差别定价。例如，同一饭店对散客、团队客人、家庭客人的价格差异，同一旅游景区对国内旅游者和国外旅游者的价格差别，同一旅游线路对儿童、学生和老年人收取的费用低于普通旅游者。

（2）地点差别定价，即同一旅游产品在不同地点的差别定价。例如，影剧院不同的座位收取不同价格；同样的餐饮在一般餐厅与在高档旅游饭店餐厅的价格不同，在餐厅享用与送到客房用的价格不同；同样等级的星级饭店，接近交通线路或旅游景区或商业中心，其客房价格可定得高些。

（3）时间差别定价，即同一旅游产品在不同时间的差别定价。例如，航空公司在淡季的价格便宜，而旺季一到价格立即上涨；旅游饭店在节假日和周末的价格也与平时不同。

（4）产品形式差别定价，即同一旅游产品在增加微小服务后的差别定价。例如，客房增加叫醒服务后的价格要高些，每天送一束鲜花可提高价格。

在实施需求差异定价法的时候，应当注意以下几个方面：

（1）价格的平均水平不应低于运用成本加成定价法制订的价格水平。

（2）旅游产品需求市场必须能够被细分，并且在不同的细分市场上能反映出不同的需求强度。

（3）分割市场和控制市场的费用不能超过区分需求定价法所能增加的收入。

（4）差别定价法不能引起旅游者的反感，要符合旅游者的效用价值评价。

需求导向定价法反映了旅游需求，有利于旅游产品流通和旅游产品价值的实现。但由于这种定价方法与成本没有必然联系，供不应求时，价高利大；供过于求时，价

低利微，甚至亏损。因此，旅游企业要注意不同供求状况下利润的合理分配。

（三）竞争导向定价法

竞争导向定价法（Competition-oriented Pricing）是指旅游企业以市场上相互竞争的同类产品价格作为本企业产品定价参照的一种定价方法。市场经济是竞争经济，旅游企业不可避免地要遇到各种竞争因素，所不同的是不同的旅游企业由于主客观条件的不同，所要考虑的竞争程度也不同。以竞争导向定价，就是为了竞争但避免竞争的直接冲突，其着眼点在竞争对手的价格上，而不管本身价格与成本及需求的变化。竞争导向定价法一般可以分为以下几种类型：

1. 随行就市定价法

在垄断竞争和完全竞争的市场结构条件下，任何一家企业都无法凭借自己的实力在市场上取得绝对的优势，为了避免竞争特别是价格竞争带来的损失，大多数企业都采用随行就市定价法。随行就市定价法（Going-rate Pricing）就是以同行业的平均价格水平或领导企业的价格为标准来制订旅游价格的方法。这种定价方法既可使本企业价格与同行业的价格保持一致，易被旅游者接受；还可避免与同行企业发生激烈竞争的风险。此外，采用随行就市定价法，企业就不必去全面了解旅游者对不同价差的反应，也不会引起价格波动。当本企业旅游产品的质量、销售服务水平及企业信誉与其他同行企业相比有较大差异时，其定价可在比照价格基础上进行适当的调整。

2. 排他性定价法

排他性定价法（Exclusive Pricing）是指以较低的旅游价格排挤竞争对手、争夺市场份额的定价方法。如果说随行就市定价法是防御性的，那么排他性定价法则是攻击性的。其具体有两种类型：

（1）绝对低价法。本企业旅游产品价格绝对低于其他企业同种旅游产品的价格，这样就可以争取更广泛的旅游者，排挤竞争对手，还可以使一些参与竞争的企业望而生畏，放弃参与竞争的念头。

（2）相对低价法。对某些质量好的名牌旅游产品，适当降低价格，缩小名牌旅游产品与一般旅游产品的价格差异，以促使其他企业某些低质的同类旅游产品降低价格，直至这些企业因无利可图而退出市场。

3. 率先定价法

率先定价法是指旅游企业根据市场竞争环境，率先制订出符合市场行情并为旅游者所接受的旅游产品价格，以吸引旅游者而争取主动权的定价方法。在激烈的市场竞争中，特别是在市场需求表面停滞而潜在增长的情况下，旅游企业谁率先制订出符合市场行情的旅游价格，谁就拥有了占领市场的有力武器，也就拥有了竞争取胜的基础。率先定价法的基本步骤如下：

（1）定价时，首先要与竞争产品价格进行比较，分为高于、低于、一致三个层次。

（2）将竞争企业产品在品质、成本、产量等方面进行比较，找出价格差异的原因。

（3）综合上述分析情况确定本企业产品的特色、优势及市场定位，在此基础上按定价所要达到的目标，确定旅游产品价格。

(4) 及时跟踪竞争产品的价格变化，分析原因，调整价格。

率先定价的企业会在竞争激烈的旅游市场中居于主动地位，从而获得较大的收益。

二、旅游价格制订的策略

(一) 新产品定价策略

为新产品定价时，既要考虑能尽快收回投资，获得利润，又要有利于旅游者接受新产品，因此，新产品定价尤其具有挑战性。常见的新产品定价策略主要有以下两种：

1. 撇脂定价策略

撇脂定价（Skimming Pricing）是当某一细分市场对价格不敏感时，企业以大大高于成本的价格将新产品投入市场，以期在短期内获取高额利润，尽快收回投资。当旅游饭店遇到需求超过所能提供的房间数时，就可以为客房制订高价。撇脂定价是一种有效的短期策略。不过，有一种危险是，竞争者会注意到旅游者所愿意支付的高价位，从而也会进入该市场，使供给增加，最终使价格回落。

2. 渗透定价策略

渗透定价（Penetration Pricing）与撇脂定价恰好相反。在产品刚刚进入市场时，有些旅游企业并不采用设定高价的办法来获取那些较小但利润丰厚的细分市场，而是采取低价的办法以便迅速而深入地渗透到市场当中，吸引很多买者，并赢得很大的市场份额。

市场对价格高度敏感，低价会导致市场的快速增长。成本能随着产量和销量的扩大而明显降低，从而通过薄利多销获取利润。当然，低价必须有助于抵御竞争，保持企业一定的市场优势。

(二) 现有产品定价策略

1. 产品捆绑定价

一些企业将其几种产品捆绑到一起并以低价出售，就属于产品捆绑定价。旅游饭店所出售的周末特价组合产品（包括客房、食物和娱乐）便属于此类。价格捆绑策略可以促销那些旅游者本来没有计划要购买的产品，但捆绑的价格必须低到能说服旅游者购买这“捆”产品，追加到核心服务上的这些产品要能够给旅游者一种物超所值的感觉。

在一些游船公司、旅游批发商和赌场饭店，产品捆绑定价策略得到了广泛的运用。游船公司通常能提供一种飞机—游船或飞机—汽车—游船的组合产品，这种产品通过将汽车出租公司、航空公司、游船公司以及饭店联合到一起而使价格远低于单独购买其中的每一项产品共花费的价格。

2. 价格调整策略

(1) 数量折扣。大多数旅游企业都会对那些可能大量购买本企业产品的旅游者给予特殊的价格，有时是在某一段时期内实行这种策略，有时是全年实行，以鼓励旅游

者购买更多的旅游产品。大量购买能使企业降低生产、销售等环节的成本费用。对于协会或公司会议的策划人员，一些饭店通常会提供特殊价格或免费产品。假设某个行业协会即将召开会议的与会人员要自己负担房费，该协会可能宁肯要每20间订房得到一间免费房，也不愿意将每间客房的价格下调50元。他们可以将这些免费客房提供给会议组织者，或者用来接待大会特邀发言人，这样便降低了会议的总成本。除了团队价之外，一些饭店还向那些承诺每年入住一定天数的公司提供公司价。

(2) 季节性折扣。季节折扣是在需求低迷的时候对购买过季产品和服务的旅游者提供的价格减让，以使旅游企业的生产和销售一年四季能保持相对稳定。一些饭店、汽车旅馆和航空公司会在业务淡季提供季节性折扣。航空公司常常会提供淡季价格的特价机票，它们会对一天的某个时间或一周的某一天有多少乘客进行调研，再根据季节需求量的大小来调整价格。

(3) 歧视定价。是指旅游企业常常根据旅游者、产品地点和时间的差异调整其基础价格。运用歧视定价，企业对同一产品或服务可以有两种甚至更多的价格水平。歧视定价的作用在于给不同的细分市场以不同的价格，给那种对价格不敏感的市场以最高的价格，从而使每一个旅游者的支出最大化。

(三) 心理定价策略

心理定价策略（Psychological Pricing）通常要考虑价格的心理作用，而不是简单的经济学问题。企业在定价时可以利用旅游者心理因素，扩大市场销售，获得最大效益。心理定价策略的主要类型有：

1. 尾数定价策略

尾数定价（Mantissa Pricing），也称零头定价或缺额定价，即给产品定一个零头数结尾的非整数价格。中低档旅游产品常用此法定价。例如，9.80元比10.00元便宜，9.19元与9.99元的价格心理差距比9.99元与10.39元的价格心理差距小。这种定价方法不仅让旅游者感到便宜，而且旅游者还认为这是经过仔细计算后确定的价格，因而感到准确、可靠。同时，某些特殊数字被赋予一些独特的含义（如“6”即“顺”和“8”即“发”）而得到旅游者的偏爱。

2. 整数定价策略

整数定价（Integer Pricing）与尾数定价正好相反，企业有意将产品价格定为整数，一般以“0”作为尾数，以显示产品具有一定质量。这种舍零凑整的策略实质上是利用了旅游者按质论价的心理、自尊心理与炫耀心理，满足旅游者显示自己地位、声望、富有等需要。如一件首饰原定价为492元，若改定为500元，则对于有能力购买首饰的旅游者来说，不在乎多付出8元，但价格升高8元却使这件首饰的声望价格增加了许多，给旅游者带来更大的心理满足。

3. 声望定价策略

声望定价（Prestige Pricing）是指旅游企业有意识地把某种旅游产品的价格定得高些，以此来提高旅游产品和旅游企业的档次与声望。声望定价法的基本要领是“借声望定高价，以高价扬声望”。其主要目的有两个：一是提高产品形象，二是满足某些旅游者对地位和自我价值的欲望。其主要依据是旅游者经常把价格的高低看作旅游产品质量好坏的标志，认为便宜无好货，好货不便宜。一些追求豪华和高级的饭店、餐馆或娱乐行业采用高价策略进入和占领市场，一些企业为了吸引某一类型的客人并创造一种排他性的形象，还会收取一定的会员费。消费这些产品的人，往往不在乎产品价格，而最关心的是产品能否显示其身份和地位，价格越高，心理满足的程度也就越大。

4. 习惯定价策略

有些产品在长期的市场交换过程中已经形成了为旅游者所适应的价格，成为习惯价格。企业对这类产品定价时要充分考虑旅游者的习惯倾向，采用“习惯成自然”的定价策略。旅游者已经习惯于消费这种产品时，只愿付出这么大的代价。对这些产品的定价，一般应依照习惯确定。对旅游者已经习惯了的价格，不要随便改变价格，以免引起旅游者的反感。降低价格会使旅游者怀疑产品质量是否有问题。提高价格会使旅游者产生不满情绪，导致购买的转移。在不得不需要提价时，应采取改换包装或品牌等措施，减少抵触心理，并引导旅游者逐步形成新的习惯价格。

5. 招徕定价策略

招徕定价（Loss Leader Pricing），又称特价商品定价，这是适应旅游者“求廉”的心理，将产品价格定得低于一般市价，个别的甚至低于成本，以吸引旅游者、扩大销售的一种定价策略。采用这种策略，虽然几种低价产品不赚钱，甚至亏本，但从总的经济效益来看，由于低价产品带动了其他产品的销售，企业还是有利可图的。快餐店会对某几种产品定低价，以此作为招徕品吸引旅游者来店消费，希望他们还能购买其他具有正常利润的产品。在营业淡季，饭店会提供一种特殊的促销价，以便增加生意。经营有方的饭店不会只是在打折上做文章，而是利用开业庆典或开业纪念日或节假日等时机，降低某些产品的价格，以吸引更多的旅游者，如情人节周末特价（包括一间客房、香槟酒、两人的正餐以及早晨客房送餐）等。与直接价格折扣容易导致负效应不同的是，这种策略会产生物超所值的积极形象，给旅游者带来更多的利益。

第四节　旅游价格体系

旅游价格体系（System of Tourist Prices）是指能反映旅游经济运行状况的，由一系列相互联系、相互制约的旅游产品价格所形成的有机整体。

一、旅游价格体系的构成

（一）根据旅游者对不同旅游产品的需求构成形成的旅游价格体系

根据旅游者在旅游活动中对不同旅游产品的需求构成把旅游产品价格划分为基本旅游产品价格和非基本旅游产品价格。

基本旅游价格是旅游活动中必不可少的旅游需求部分的价格，包括餐饮住宿价格、

旅游交通价格、游览价格等。非基本旅游价格是指旅游活动中对每个旅游者来说可发生也可不发生的旅游产品价格，如纪念品价格、电信服务价格、医疗服务价格、娱乐服务价格等。

基本旅游价格是满足旅游者基本需求部分的价格，基本旅游价格不合理，旅游者的基本需求得不到合理的满足，旅游活动要么无法进行，要么留下遗憾，从而直接影响到旅游客源的多少。大量非基本旅游价格是在旅游者基本需求获得满足的基础上产生的，从而有利于刺激旅游者的进一步需求，影响旅游者的旅游消费结构，从而增加旅游目的地的收入。这就要求在制订非基本旅游价格时，必须充分考虑基本旅游需求的独特个性，并按照其功能特性，制订合理的价格。

（二）按管理体制而形成的旅游价格体系

按照旅游者的国籍不同，可以把旅游价格划分为国际旅游价格和国内旅游价格，并按不同形式进行双轨制管理。

国际旅游价格是向海外旅游者标明的价格，国内旅游价格是向本国旅游者标明的价格。由于不同国家的经济发展水平不一样，不同国籍的旅游者的购买力客观上有差异，因此，区分国际旅游价格与国内旅游价格不仅符合旅游经济活动的实际，而且有助于经济相对落后的国家或地区吸收更多的外汇。

一般的表现是，发展中国家的国际旅游价格比国内旅游价格要高得多。随着经济的区域化和全球一体化进程的加深，服务贸易将日益世界化，旅游价格的国际国内差异也将逐渐缩小。因此区分和确定国际旅游价格和国内旅游价格的差异，必须以世界经济的发展，尤其是世界服务贸易的发展状况为依据，才能制订出既符合实际，又科学合理的旅游价格。

（三）按购买方式划分的旅游价格体系

根据旅游者购买旅游产品的方式，旅游价格可以划分为旅游包价、散客小包价和单项旅游产品购买价格。旅游包价，又称包价旅游（Package Tourism），是指旅游者在旅游活动开始前即将全部或部分旅游费用预付给旅行社，由旅行社根据同旅游者签订的合同，相应地为旅游者安排旅游过程中的食、住、行、游、购、娱等活动。旅游包价又可分为全包价、半包价、小包价、零包价等几种形式。全包价旅游是由旅游者一次性向旅行社支付食、住、行、游、娱五项服务内容的费用的包价旅游；它适合于团体旅游。半包价旅游是指在全包价旅游费用的基础上扣除午、晚餐费用而由旅游者自行选择现付午、晚餐的包价形式；实行半包价形式可降低旅游产品的直观价格，提高旅游产品的市场竞争力，同时可以更好地满足旅游者在用餐方面的不同要求。小包价旅游又称可选择性旅游，它是将全包价旅游费用分为非选择部分和可选择部分：非选择部分包括接送服务、住房、早餐和城市间交通费，这一部分费用由旅游者在旅游前支付；可选择部分包括导游服务、中晚餐、参观游览、文娱活动等，旅游者可根据时间、兴趣和经济情况自由选择。零包价旅游是一种独特的旅游活动形式，多见于旅游发达国家；参加这种旅游的旅游者必须随团前往和离开旅游目的地，而在旅游目的地的全部活动均由旅游者自行安排；参加这种零包价旅游的旅游者可以享受团体机票的价格优惠，并可由旅行社统一代办旅游签证。

（四）按照旅游产品构成内容划分的旅游价格体系

按照旅游产品构成内容的不同可划分为一般旅游价格和特种旅游价格。一般旅游价格是指以旅游产品价值为基础来确定的旅游产品价格，如餐饮价格、住宿价格、交通价格、日用生活品价格等。这些旅游产品与国民经济的其他相关行业、部门的产品相比具有明显的替代性，因而它必须按照社会平均利润率，以旅游产品的价值为基础来制订。特种旅游价格是价格与价值背离较大的旅游产品价格，如旅游购物品中的古玩、名画的价格，名人住过或游览过的旅游景区的价格，这些旅游产品在特定的时间和空间内具有独占性，其价格也可以视作垄断价格，其价格制订不受成本高低的影响，而主要取决于市场的供求状况。

二、旅游优惠价

旅游优惠价（Favourable Prices of Tourism）是指旅游企业在明码公布的价格基础上，给予一定比例的折扣或优惠的价格。旅游优惠价是旅游企业的一种推销术，是用来争夺旅游者、占领市场的一种竞争手段。

（一）旅游优惠价格的形式

旅游优惠价主要包括同业优惠价、销售优惠价和老客户优惠价三种形式。

1. 同业优惠价

同业优惠价是指对同行业者实行的价格优惠。在旅游行业中企业之间的业务关系极为密切，为了顺利合作并保证各自的基本利益，相互之间予以一定程度或比例上的优惠，这种优惠既有自行规定的，也有互相商定的。例如，旅行社与旅游饭店之间一般都给予对方以一定的折价优惠，世界上许多饭店集团规定本集团内的人员入住本集团的联号饭店可享受50%的折扣价等。

2. 销售优惠价

销售优惠价是指根据旅游者的购买数量实行的优惠。当旅游者购买的产品超过确定的基数后，旅游产品的生产者或经营者按购买数量给予一定比例的价格优惠，这种优惠可以是一次购买量达到要求后即刻给予，也可以是一定期限内的累计购买量达到要求后再付诸实行。无论哪种形式，其目的都在于建立、巩固企业与旅游者之间的买卖关系，刺激旅游者多多购买，从而达到扩大产品销售，增加企业利润的目的。旅游业奉行的“16免1”原则就是销售量优惠的一种形式；又如许多航空公司规定，乘坐本航空公司的飞机累计达到一定距离时，即给予该乘客一定折扣的长期优惠，这无疑是销售量优惠的另一种形式。

3. 老客户优惠

老客户优惠是指对经常购买本企业产品的旅游者给予一定的价格优惠。旅游产品具有不可储存、易折损等特点，为保证销售量，必须有一个稳定的客源市场，给老客

户一定的优惠，这是争取或巩固一部分消费群体的有效措施。一些旅游饭店对一些大旅行社、大集团公司给予长期的优惠价格，而这些旅行社定期向这些旅游饭店输送客源，双方做到了互惠互利。

(二) 旅游差价与旅游优惠价的异同

旅游差价是指同种旅游产品由于不同地区、不同时间、不同质量、不同环节等因素引起的一定幅度的价格变化或差额。

1. 旅游差价与旅游优惠价的共同点

(1) 两者都是在旅游产品销售过程中表现出来的价格上的差额。

(2) 两者都是旅游企业在研究分析旅游经济效益和旅游社会效益相一致的基础上形成的。

(3) 两者都着眼于旅游产品在旅游市场上的环境。

2. 旅游优惠与旅游差价的区别

旅游优惠与旅游差价虽然都表现为一定的价格差额，但两者是有所不同的。

(1) 旅游差价是价值规律的要求和体现，差价的基础是产品的价值量；旅游优惠价虽然也要受到价值规律的制约，但它主要是一种着眼于企业关系的价格策略。

(2) 旅游差价是由地点、时间、质量、销售环节的不同等客观原因引起的；旅游优惠价是由公共关系、促进销售等主观原因引起的。

(3) 旅游差价是公开的市场价格；而旅游优惠价则是由旅游产品的生产者或经营者自行规定的，一般不公开。

(4) 旅游差价除价格上差别外，没有其他差别；旅游优惠价除了有价格上的区别外，在其他方面可能还有优惠，而且范围广得多。

总之，旅游优惠价是一种有效的价格策略，对于增强旅游企业的竞争力具有一定的积极作用。

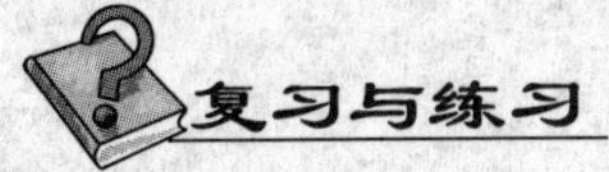

一、填空题

1. 旅行社与旅游饭店之间，一般都给予对方以一定的折价优惠，属于________。

2. 旅游优惠价主要包括________、________和老客户优惠价三种形式。

3. 在人们不能有效认知旅游产品质量的情况下，市场竞争第一层次的竞争是________。

二、选择题

(　　) 1. 对于国际旅游者来说，旅游包价不包含________。

A. 往返交通费　　　　B. 旅游产品价格

C. 外国旅行社的管理费和赢利　　　　D. 旅游纪念品花销

(　　) 2. 在旅游活动中，________的需求弹性较大。

A. 餐饮　　B. 住宿　　C. 交通　　D. 购物

（　）3. 决定旅游供给价格的是________。

A. 旅游产品供求关系　　B. 旅游市场竞争

C. 旅游产品价值量　　D. 旅游企业的竞争

（　）4. 七星公园对一般旅游者和本市市民制订不同的门票价格，使用的是________。

A. 理解价值定价法　　B. 差别需求定价法

C. 目标收益定价法　　D. 率先定价法

（　）5. 下列不属于心理定价策略的是________。

A. 习惯定价策略　　B. 招徕定价策略

C. 尾数定价策略　　D. 撇脂定价策略

三、名词解释

1. 旅游差价

2. 旅游优惠价

3. 包价旅游

四、问答题

1. 简述旅游价格制订的目标。

2. 简述旅游产品定价的影响因素。

3. 旅游优惠与旅游差价有何区别？

第七章　旅游消费

教学目标

1. 了解旅游消费的概念、特性和分类；
2. 了解旅游消费方式的内容、影响因素及合理化；
3. 掌握旅游消费效果的分类、衡量及其评价。

第一节　旅游消费的特性和分类

旅游消费（Tourism Consumption）是旅游者在旅行游览过程中，为了满足其自身发展和享受的需要，而进行的各种物质资料和精神资料消费的总和。在整个旅游经济链条中，旅游消费具有起始性和先导性的作用。它是在人们的衣、食、住、行等基本物质文化生活需要得到满足之后，随着收入提高和闲暇时间的增多而产生的高层次消费。

一、旅游消费的性质

（一）旅游消费的个体性

旅游消费就其消费主体而言，属于个人消费范围。人们是否选择旅游消费活动、什么时候消费、消费什么旅游产品、消费层次与消费额多少等诸多旅游要素，都取决于人们的旅游消费意识和倾向、旅游消费习惯、旅游消费能力、旅游消费水平等，最终的旅游消费效果也是因人而异的。

（二）旅游消费的精神性

旅游消费作为一种个人消费，从内容上来看，包括精神和物质两个方面，除了有形的以商品形式存在和无形的以文化形式存在的精神消费品以外，还包括以此为依托的消费性服务在内。所以，旅游消费包括人们在旅游中获得的满足其享受和发展需要的旅游物质产品、精神产品和以这些为依附的旅游服务三个方面。其中，物质形态的旅游产品的消费只是一种外在的形式或其中极少的一部分，旅游者真正所消费的是以物质的旅游产品为依托的精神和服务产品。

（三）旅游消费的高层次性

人们的消费需求包括基本生存消费、发展消费、享受消费三个方面。基本生存消

费是维持个人和家庭最低限度的消费标准；发展消费和享受消费则是人们为了提高自身的文化素质，陶冶情操，发展智力和体力，从而达到劳动力内涵扩大再生产要求的消费。旅游消费是人们在基本生活需要得到保障之后而产生的高层次的消费需求。

二、旅游消费的特征

（一）旅游消费的综合性

旅游消费是一个贯穿于整个旅游活动的连续动态过程，因而旅游消费具有综合性的特点。具体可从以下三个方面考察：

(1) 从旅游消费的对象看，旅游消费的是旅游产品，而旅游产品本身是一个综合体，它是由旅游资源、旅游设施、旅游服务等多种要素构成的。其中，既包含物质的因素，也包含精神的成分；既有实物产品，又有以活劳动表现出来的服务；既有劳动产品，又有非劳动的自然创造物等。

(2) 从旅游消费的内容看，旅游消费具有很强的综合性。旅游者必须购买交通产品以实现客源地与目的地之间以及目的地内部的空间位移；必须购买住宿和餐饮产品以满足餐饮住宿方面的物质和精神需要；必须购买游览、娱乐产品，以实现旅游的目的。可见，旅游活动是集食、住、行、游、购、娱为一体的综合性消费活动。

(3) 从旅游消费的效果看，旅游者所获得的是一种综合的消费效果。旅游消费不仅满足了旅游者的精神发展及享受的需要，同时，由于旅游者离开了原来的生活环境，在旅游过程中也有诸如吃、住等的基本生存需要，旅游消费也满足了旅游者的这种较低层次的需要。

（二）旅游消费的同一性

在一般物质产品的生产和再生产过程中，生产、交换、消费是三个相对独立的环节，先有生产，然后才有交换和消费。而旅游消费则不同，旅游消费与旅游产品生产要同时进行，即旅游服务的提供必须以旅游者的实际购买为前提，从而形成旅游产品生产和旅游消费在时间上和空间上的同一性。

以服务为核心的旅游产品是不可转移的，旅游者必须离开常住地前往旅游目的地进行消费。旅游者的实际购买、消费旅游产品的过程，就是旅游产品的生产过程。旅游产品的生产、交换和消费在时间和空间上都是统一的。它们同时产生，同时终止，具有不可分割性。

（三）旅游消费的不可重复性

旅游消费的不可重复性一方面表现在同一时间旅游者只能购买一次旅游活动，从而只能消费一个单位的旅游产品，而不像物质产品那样，人们可以同时购买多个或多种产品；另外，旅游产品的使用价值对旅游产品的购买者来说在时间上具有暂时性。这就是说，某个旅游者只在他购买该次旅游活动的时间范围内，他才对该旅游产品具有使用权。一旦旅游活动结束，该旅游者对旅游产品的使用权即告结束，旅游者消费活动亦随之停止。对于旅游产品中服务的部分而言，时间性则更为强烈。旅游活动结

束，旅游者离去，旅游消费终止，旅游服务也即告终止。可见，旅游产品的不可转移性和不可储存性的特点，决定了旅游者对旅游产品的消费是不可重复的。

（四）旅游消费的变动性

旅游消费是在人们的基本生存需要得到满足后而产生的一种较高层次的消费需要。一般来说，满足人们生存需要的产品，需求弹性较小，而满足人们发展和享受需要的产品需求弹性较大。旅游消费是一种需求弹性较大的消费，因而其在旅游产品的品种、数量和质量需求方面有较大变化性，且许多因素都会影响旅游消费数量和质量，诸如旅游者的收入水平、国际政治经济形势、旅游者的个性特征如年龄、职业、性别、教育程度、宗教信仰等，以及旅游地的旅游供给和客源地经济社会发展水平、风俗习惯等，因此，旅游消费具有变动性。

（五）旅游消费的互补性和替代性

对于旅游综合产品，旅游消费具有较强的互补性和替代性。旅游消费的互补性是指一项旅游消费的实现必然伴随着其他项目旅游消费的产生。如旅游者到某地旅游，除了要支付旅游景区游览费用外，还要支付住宿费、餐饮费等。旅游消费的互补性特点要求有关部门及企业互相配合、加强合作，才能提高综合经济效益。旅游消费的替代性是指旅游消费对象的各个构成部分之间具有相互替代的性质。

（六）旅游消费具有多样性

由于人们的旅游动机不同，选择旅游活动的形式也必定千差万别，不同形式的旅游活动必定有不同形式的消费水平、消费范围和消费结构，每种旅游活动消费的物质产品和服务也大相径庭。因此，旅游消费具有多样性的显著特点。

（七）旅游消费的劳务性

这里所说的劳务是指服务，服务是以活动形式存在的。在旅行游览过程中，旅游者首先必须满足基本的生理需要，因而必然要消费一定量的实物形态的产品，但从总体上看，服务消费占主导地位。旅游服务消费，不仅在量上占绝对优势，而且贯穿于旅游者整个旅游活动过程的始终。旅游服务消费主要包括住宿服务、翻译服务、交通服务、导游服务、代办服务、文化娱乐服务、购物服务、餐饮服务等。因此，旅游从业人员的服务态度、服务效率、服务质量将直接影响旅游产品的质量，影响旅游企业的形象。

三、旅游消费的类型

（一）按旅游者购买的旅游消费资料的不同用途划分

从旅游者购买的旅游消费资料的不同用途出发，可将旅游消费划分为食、住、行、游、购、娱等几个方面。旅游者在旅游过程中，因为个人的旅游目的、兴趣爱好、可自由支配收入、闲暇时间等因素的影响和制约，在这些旅游消费结构中表现出不同比例的交通支出、游览支出、住宿支出、餐饮支出等。这是一种常用的操作性强的分类。

（二）按旅游消费内容划分

旅游活动的多样性决定旅游消费内容的丰富性。因此按旅游消费内容可划分为基本旅游消费和非基本旅游消费。基本旅游消费是指进行一次旅游活动所必需的而又稳定的消费，如旅游住宿、旅游餐饮、旅游交通、景区游览等方面的消费；非基本旅游费是指并非每次旅游活动都需要的、具有较大需求弹性的消费，如旅游购物、医疗卫生、邮政电信方面的消费等。

（三）按满足旅游者消费需求的不同层次划分

从满足旅游者旅游消费需求的不同层次出发，可将旅游消费划分为生存消费、享受消费和发展消费。生存资料是指人们满足基本生活需要，维持劳动力简单再生产所必需的消费资料；享受资料是指为了提高人们的生活质量，丰富物质生活，增进健康所需要的消费资料；发展资料是指保证人们的体力和智力不断获得发展所需要的消费资料。

旅游者在旅游过程中对餐饮、住宿、交通等方面的消费，是满足其在游览过程中基本生理需要的消费；而在观赏、学习、娱乐等方面的消费，是满足旅游者的精神享受和智力发展的需要。在旅游活动过程中，这几种消费资料的消费相互交错，很难严格划分它们之间的区别和界限。在满足旅游者基本生活需要的过程中必然渗透着享受和发展需要，许多旅游者在消费饭店产品时，既要求得到基本生理需要的满足，同时也要求获得精神享受上的满足。探险旅游者或考察旅游者在满足自身享受与发展的需要中也掺杂着生存需要的满足。

（四）按旅游消费资料的形态划分

在旅游活动中，旅游者的消费既有实物方面的消费，又有劳务方面的消费，因而按旅游消费形态可把旅游消费划分为物质消费和精神消费两种。物质消费是指旅游过程中所消耗的物质产品，如客房用品、食物、饮料和购买的纪念品、日用品等实物资料。精神消费是指提供旅游者在旅游活动中游览和体验的山水名胜、文物古迹、民族文化、人文风情等精神产品，以及在旅游活动的各环节中所享受到的一切服务性的旅游产品。这一分类也具有相对性，物质消费如果促使旅游者达到了满足，旅游者在精神上会感到愉快。精神消费主要是满足旅游者的精神需要，但其中也包括不少物质形态方面的消费。

（五）按旅游消费的组织方式划分

从旅游消费的组织方式出发，可将旅游消费分为散客旅游消费和团体旅游消费。此外，旅游消费结构还可以根据不同国家或地区的旅游者，不同旅游者的性别、年龄、职业等进行分类。

第二节　旅游消费方式

旅游消费方式是指旅游者在旅游过程中消费旅游产品和服务的具体方法和形式。

旅游消费方式主要说明在一定的旅游环境条件下，旅游者为什么消费、有何能力消费、以什么形式消费、用什么方法消费旅游产品，以满足自己的旅游需要。

一、旅游消费方式的内容

（一）旅游消费意识

旅游消费意识是由相对变化的旅游消费心理和相对稳定的旅游消费观念构成的。它支配、控制旅游者的旅游消费过程并使之完成。

旅游消费心理是指人们在一定条件下形成的由自身感觉所体验的心理活动，包括旅游消费动机、意向、兴趣等。它属于浅层的旅游消费意识，具有自发性和可变性，主要受某种社会环境影响而自发地形成，并随着客观环境的变化而变化。

旅游消费观念是指人们在一定的人生观和价值观基础上而形成的消费意识。它反映了人们对旅游消费的一种较强的心理倾向性和价值评判，是一种深层次的旅游消费意识，通常具有相对的稳定性。

作为旅游消费意识的两个不同层次，旅游消费心理直接决定和影响着旅游者的消费动机及其行为，而旅游消费观念则为人们的旅游活动提供消费模式。而将相对稳定的旅游消费观念与相对变化的旅游消费心理结合起来，就构成了人们的旅游消费意识。

（二）旅游消费力

旅游者为满足自身旅游需求而消费旅游产品的能力称旅游消费力。它包括物质消费力和精神消费力。前者是指旅游者为满足自己生理上的需要，在旅游活动中对于食、住、行等方面的消费能力；后者是指旅游者为满足其精神及心理方面的需要而对游、购、娱等方面的消费能力。

旅游消费能力是由一定的社会生产力水平所决定的。在消费对象一定时，旅游消费力的大小取决于社会、生理、经济及文化的条件，但这只是一种可能的旅游消费能力。要将这种可能的旅游消费能力变为现实，还需要提高旅游产品的质量和水平。旅游产品质量差，旅游消费能力的实现就可能受到阻碍，甚至无法实现；反之，旅游服务的质量和水平越高，旅游消费能力变为现实的可能性就越大。

（三）旅游消费结构

旅游消费结构（Tourism Consumption Structure）是旅游者在一定时间内的旅游消费中，对各类旅游产品消费的数量、比例和相互关系。它不仅反映了各类旅游消费产品和服务在旅游总消费中的比例关系，而且还反映了由生产力所决定的旅游消费的水准和质量以及旅游消费方式的基本特征。

在旅游总消费中，食、住、行、游、购、娱等各项支出占总支出的比例是旅游消费结构的基本内容，也是判断旅游消费水准和质量等的基础。

旅游者的旅游消费内容是否丰富、消费支出大小、消费层次高低、消费方式差别等反映了不同旅游者群体在旅游消费上的差别，也反映了各类旅游者在旅游消费中的比例关系，这种差别和关系实质是一定的社会生产力水平和生产关系的反映和体现。

（四）旅游消费习惯

旅游消费习惯，是指在一定环境条件下经常出现的，带有倾向性的旅游消费行为。它具有民族性、地域性和相对稳定性的特点。

不同国家、不同地区和不同民族的旅游消费习惯，是在各自特定的经济、社会、政治、地域和文化背景下形成的、具有相对稳定的社会心理及其行为表现，也是造成不同国家、不同地区旅游消费中文化形态和民族习俗差异的重要因素。因此，旅游消费习惯是旅游消费方式的重要内容，也是影响旅游消费方式的重要因素。

可见，旅游消费习惯对旅游消费方式的影响，主要反映在民族传统、文化风俗和宗教信仰等对旅游者的食、住、行、游、购、娱等旅游消费方式的影响。由于民族传统、文化风俗和宗教信仰等在短期内一般不会发生很大变化，因此这种影响也会保持相对的稳定性和连续性。

（五）旅游消费水平

旅游消费水平是指旅游活动中旅游者通过消费旅游产品而在物质和精神需求方面的满足程度。它从质量上反映旅游产品满足旅游消费的程度。旅游消费方式总是要通过一定的旅游消费水平体现出来的，尤其是旅游产品和服务的质量更是如此。由于旅游消费所包含的旅游产品和服务的质量，既包括物质消费品及其服务的数量和质量，又包括精神消费品及其服务的数量和质量。因此，对旅游消费水平必须从物质消费与精神消费、旅游消费的数量与质量的统一中来认识和把握。

由于生产关系决定消费关系，因而旅游消费水平还反映不同的社会性质特征。因为不同个人、家庭和消费群体的旅游消费水平有所差别，必然会反映出人们所处的不同的经济利益关系和他们在经济社会中的不同地位。

二、旅游消费方式的影响因素

（一）旅游者的收入水平

旅游消费是满足人们高层次的需要的消费，即使人们产生了旅游欲望，也未必就会变成现实的旅游消费；只有当人们的可支配收入在支付生活费用后尚有一定数量的节余时，才能使旅游需求变成现实的旅游消费。因此，旅游者的收入水平决定着消费水平，也决定着旅游需求的满足程度，从而决定旅游消费方式的变化。旅游者的收入水平越高，购买和消费旅游产品的经济基础就越好，旅游需求就越能得到满足，旅游消费的层次也会越高，在旅游经济活动中参加娱乐与购物消费也会越多。经济发达地区的旅游者往往对高档的旅游购物品有很大的兴趣，其购物品的消费支出经常占全部旅游消费支出的较大比例，而收入水平较低的旅游者的消费支出主要以住宿、餐饮和交通等必要支出为主，购物支出相对较少。

（二）旅游者的构成

旅游者的构成是指旅游者群体中的不同年龄、性别、文化、职业乃至民族、习俗、偏好等结构特征。不同的旅游者的旅游消费结构是有明显差异的。如青年人对餐饮要

求多而不精，而对游览娱乐性项目的支出则较大；老年人对住宿、餐饮、交通的要求比较高；女性的旅游消费中购物消费占很大比重；政府官员、商务人员、参加会议的旅游者则要求现代化的旅游设施设备、高质量的餐饮和服务。此外不同旅游者的文化层次、生活习惯等也会影响着旅游者的消费偏好和购买习惯，从而对旅游产品的内容和质量有不同的要求，进而不同程度地影响着旅游消费结构的变化，从而影响着旅游消费方式的变化。

（三）旅游者的消费心理和消费习惯

旅游者的消费心理是指人们在一定条件下由自身感觉体验的心理活动而形成的旅游消费动机、意向和兴趣。旅游者的消费心理往往受社会环境影响而自发地形成。所谓旅游消费习惯，是指在一定环境中经常出现的一种旅游消费行为，它具有民族性、地方性和相对稳定性的特点。不同国家、不同地区和不同民族的旅游消费习惯，是在各自特定的经济、社会和文化条件下形成的，并凝聚成为一种相对稳定的社会心理或行为规范。从旅游消费实践看，旅游者的消费心理和消费习惯以及购买经验都不同程度地影响着消费结构。此外，消费方式的示范性及旅游者的从众心理也会影响旅游者的消费支出方向。

（四）旅游产品的结构

生产决定消费，消费引导生产。旅游产品结构不仅决定着旅游者的消费水平和消费数量，而且从宏观上影响旅游消费方式的发展和合理化。在国民经济中，旅游业是一个关联性很强的产业，如果向旅游者提供产品和服务的各个相关部门协调发展，内部比例恰当，旅游消费结构就会合理，旅游者的消费需求就会得到满足。相反，如果向旅游业提供服务的各相关产业部门的结构搭配不合理，没有形成一个相互协调、平衡发展的产业网，就会导致其各个构成要素发展不平衡甚至旅游产品结构失调，从而不仅不能满足旅游者需要，还会对旅游消费方式的发展产生负面影响。

（五）旅游产品的质量

满足旅游者的需求除了要有一定数量的旅游产品外，在质量上也要有保证。如果旅游产品的数量符合旅游需求的总量，但其质量差，使用价值小，仍然不能使旅游者的消费需求得到满足。旅游产品质量的提高可使旅游者获得物质和精神上满足，提高消费水平，从而使旅游消费结构和消费方式日趋合理。因此，必须重视旅游产品的质量。重视旅游产品的质量应做到如下三个方面：

(1) 向旅游者提供的旅游产品要达到适销、适量和适价，即符合物美价廉的要求。

(2) 要提高旅游服务效率，对每一项服务都要求做到熟练和敏捷，为旅游者节省时间，提供方便。

(3) 在旅游服务过程中要礼貌、热情、主动和周到。

只有提高了旅游产品的质量，做到产品质量与价格相符，才能使旅游者获得物质上与精神上的充分满足，才能提高他们的消费水平，进而促使旅游消费方式和旅游消费结构日趋完善。

（六）旅游产品的价格

旅游产品的需求弹性大且旅游产品具有替代性，因而旅游产品价格变化会影响人们的旅游消费选择，进而影响旅游消费构成和消费方式。当旅游产品的价格上涨而其他条件不变时，人们就会减少在该产品上的支出，并从旅游消费转向其他价格相对便宜的替代商品的消费。反之，当旅游产品价格下跌，或者旅游价格不变而旅游产品的内容增加，人们就会增加在该产品上的支出，并把用于其他商品的消费转向旅游消费。

三、旅游消费方式的合理化

旅游消费方式的发展同一定的社会生产力水平相联系，它与旅游业自身的发展水平有关，也与整个社会以及其他与旅游消费相关的经济部门的发展水平相联系，同时也反映了旅游消费的经济性、文化性、精神享受性等特点。随着现代科技、经济的发展和社会文化的进步以及旅游业的快速发展，旅游消费方式呈现出了一些新的发展趋势。

（一）旅游消费多样化

所谓旅游消费多样化，是指旅游消费的内容必须丰富多彩，方式要生动活泼、多种多样。因为旅游实际上就是人们花钱买享受，它要求使旅游者玩得痛快、充实，内容高尚和有益，那么供旅游者选择的旅游消费内容和旅游活动方式，就必须能满足旅游者各种各样的需要。既要有观光游览、休闲度假的旅游设施，又要有各种能让旅游者参与其中、亲身体验的旅游项目；既要有利于旅游者消除疲劳、增进健康，又要有利于旅游者增长知识、开阔视野。因此，旅游消费多样化是旅游消费结构合理化的基本要求。

（二）旅游消费结构不断优化

旅游消费结构优化，是指旅游消费的内容、方法和形式实现多元化，并符合人们不断变化的旅游需求。具体来说，就是旅游消费中，食、住、行、游、购、娱及其各自内部的支出比例要恰当，要体现出旅游消费的经济性、文化性以及精神享受等特点，这样才能最大限度地提高旅游消费的经济和社会效益，并且能促进旅游者的身心健康和全面发展。

旅游消费内容和旅游活动方式的具体选择，必须既有利于旅游者消除疲劳、增进健康，又有利于旅游者增长知识、修身养性、促进智力的发展。从目前旅游消费结构变化的趋势看，要实现旅游消费结构优化，其中重要的一点是提高休闲购物和娱乐消遣支出所占的比重。

（三）旅游消费水平逐步上升

旅游消费是人们文化生活的组成部分，是一种包含较多精神内容的、高层次的生活方式。随着经济的发展和人们收入的提高，人们用于满足物质文化需要的消费支出必然会增加，人们对旅游产品和服务的消费也会越来越多，从而使旅游消费的水平相应得到提高。旅游消费水平越高，旅游者在旅游活动中消费旅游产品的数量和对旅游

需求的满足程度越高，意味着旅游消费结构越趋向合理。

（四）旅游消费环境良性发展

精神消费及其满足是旅游消费的重要内容。良好的旅游消费环境可以提高旅游者的精神满足程度，因而它不仅是高品位、高质量旅游产品的重要组成部分，也是顺利实现旅游消费的必要条件。人们旅游的主要动机是追求清新、舒适、宁静、安全的自然环境和社会环境。因此，旅游消费必须首先有利于生态环境的保护。合理的旅游消费还应该通过旅游活动的开展，增强人们对自然资源和历史文物的保护意识，激发旅游者主动地维护和改善生态环境，促进旅游企业积极筹集资金治理环境污染，保证旅游消费环境的良性发展。最后，旅游消费还需要一个良好的社会环境，需要旅游者、旅游企业以及政府一起创建一个良好的旅游消费的社会环境。

（五）旅游消费市场供求平衡

由于受多种因素的影响和制约，旅游消费需求具有较大的弹性，而旅游产品的供给一旦形成，则具有相对的稳定性。合理的旅游消费结构，应能保证旅游消费需求与旅游产品供给相互适应、协调发展。一方面，应保证在旅游淡季和旅游冷点地区仍有一定的旅游消费规模，以提高旅游设施、设备的利用率，充分发挥旅游消费对餐饮服务、旅游饭店、旅游交通、邮政电信、金融保险、商业购物及娱乐消遣等行业的带动和促进作用；另一方面，就现有旅游供给能力看，要针对旅游高峰时期旅游者较多的状况，尽量保证在旅游旺季和旅游热点地区，旅游消费的水平和结构与旅游地的接待能力相适应，切实解决旅游旺季和旅游热点地区的吃饭难、住宿难、乘车难等问题，不断提高旅游消费的良好效果和综合经济效益。从长期考虑，应根据旅游需求适时适量地开发旅游产品，提高旅游产品质量，优化旅游产品结构，以满足旅游者的旅游消费需要，提高旅游消费的水平和结构，促进旅游消费方式的改善。

第三节 旅游消费效果

旅游消费效果（Tourism Consumption Effects）是指旅游者在旅游消费过程中，消费一定量旅游产品所产生的心理感受、身心满足和主观评价，即旅游消费投入与产出、消耗与成果、消费支出与达到消费目的之间的对比关系。

一、旅游消费效果的划分

旅游消费效果可从不同角度、不同方面进行比较分析，具体可划分为以下几类：

（一）宏观旅游消费效果和微观旅游消费效果

根据旅游消费效果的内容范围，可以划分为宏观旅游消费效果和微观旅游消费效果。

宏观旅游消费效果，是把所有旅游消费作为一个整体，从社会角度研究旅游消费品的价值和使用价值，分析旅游消费品的利用状况、旅游者的满足程度、旅游消费对社会生产力及再生产的影响，以及对社会经济发展所起的促进作用等。

微观旅游消费效果，是从旅游消费个体消费的角度出发，分析旅游者通过旅游产品消费，在物质上和精神上得到满足的程度，如旅游消费是否达到及在多大程度上达到旅游者的预期目标，是否实现及在多大程度上实现旅游者需求的最大满足等。

（二）直接旅游消费效果和间接旅游消费效果

根据一定的旅游消费投入与其所取得的成果之间的联系程度，可以将旅游消费效果划分为直接旅游消费效果和间接旅游消费效果。

直接旅游消费效果是指一定的旅游消费投入直接取得的消费效果，如旅游者花钱吃饭解决了温饱问题，花费一定的时间和金钱而获得观光游览的满足等。

间接旅游消费效果，是指不能直接反映但可以潜在地表现出来的旅游消费的投入产出关系，如一顿美餐可以给人以良好的视觉和味觉享受。旅游消费也可以增进人们的知识、陶冶人们的情操，可以带动旅游目的地的经济发展和社会进步。

（三）当前旅游消费效果和长远旅游消费效果

根据旅游消费效果的影响期限，可以将其划分为当前旅游消费效果和长远旅游消费效果两种。

当前旅游消费效果，是指旅游消费给旅游者生理、心理和精神上所带来的现阶段的满足程度，以及给旅游企业和旅游目的地带来的现实经济利益等。

长远旅游消费效果，指现期旅游消费对旅游者、旅游企业及旅游目的地产生的长期的潜在效果，如通过旅游消费可以提高人们素质、提高旅游目的地的吸引力和声誉。但这些不会立即反映出来，只能在以后一个较长时间内才能反映出来。

二、旅游消费效果的衡量

对旅游消费效果的衡量，根据旅游供求可以分为两个层次：一是对旅游需求方面的衡量，即对旅游者的旅游消费满足程度的衡量；二是对旅游供给方面的衡量，即对旅游目的地向旅游者提供旅游产品消费，从而得到旅游收入的消费效果的衡量。

（一）旅游者消费效果的衡量

1. 旅游者的旅游消费效用

旅游消费效用是指旅游者在消费旅游产品中所得到的需求满足程度，是对旅游消费的心理感受和主观评价，旅游者对旅游产品进行消费时会获得不同的旅游消费满足，以此可以作为衡量消费效果的标准之一。

2. 旅游者的旅游消费预算

由于人们收入有限，因此旅游者在消费时要进行消费预算，以有限的旅游消费支出获得最大的旅游消费满足。因而旅游者的旅游消费预算也是衡量旅游者消费效果的一个方面。

3. 旅游者的旅游消费效果

旅游者的旅游消费效果反映为旅游者消费的最大满足，即旅游者在旅游过程中心

理感受和主观愿望的最大相符程度。

（二）旅游目的地消费效果的衡量

对旅游目的地向旅游者提供旅游产品而得到的旅游收入效果的衡量，可通过分析旅游者在旅游目的地的消费支出来衡量。它是旅游供给方面的衡量，其衡量指标为：旅游消费总额、人均旅游消费额、旅游消费率和旅游消费构成。

1. 旅游消费总额

旅游消费总额是指一定时期内，所有旅游者在旅游目的地进行旅游活动过程中所支出的货币总额。它从价值形态上反映了旅游者整体在旅游目的地消费的旅游产品的总量。旅游消费作为社会消费总额的重要组成部分，也是构成了社会总需求的重要部分，它可以用来判断旅游目的地的旅游经济规模、资源利用状况及劳动资源的利用状况等。

2. 人均旅游消费额

人均旅游消费额是指一定时期内，平均每个旅游者在旅游目的地的旅游消费支出的货币金额。它反映了旅游者在某旅游目的地的旅游消费水平，这为旅游企业开拓旅游市场和开发产品提供了依据。

3. 旅游消费率

旅游消费率是指一定时期内，一个国家和地区的旅游者的消费支出与该国家和地区个人消费支出总额的比例，它反映了一个国家和地区在一定时期内旅游者对旅游消费的强度和水平。

4. 旅游消费构成

旅游消费构成是指旅游者在旅游活动过程中，对于食、住、行、游、购、娱等消费的比例关系。旅游消费构成不仅反映了旅游者消费的状况和特点，而且为旅游目的地国家和地区合理配置旅游资源、开发旅游产品提供了科学的依据。

三、旅游消费效果的评价

（一）旅游消费效果评价的原则

1. 旅游产品价值和使用价值的一致性

旅游产品进入消费领域满足旅游者的消费需求，就具有使用价值上的某种功能，从而能够使旅游者得到物质与精神上的满足。而且它在价值上要符合社会必要劳动时间的客观要求，这样才能通过产品交换关系使旅游者得到与其支付的货币相应的物质产品和精神产品，实现旅游产品价值和使用价值的一致性。此外，旅游产品价值和使用价值的一致性还要求，旅游者应获得与其所支付的货币量相对应的物质产品和精神产品方面的满足感，这样才能实现旅游者消费的最大满足。

2. 微观与宏观旅游消费效果的一致性

微观旅游消费效果是从旅游者个人对其旅游消费的主观评价方面来考察。宏观旅游消费效果是指旅游消费对整个经济社会的促进和影响。宏观旅游消费效果是以微观旅游消费效果为基础，而微观旅游效果则以宏观旅游消费效果为依据，两者之间既相互联系，又相互影响。但最终以微观旅游消费效果为主要依据，通过各种手段和方法提高微观旅游消费效果，这将有利于提高宏观旅游消费效果，即两者具有一致性。

3. 旅游消费效果与社会效果的一致性

旅游消费是一种重要的经济活动，因而考察旅游消费效果就应当考察它的经济效果，特别是结合旅游产品的生产过程来考察。既要重视旅游者的旅游消费效果，又要重视旅游目的地的经济效果。另外，旅游消费活动不仅是满足人们物质和精神需要的经济行为，同时也是一种社会行为。这就要求在评价旅游消费效果时还要对旅游消费效果进行社会影响的效果评价，即体现旅游消费效果与社会效果的一致性。

4. 短期与长期旅游消费效果的一致性

由于旅游消费既有短期消费效果，又有长期消费效果，因而要坚持短期与长期旅游消费效果的一致性来评价旅游消费效果。

重视对短期旅游消费效果的评价，掌握当前旅游者的旅游消费现状、特点及变化趋势，以便旅游企业采取有效的措施，更好地满足旅游者的消费需求，并实现旅游企业的短期经营目标。

重视对长期旅游消费效果的评价，即在重视短期旅游消费效果的同时，关注旅游消费的发展趋势和要求，分析旅游消费是否有利于旅游者的身心健康、是否有利于旅游目的地旅游业的发展、是否有利于实现旅游业的可持续发展等，从而实现重视短期和长期旅游消费效果的统一。

（二）旅游消费效果评价的方法

根据旅游消费效果评价的原则和要求，它的评价是通过对旅游者的旅游消费满意程度及旅游消费支出的综合性进行评价，其方法如下：

1. 旅游者问卷调查法

问卷调查法（Questionnaire Survey）是调查者运用统一设计的问卷向被选取的调查对象了解情况和搜集资料的一种研究方法。研究者将所要研究的问题编制成问题表格，以邮寄方式、当面作答或者追踪访问方式填写，从而了解被调查者对某一现象或问题的看法和意见，所以又称问题表格法。问卷法的运用，关键在于编制问卷，选择被调查者和结果分析。

(1) 问卷的结构。

问卷一般由卷首语、问题与回答方式、编码和其他资料等几个部分组成。

①卷首语。它是问卷调查的自我介绍，卷首语的内容应该包括：调查的目的、意义和主要内容，选择被调查者的途径和方法，对被调查者的希望和要求，填写问卷的说明，回复问卷的方式和时间，调查的匿名和保密原则，以及调查者的名称等。为了能引起被调查者的重视和兴趣，争取他们的合作和支持，卷首语的语气要谦虚、诚恳、平易近人，文字要简明、通俗、有可读性。卷首语一般放在问卷第一页的上面，也可单独作为一封信放在问卷的前面。

②问题和回答方式。它是问卷的主要组成部分，一般包括调查询问的问题、回答问题的方式以及对回答方式的指导和说明等。

③编码。就是把问卷中询问的问题和被调查者的回答，全部转变成为A、B、C……或1、2、3……等代号或数字，以便运用统计软件对调查问卷进行数据处理。

④其他资料。包括问卷名称、被访问者的地址或单位、访问者姓名、访问开始时间和结束时间、访问完成情况、审核员姓名和审核意见等。这些资料，是对问卷进行审核和分析的重要依据。

此外，有的自填式问卷还有一个结束语。结束语可以是简短的几句话，对被调查者的合作表示真诚感谢，也可稍长一点，顺便征询一下对问卷设计和问卷调查的看法。

(2) 问卷调查的程序。

问卷调查的程序一般是：设计调查问卷，选择调查对象，分发问卷，回收和审查问卷。最后，再对问卷调查结果进行统计分析和理论研究。

2. 旅游消费统计分析法

旅游消费统计分析法是指通过对旅游消费支出的规模、速度、范围、程度等数量关系的分析研究，认识和揭示旅游消费总支出和人均旅游消费支出间的相互关系、变化规律和发展趋势，从而作出评价和预测的一种研究方法。

一、填空题

1. 从旅游消费资料的形态出发，可把旅游消费分为________和________。

2. 从旅游消费对旅游活动的重要性出发，可将旅游消费分为________和________。

3. 要实现旅游消费结构优化，其中重要的一点是提高购物和娱乐消遣________所占的比重。

二、选择题

(　　) 1. 在整个旅游经济链条中具有起始性和先导性作用的是________。

A. 旅游者消费　　B. 旅游消费

C. 旅游行业消费　　D. 政府消费

(　　) 2. “旅游者在同一时间只能购买一次旅游活动，从而只能消费一个单位的旅游产品”这说明了旅游消费的________。

A. 不可重复性　　B. 弹性较大的消费

C. 与旅游产品的生产、交换的同一性　　D. 综合性的消费

(　　) 3. 属于非基本旅游消费的是________。

A. 旅游交通　　B. 住宿

C. 旅游中的电信消费　　D. 游览

(　　) 4. 关于旅游消费特性的叙述，错误的是________。

A. 旅游消费是一次性的

B. 旅游消费弹性较大

C. 旅游消费与生产是先后继起的

D. 旅游消费是以劳务消费为主的

(　　) 5. 根据旅游消费效果的内容范围，可以将其划分为________。

A. 当前旅游消费效果和长远旅游消费效果

B. 直接旅游消费效果和间接旅游消费效果

C. 一次旅游消费效果和多次旅游消费效果

D. 宏观旅游消费效果和微观旅游消费效果

三、名词解释

1. 旅游消费

2. 旅游消费结构

3. 旅游消费效果

四、问答题

1. 简述旅游消费的特征。

2. 简述影响旅游消费方式的因素有哪些?

3. 简述旅游消费效果评价原则。

第八章　旅游收入

教学目标

1. 了解旅游收入的概念、分类；
2. 熟悉旅游收入指标及影响因素；
3. 了解旅游收入分配的作用；
4. 掌握旅游收入初次分配和再分配。

第一节　旅游收入的概念及分类

一、旅游收入的概念

旅游收入（Tourist Income）是指旅游目的地在一定时期内，从旅游产品的销售中所获得的全部货币收入的总和。旅游产品是一种组合产品，由此决定了旅游收入的多样性。旅游收入不仅包括旅行社向旅游者销售整体旅游产品所获得的收入，也包括各类企业向旅游者提供交通、住宿、餐饮、游览、娱乐等单项旅游产品所获得的收入，还包括旅游目的地通过向旅游者出售旅游商品和其他劳务所获得的收入。

二、旅游收入的作用

旅游收入是衡量某一地区旅游业发展程度和旅游经济效益的重要指标，它对平衡国际收支、促进经济发展有着重要的作用。

（一）旅游收入反映了旅游经济活动的成果

旅游收入作为已售旅游产品价值的货币表现，其体现了旅游经济活动的成果。一方面，反映了旅游产业部门和企业所提供的旅游产品价值得到体现；另一方面，旅游收入的增长不仅对旅游企业的积累和发展起着决定性作用，而且对国民经济和旅游业的持续发展也起着举足轻重的作用。

（二）旅游收入反映了旅游企业的经营状况

旅游企业是直接生产和经营旅游产品的基本单位，因而旅游收入的多少直接反映了旅游企业的经营状况。

（三）旅游收入体现着旅游业对国民经济的贡献

发展旅游业的目的是为了发展同全世界各国人们之间的友好往来，促进国际经济、文化和科技交流，满足国内外旅游者对旅游产品的需求。因此，旅游收入也体现着旅游业对国家作出贡献的大小，以及对国民经济的促进和影响作用。

三、旅游收入的分类

（一）国内旅游收入和国外旅游收入

按照旅游收入的来源，旅游收入可划分为国内旅游收入和国际旅游收入。

1. 国内旅游收入

国内旅游收入是指旅游目的地通过经营国内旅游业务，向国内旅游者提供旅游产品而取得的本国货币收入。它来源于国内居民在本国的旅游，实质上是一部分产品价值的实现过程，属于国民收入再分配的范畴，不会增加国民收入的总量。

2. 国际旅游收入

国际旅游收入是指旅游目的地通过经营国际旅游业务，向国际旅游者提供旅游产品所取得的外国货币收入，通常被称为旅游外汇收入。它来源于外国旅游者在旅游目的地国家或地区的旅游消费，实质上是旅游客源国的一部分国民收入转移到了旅游目的国，是社会财富在不同国家之间的转移。它表现为旅游目的地国家或地区社会价值总量的增加，相当于旅游目的地国家或地区对外输出产品，是特种形式的对外贸易。国际旅游业同其他生产性行业一样，为社会创造或增加了新价值，这部分新价值就构成了一国国民收入的一部分。所以，它属于国民收入的初次分配。

（二）基本旅游收入和非基本旅游收入

按照旅游需求弹性，旅游收入可划分为基本旅游收入和非基本旅游收入。

1. 基本旅游收入

基本旅游收入是指旅游目的地向旅游者提供旅游产品和服务所获得的货币收入的总和，即旅游者在旅游过程中必须支出的费用，包括交通费、餐饮住宿费、游览费等。基本旅游收入与旅游者的人次数、停留时间成正比例变化，由此可以大致评估一个国家或地区旅游业的发达程度。

2. 非基本旅游收入

非基本旅游收入是指在旅游活动中，旅游目的地的旅游相关部门和企业，通过向旅游者提供医疗、邮政、电信、购物、美容、银行、保险、娱乐等服务所获得的货币收入的总称。非基本旅游收入具有较大的弹性，它既取决于旅游者的支付能力，也取决于他们的兴趣和爱好。非基本旅游收入也受旅游者人次数和停留天数的影响，但并不表现为相同的正比例关系。

基本旅游收入和非基本旅游收入在旅游收入总量中所占比重的大小，是衡量一个国家或地区旅游业发展水平的重要指标之一。一般来说，非基本旅游收入所占的比重越大，说明该国或该地区的经济社会水平和旅游业的发达程度越高。因此，非基本旅

游收入常常用来衡量一个国家或地区旅游业发展的深度。

（三）商品性旅游收入和劳务性旅游收入

按照旅游收入的构成，旅游收入可划分为商品性旅游收入和劳务性旅游收入。

1. 商品性旅游收入

商品性旅游收入是指为国内外旅游者提供物质形态的旅游产品而得到的收入。其包括商品销售收入，如销售各种旅游商品、生活用品、工艺品、药品、书报以及餐饮销售收入。

2. 劳务性旅游收入

劳务性旅游收入是指为国内外旅游者提供各种劳务性旅游服务而得到的收入。其包括旅行社旅游业务费收入，住宿、交通、邮政、电信、文娱、医疗及其他服务而得到的收入。

第二节　旅游收入指标与影响因素

一、旅游收入指标

旅游收入指标一般以货币单位来计算和表示。它是反映旅游经济发展的水平、规模、速度和比例关系的价值指标，也是了解、分析旅游经济状况的重要手段和依据。

（一）旅游收入总量

旅游收入总量是指一定时期内旅游目的地销售旅游产品所获得的货币收入的总额。它反映了一个国家或地区旅游业总体规模和发达程度，是一项重要的综合性指标。

1. 国际旅游收入

在国际旅游业中，旅游收入总量用外国货币表示，也叫旅游外汇收入总量。国际旅游收入的计算是先通过对外国旅游者进行抽样调查，得到旅游者人均消费支出和人均停留时间，再按以下公式计算旅游外汇收入。其计算公式如下：

旅游外汇收入＝外国旅游者人次数×外国旅游者人均消费支出×
外国旅游者停留时间

2. 国内旅游收入

在国内旅游业中，旅游收入总额用本国货币表示，叫做国内旅游收入。国内旅游收入指标的计算公式方法与国际旅游收入的计算基本相同。其计算公式如下：

国内旅游收入＝国内旅游者人次×国内旅游者人均消费支出×人均停留时间

3. 旅游总收入

旅游总收入是指在一定时期内旅游目的地向国内外旅游者出售旅游产品和相关服务所获得的，以本国货币计算的国际国内旅游收入的总和。

（二）人均旅游收入

人均旅游收入是指一定时期内每个旅游者在旅游目的地的平均支出额，即某一时期旅游收入总量与旅游者人次数之比。它反映了旅游者的平均消费及停留时间，是了解一个国家或地区旅游业发展水平的一项重要指标。它一般分为人均旅游外汇收入、国内人均旅游花费和人均旅游收入指标。

1. 人均旅游外汇收入

人均旅游外汇收入指标是在一定时期内，旅游目的地平均每接待一个外国旅游者所获得的旅游外汇收入额。其计算是用一定时期内一个国家或地区旅游外汇收入总额与其接待的外国旅游者人次相除而得，也可用外国旅游者人均每天旅游消费支出与平均停留时间相乘而得。其计算公式如下：

$$人均旅游外汇收入=\frac{旅游外汇收入总额}{外国旅游者人次}$$

2. 国内人均旅游收入

国内人均旅游收入，是一定时期内国内每个旅游者出游的平均花费，其计算方法既可用国内旅游总花费与国内旅游者出游人次相除而得，也可用国内旅游者人均每天旅游花费和平均出游天数相乘而得。其计算公式如下：

$$国内人均旅游收入=\frac{国内旅游总花费}{国内旅游者出游人次}$$

3. 人均旅游收入

人均旅游收入是指在一定时期内旅游目的地平均接待每一个国内外旅游者所获得的旅游收入额。它既可用旅游总收入与接待的国内外旅游者总人次相除而得，也可用人均旅游外汇收入和国内人均旅游收入进行加权计算而得。其计算公式如下：

$$人均旅游收入=\frac{旅游总收入}{国内外旅游者总人次}$$

（三）旅游换汇率

旅游换汇率是指旅游目的地向国际旅游者提供单位本国货币旅游产品所能获得外国货币的数量比例。旅游换汇率指标反映了旅游外汇收入对一个国家或地区国际收支平衡作用的大小，又是反映该国旅游创汇能力的综合性指标。一般说来，旅游换汇率与旅游接待地国家或地区同一时期中外币兑换率是一致的。旅游换汇率的高低反映了一个国家或地区旅游业发展过程中的自立程度。其计算公式如下：

$$旅游换汇率=\frac{单位旅游产品外汇收入}{单位旅游产品本币价格}\times 100\%$$

入境旅游者所携入的外币，必须首先按照一个国家或地区的外汇牌价兑换成该国或地区的货币，方可进行流通和使用。不同国家或地区的外汇牌价是变动的，或是提高了，或是降低了。旅游目的地所提供单位货币的商品所换得的外汇数量，也会发生变动，或是提高，或是降低。一般说来，发展中国家的旅游换汇率要高于其他商品出口的换汇率。

（四）旅游收汇率

旅游收汇率是指一定时期内的旅游外汇纯收入与同期旅游外汇收入总收入的比率。

旅游外汇纯收入是指在一定时期内，旅游目的地经营国际旅游业务所取得的全部外汇收入扣除了旅游业经营中必要的外汇支出后的余额。旅游收汇率计算公式如下：

$$旅游收汇率=\frac{旅游外汇收入-旅游外汇支出}{旅游外汇收入}\times 100\%$$

发展国际旅游业可以赚取大量的外汇，但也需要支出一定数量的外汇，这些外汇支出主要包括：进口必要的设备和原材料、旅游宣传和促销的费用、外方管理人员的工资、偿还外汇借贷款的本息等。外汇支出过大，即表现为外汇漏损。旅游收汇率的高低同一个国家或地区的总体状况紧密相关，反映了一个国家或地区旅游业的生产力水平和社会化程度。

二、影响旅游收入的因素

从旅游经济角度看，影响旅游收入变化的因素主要有以下几个。

（一）接待者人数

旅游目的地接待旅游者人数的多少，直接影响旅游目的地旅游收入的高低。一般来说，旅游收入与所接待的旅游者人数成正比例关系，所以，接待旅游者人数多少是影响旅游收入变化的基本因素之一。

（二）旅游者消费水平

旅游消费水平是指旅游者在旅游活动中消费旅游产品和服务的数量以及对旅游需要的满足程度和水平。旅游消费水平有狭义和广义之分。狭义的旅游消费水平是指旅游者在旅游产品上的人均支出量；广义的旅游消费水平不仅包括人均旅游消费的支出数量，还包括对旅游产品消费的质量和层次，即反映旅游者对旅游需要满足的程度和水平。在旅游接待人数既定的条件下，旅游者的旅游消费水平的高低是决定旅游收入增减变化的一个重要因素。

（三）旅游者停留时间

在接待旅游者人数、旅游者消费水平既定的情况下，旅游者在旅游目的地停留时间的长短对旅游收入也有着直接的影响。旅游收入与旅游者停留时间之间成正比例关系，即旅游者停留时间越长，其旅游花费就越多，则旅游收入就越多；反之，旅游收入就越少。

（四）旅游产品的吸引力

旅游产品的吸引力是吸引旅游者的重要因素，也是影响旅游收入的主要因素之一。增强和提升旅游产品的吸引力，需要以一定的旅游资源为基础，组合开发精品项目，完善旅游产品集群，打造特色品牌旅游产品。

（五）旅游产品价格

旅游产品价格是影响旅游收入的重要因素，因为旅游收入等于旅游产品价格与旅游产品销售量的乘积，二者之间存在着密切的联系。当旅游产品供不应求时，提高旅游价格会促进旅游产品的生产和销售，增加旅游收入。当旅游产品供求平衡时，提高旅游价格同样会刺激旅游产品的生产，却导致了旅游需求的萎缩，旅游产品的销售量有所下降，单位旅游产品价格上涨与旅游产品销售量下降两种因素相互抵消，旅游收入不会有太大的变化。当旅游产品供大于求时，适当降低旅游价格，就会刺激旅游需求，不仅可以抵消降价造成的损失，旅游收入还有可能增加。

（六）外汇汇率变化

外汇汇率的变化对旅游目的地的旅游收入有重要的影响。外汇汇率是指两种不同货币之间的比价，即以一国货币单位表示的外国货币单位的价格。例如：1 美元＝6.2793 元人民币。

当旅游目的地国家或地区的货币贬值、汇率下降时，旅游产品的卖价降低，旅游收入有可能减少，但是，较低的旅游价格会大大刺激旅游客源地国家或地区的旅游需求，旅游收入反而会有所增加；当旅游目的地国家或地区提高旅游产品的价格或本币升值、汇率上升时，虽有可能增加旅游收入，但也会抑制旅游客源地国家或地区的旅游需求，旅游收入反而会减少。

（七）通货膨胀

旅游活动是一种商品性经济活动，价值规律对它起着重要的调节作用。通货膨胀直接影响货币购买力，旅游目的地国家或地区通货膨胀会使旅游者购买力下降，从而影响这个国家或地区旅游人次和旅游收入；反之，旅游客源地国家或地区的通货膨胀会促使居民的旅游。20 世纪 80 年代中期，日本由于巨额贸易顺差，导致日元升值，继而引起国内通货膨胀，日本政府为缓解国内经济局势，鼓励本国居民出境旅游。因此，旅游目的地国应审时度势地利用通货膨胀现象，调整好旅游经济的运转，以增加旅游收入。

第三节　旅游收入的分配

一、旅游收入分配的概念

旅游收入分配（Tourism Revenue Distribution）是指旅游营业收入在直接经营旅游业务的部门、企业以及全社会范围内的分配。同国民收入分配一样，旅游收入分配也是通过初次分配和再分配两个过程实现的。

旅游收入分配是经济社会关系的重要组成部分，反映了旅游目的地国家或地区的政府部门、旅游部门和企业从业人员各自的利益与义务，在很大程度上决定着旅游业发展的速度、规模和水平。

二、旅游收入分配的作用

（一）旅游收入分配促进旅游业的发展

旅游收入经过初次分配与再分配后形成积累基金和消费基金，可用于扩大再生产

和为扩大劳动就业提供良好条件。其中积累基金不仅可用于旅游业的扩大再生产，而且可用于与旅游业相关的部门和企业的扩大再生产，从而为全社会的扩大再生产提供了前提条件。尤其是通过有计划地将资金再投入到旅游建设中，开发旅游产品和旅游市场，能够促进旅游业的进一步发展。而其中消费基金部分投入消费以后，不仅为扩大劳动就业提供了良好条件，也为旅游业的发展输送了大量的劳动力，并促进社会劳动力资源的有效使用和合理流动。

（二）旅游收入分配带动经济社会的发展

旅游收入分配过程中用于生产性消费和生活性消费的比例会不断增加，最终形成乘数效应而使国民收入总量增加。旅游业是一个综合性产业，通过旅游收入的初次分配和再分配，不仅诱发对旅游业自身的投入及开发，还会带动交通运输业、贸易业、建筑业、工农业等相关行业，以及金融、文化、教育、卫生、体育等非物质生产部门的投入与发展，从而促进整个经济社会的繁荣和发展。

（三）旅游收入分配促进产业结构的合理化

旅游收入分配还直接影响投资结构与产业结构的变化。随着旅游收入的增加和分配，必然促使旅游供给能力不断增强，各种食、住、行、游、购、娱的规模不断扩大。旅行社、旅游饭店、旅游交通、旅游景区、旅游购物等的数量不断增加、规模不断扩大，又必然拉动为旅游业提供配套设施设备的相关部门和企业供给的增加。于是，在旅游收入初次分配和再分配过程中，必然影响整个社会投资结构，进而影响产业结构的变化和调控，促使产业结构的合理化，从而有利于旅游业和经济社会的不断发展。

三、旅游收入初次分配

旅游收入初次分配是指直接经营旅游业务的旅游部门和企业将获得的营业收入首先在部门和企业内按生产要素以货币形式进行分配。

旅游目的地国家或地区在取得旅游收入后，首先必须扣除当期为生产旅游产品而消耗的生产资料部分，如旅游设备设施的折旧、原材料和物料的消耗、建筑物的折旧等，这部分不参与初次分配。参与分配的是旅游营业收入中扣除当年旅游产品生产中所消耗掉的生产资料价值后的旅游净收入部分。旅游净收入是旅游从业人员所创造的新增价值，在初次分配中分解为员工工资、企业利润及政府税收三大部分，从而使得旅游从业人员、旅游部门和企业、国家三方都得到了各自的初始收入。

旅行社在旅游企业中占有特殊的地位，因此首先参与旅游收入的初次分配。旅行社向旅游者提供的产品是一种组合型的产品。旅行社首先向住宿、餐饮、交通、游览、娱乐等部门和企业购买单项旅游产品，这些单项产品经过加工组合形成了内容、形式不同的包价旅游产品，即旅游线路，然后出售给旅游者，由此获得包价旅游收入。包价旅游收入首先表现为组团旅行社的营业总收入，在扣除了旅行社的经营费用和应得利润后，旅行社根据其他各旅游企业提供产品和服务的数量和质量，按照预定的收费标准、所签订的经济合同中列定的支付时间、支付方式和其他有关规定，将旅游收入分配给有关的旅游部门和企业。由此可见，旅行社的经营活动既是旅游收入的来源，又决定了旅游收入的分配，具有双重职能。

四、旅游收入再分配

旅游收入再分配是指在旅游收入初次分配的基础上，各收入主体之间通过各种渠道实现现金或者实物转移的一种在全社会范围内进一步分配的过程。旅游收入再分配主要是为了实现旅游收入的最终用途。

（一）旅游收入再分配的内容

旅游收入再分配的内容是指旅游企业、旅游行业员工及旅游目的地政府用初次分配得到旅游收入进行消费或投资，从而形成旅游收入在整个旅游目的地社会中的再次分配。其具体包括以下三个方面：

1. 旅游企业收入的再分配

企业利润是旅游收入初次分配的结果。企业要进行扩大再生产和改善员工福利，就会将公积金和公益金用于购买扩大再生产的生产要素及各项福利支出，这使企业的利润转化为其他部门的营业收入。

2. 旅游企业员工工资收入的再分配

这是指支付给旅游从业人员的个人报酬部分参与的再分配。旅游从业人员获得的工资报酬要到市场上购买他们生活所需的各种物质资料和劳务服务，以满足个人和家庭成员的物质文化生活需要。个人收入的支出形成了经济社会中相关部门的营业收入。

3. 政府税收收入的再分配

旅游收入中上缴政府的各类税金构成政府的财政收入，它通过政府预算支出的方式实现再分配。其支出主要用于国家的经济建设、国防建设、国家事务管理、公共事业发展、社会福利投资及国家储备基金等，其中一部分可能作为旅游基本建设或重点旅游项目开发基金又返回到旅游行业中来。

旅游收入再分配的过程是一个不断重复和不断扩大的运动过程。旅游收入经过再分配之后使全社会的各相关部门都获得了应有的派生收入，这体现了旅游业对旅游目的地整体经济社会的促进和带动效应。

（二）旅游收入再分配的流向

上缴政府的各类税金通过其他财政支出方式来实现旅游收入的再分配，支付给旅游从业人员个人的报酬流向经济社会中各相关部门和企业，企业自留部分为公积金和公益金两部分，还有一部分流向其他部门。

一、填空题

1. 旅游收入是指旅游目的地在一定时期内，从旅游产品的销售中所获得的全

部________。

2. ________是指一定时期内的旅游外汇纯收入与同期旅游外汇收入总收入的比率。

3. ________是在一定时期内旅游目的地平均接待每一个国内外旅游者所获得的旅游收入额。

二、选择题

(　　) 1. 旅游企业获得的营业收入，会在企业内按照生产要素以货币形式分配，这称为旅游收入的________。

A. 内部分配　　B. 要素分配　　C. 再分配　　D. 初次分配

(　　) 2. 20 世纪 80 年代中期，日本政府鼓励国民出境旅游的根本原因是________。

A. 贸易逆差　　B. 汇率大幅波动

C. 通货膨胀　　D. 政府货币政策

(　　) 3. 一般来说，发展中国家的旅游换汇率要________其他出口商品。

A. 高于　　B. 低于　　C. 等同于　　D. 无法比较

(　　) 4. 下列________项用来衡量一国或地区旅游业发展的深度。

A. 基本旅游收入　　B. 非基本旅游收入

C. 旅游总收入　　D. 人均旅游收入

(　　) 5. ________在旅游企业中占有特殊的地位，因此首先参与旅游收入的初次分配。

A. 旅游饭店　　B. 旅游景区

C. 交通部门　　D. 旅行社

三、名词解释

1. 劳务性旅游收入

2. 旅游收入分配

3. 旅游收入初次分配

四、问答题

1. 简述旅游收入的分类。

2. 简述旅游收入分配的作用。

3. 旅游收入再分配的内容有哪些？

第九章 旅游投资

教学目标

1. 了解旅游投资的概念、特点和内容；
2. 了解旅游投资的分类和资金来源；
3. 熟悉旅游投资的可行性分析；
4. 掌握旅游投资决策和风险。

第一节 旅游投资的概念、特点和内容

一、旅游投资的概念

旅游投资（Tourism Investment）就是指在一定时期内，旅游目的地政府或旅游企业根据旅游市场需求把一定数量的资金投入某一旅游项目的建设，获取比投入资金数量更多的产出，以促进旅游业的发展。旅游投资是旅游经济活动的起点，也是旅游经济持续发展的依托。在旅游投资中，投资的主要目的是为了获得包括经济效益在内的综合性效益，具体包括以下几个方面的内容：

第一，获取更多的旅游收入，包括外汇收入和其他社会经济收入；

第二，提供更多的社会就业机会；

第三，更好地调整国家或地区经济发展的不平衡性；

第四，更好地继承和发扬优秀的传统文化；

第五，更好地保护和改善环境，促进经济社会的可持续发展。

二、旅游投资的特点

（一）投资领域的广阔性和复杂性

旅游投资活动涉及的领域具有广阔性。旅游投资活动，涉及计划、财政、金融及建设用地、劳动力和物资等资源的分配、供应和占用等。投资计划是国民经济计划的重要组成部分，投资支出占财政支出和信贷总额相当大的比重，投资建设须用的投资品在国家计划调节和市场调节的物资总量中分别所占的比重也很大。投资规模是否适

当，结构、布局是否合理，直接关系到国民经济的主要比例关系和平衡关系，如社会总需求与总供给的关系，积累和消费的比例，地区经济发展的比例及财政收支平衡、信贷平衡、物资平衡和外汇平衡等。

旅游投资的内容非常复杂，可分为政府旅游投资和企业旅游投资。政府旅游投资主要用于宏观方面，如旅游基础设施建设投资、旅游宣传促销投资等。企业旅游投资主要用于微观方面，如旅游景区景观项目建设投资、旅游饭店餐饮项目建设投资、旅游娱乐项目建设投资、旅游商品开发与生产投资、旅游交通项目开发和建设投资等。

旅游投资活动的内容复杂多样，包括投资的计划与决策、投资资金的筹集与运用、投资项目的工程招标与委托、征地拆迁、投资品的申拨和购置、投资过程管理和监督等诸多方面。因此，旅游投资活动，既涉及与投资公司、勘察设计单位、综合开发单位、施工单位、管理机构和咨询机构的密切联系，又涉及与银行和非银行金融机构、地产管理部门及物资供应单位等经济组织的错综复杂的经济关系。

（二）投资目的的收益性

旅游投资目的的多样性决定了投资收益的多重性。旅游投资是营利性投资，决定了其投资目的具有获利性。凡投资项目的预期获利越高，人们投资的积极性就越大；预期获利越小，投资的积极性越小；倘若预期投资无利可图，则人们会选择让钱闲置于手。投资者能否获利，取决于其对投资市场未来态势的预测水平。

（三）投资实施的程序性、连续性和波动性

旅游投资是国民投资的一部分，其投资过程必须严格按照国民经济投资的程序进行。一般要经过以下基本程序：旅游投资项目的规划和设计，旅游投资项目的计划与决策，旅游投资资金的筹措与供应，旅游投资项目的工程建设招标、投标和委托，旅游投资项目工程建设、旅游投资管理。

旅游投资的实施，客观上是一个不间断的过程，具有连续性。从事直接投资，在决策立项之后，投资项目一旦被批准动工建设，就必须不断投入资金和其他资源，以保证连续施工和均衡施工的需要。

现实中投资过程还存在波动性。通常在一个投资项目的一个投资周期中，实施期的投资支出要比决策期多；建设施工阶段的投资支出要比建设准备阶段大；到了建筑施工中期，设备大多到货，投资达到最高峰。这一特点要求规划好项目进度和投资分布，尤其是安排大中型投资项目时，应力求做到均衡实现投资，错开投资高峰期。

（四）投资周期的长期性

旅游投资中影响最大的是固定资产的投资。固定资产投资最终形成旅游要素的产品，即旅游吸引物、旅游设施和旅游基础设施，这些设施的投资建设需要较长的周期。而且旅游投资用于形成固定资产，投资项目造型庞大、地点固定，又具有不可分割性，这些决定了投资建设的周期很长。在投资实施和资产形成时期，大量的费用一次性长时间内退出国民经济的流通，并且在这一较长阶段不能创造出任何有用的经济成果，要到整个建设周期完成，才能形成资产产品。

以投资活动本身而言，一个旅游项目的投资周期，主要由投资决策期、投资建设期和投资回收期三个阶段构成。通常，投资决策期应给予合理保证，以便对投资进行充分谨慎的研究论证，避免仓促收回投资，从而实现投资的良性循环。

（五）旅游投资的风险性

旅游投资的复杂性和长期性决定了旅游投资存在一定的风险性。旅游投资通常是在当前旅游经济发展的基础上，依赖已有的各种信息、数据和经验而作出决策。但是实际情况是复杂多变的，再加上旅游投资的长期性，往往使旅游投资的主观决策与投资的实际情况存在一定的差距，不能达到预期的投资效果，有时甚至无法收回投资，中国众多的主题公园投资即是典型例子。

为了降低旅游投资的风险性，一方面要加强旅游投资的可行性研究，进行科学的旅游投资预测和分析，尤其是对旅游投资前景预测和环境变化的分析，尽可能降低旅游投资未来收益的不确定性，提高预测的准确性和决策的科学性；另一方面，要加强旅游投资的科学管理，建立健全旅游投资责任制和管理运行机制，减少和避免旅游投资的失误，降低旅游投资的风险，提高旅游投资的经济效果和综合效果。

三、旅游投资的内容

旅游业是一项综合性产业，供给食、住、行、游、购、娱六大旅游要素，每一个要素都是旅游投资对象，但由于目的地政府和企业目标不一样，这就决定了旅游目的地政府和旅游企业在投资内容上存在很大差异。

（一）旅游目的地政府投资的目的和内容

对于任何一个旅游目的地而言，地方政府发展旅游业注重经济效益、社会效益和生态效益的协调发展，其中目的地社会发展是旅游开发和投资的根本目的，旅游经济发展只是其发展的手段，而生态效益是目的地旅游发展的保障条件，最终促进本地旅游可持续发展。目的地政府旅游投资的内容主要包括：

1. 旅游基础设施的投资

旅游设施分为旅游上层设施和旅游基础设施，旅游上层设施主要包括旅游饭店、旅游交通、旅游景区等方面，而旅游基础设施包括交通道路、医疗卫生、邮政电信、给水排水、供电、供气等方面的建设。旅游基础设施投资的投资回收期长、回报率低，对产业资本缺乏足够的吸引力，因而只能由地方政府对其进行投资。

2. 公共服务机构的投资

公共服务机构是为保障国内外旅游者的合法权益而设立的各种服务机构，如博物馆、美术馆、国家和地方公园、旅游者接待中心、旅游咨询中心、旅游市场监管和治安管理机构等，这些公共服务机构确保旅游者有着舒适安全的旅游环境和完善的公共服务设施。

3. 旅游宣传促销方面的投资

为了提高旅游目的地的知名度和美誉度，强化旅游目的地形象，吸引更多的国内

外旅游者，获取更多的旅游收入，旅游目的地政府借助媒体、旅游节庆、国内外旅游交易会等手段进行促销，促进本地旅游业快速健康发展。

4. 旅游教育方面的投资

旅游业发展的基础是旅游资源，但发展最终的动力是人才。为了吸引更多的旅游高级人才，培养更多的高端技能型旅游服务人员，旅游目的地国家和地方政府在旅游高等教育、旅游培训以及人才的引进方面都要进行大量的投资，以保证旅游业得以长期稳定发展。

5. 其他方面的投资

旅游目的地政府在资金宽裕的情况下可直接参与对旅游景区、旅游娱乐项目、旅游饭店等旅游六大要素方面的投资。另外，自然旅游资源和人文旅游资源的保护、物质文化遗产和非物质文化遗产的保护和传承等方面也需要大量投资，这些投资基本由旅游目的地政府完成。

（二）企业旅游投资的目的和内容

企业对旅游业进行投资的目的很简单，那就是获取利润。旅游企业直接进行旅游产品的生产，向旅游者提供旅游六大要素的服务。旅游企业也可以对上市旅游企业进行金融投资，购买其股票和债券，以分享上市公司的利润。就实体投资而言，旅游企业的旅游投资内容主要包括旅游饭店与餐饮项目投资、旅游景区景观项目投资、旅游娱乐项目投资、旅游交通设施投资和旅游商品项目投资。

1. 旅游饭店与餐饮项目投资

根据旅游规划和旅游地发展的需要，旅游企业在旅游目的地建设各种档次的旅游饭店、度假区、餐厅、风味餐厅、酒吧和咖啡厅、茶馆等项目，以满足旅游目的地不同层次旅游者的需要。

2. 旅游景区景观项目投资

旅游景区景观项目投资是指依托旅游目的地旅游资源所进行的旅游景区景观的开发和建设，包括旅游吸引物、旅游住宿、餐饮、旅游商店、旅游娱乐设施等方面的建设投资。

3. 旅游娱乐项目投资

为了丰富旅游目的地的旅游内容，吸引更多的国内外旅游者，旅游目的地非常重视娱乐方面的投资，如各种舞厅、歌厅、健身房、休闲浴场等方面的投资。

4. 旅游交通设施投资

为了实现国内外旅游者的空间位移，必须对旅游目的地和客源地之间的大交通以及旅游目的地区内的小交通进行大量投资。其中大交通包括航空运输、铁路运输、公路运输和水路运输。目前航空运输基本是由航空公司垄断，旅游企业主要投资于水上邮轮游艇项目、公路汽车等运输工具。同时旅游区内的小交通如景区内旅游道路建设、游船码头、索道投资也是旅游企业投资的重点。

5. 旅游商品项目投资

成熟的旅游目的地必须拥有本地特色的旅游商品。旅游企业可以参与旅游商品的设计、生产、加工与销售，以丰富旅游目的地的旅游内涵。

第二节　旅游投资的分类和资金来源

一、旅游投资的分类

（一）按旅游投资对象存在形式的不同分类

按旅游投资对象存在形式的不同，可将旅游投资分为金融投资和实物投资。

金融投资是投资主体为获取预期收益，预先垫付货币以形成金融资产，并以此获取投资或投机收益的经济行为。这种投资主要在金融市场上进行，金融资产的种类繁多，一般是不具有实体资产形态的虚拟资本。

实物投资是投资主体为获取预期收益或经营某项旅游事业，预先垫付货币或其他资源，以形成实物资产的经济行为。

金融投资与实物投资的主要区别在于：前者以最终获得金融资产为目的，后者则通过投资直接实现社会积累。在投资的风险上，实物投资一般只遇到所生产的产品或提供的劳务在市场上不能实现的风险，而金融投资不仅会遇到接受投资企业所生产的产品或提供的劳务在市场上不能实现的风险，还会遇到金融市场风险。通常影响金融市场的因素不仅多而且变动比较频繁，金融工具的价格对这些因素的变动反应也十分敏感，所以，金融市场风险比实物商品风险要大得多。

在现实经济生活中，金融投资不仅有资本市场的股票、债券、基金、期货、信托、保险等投资形式，还有货币市场的存款、票据、外汇等投资形式，还可以包括风险投资、彩票投资等。实物投资大致可分为固定资产投资、流动资产投资、稀有资产投资等。

总之，实物投资风险相对较小，投资收益也相对较低；金融投资风险相对较大，投资收益也相对较高。

（二）按投资人能否直接控制其投资资金的运作分类

按投资人能否直接控制其投资资金的运作，可将旅游投资分为直接投资和间接投资。

直接投资是指投资主体直接将资金用于开办企业、购置设备、收购和兼并其他企业等，通过一定的经营组织形式进行生产、管理、销售活动以实现预期收益。其实质是资金所有者和资金使用者合二为一，是资产所有权和资产经营权的统一。投资主体能有效地控制各类资金的使用，并能实施全过程的管理。直接投资的方式可分为国内直接投资和国外直接投资。

间接投资主要是指投资主体以购买他国或本国股票、债券等金融资产的方式所进

行的投资。投资人按规定收取红利或股息，但一般不能直接干预和有效控制其投放资金的运用状况。其实质是资金所有者和资金使用者的分离，是资产所有权和资产经营权的分离运作，在资产的经营管理上不体现投资者的意志。

(三) 按投资期限或投资回收期长短不同分类

按投资期限或投资回收期长短，可将旅游投资分为短期投资和长期投资。

短期投资是预期在一年内收回的各种投资业务，如企业的各种流动资产及各类短期证券等。

长期投资是指投资期在一年以上的各类投资项目，如对旅游设施、设备等固定资产的投资，及对长期金融资产的投资等。

一般来说，短期投资周转快，流动性好，风险相对较小，但收益率相对较低；长期投资回收期长，短期变现能力较差，风险较高，但长期的营利能力强。

短期投资和长期投资之间是可以转化的，如购买股票是一种长期投资，无偿还期限，但股票持有者可以在二级市场进行短线操作，卖出股票，这又变为一种短期投资。

(四) 按投资投出的方向不同分类

按投资投出的方向划分，可将旅游投资分为对内投资和对外投资。

对内投资是指把资金投在旅游企业内部，购置各种生产经营或服务所使用资产的投资。

对外投资是指旅游企业以现金、实物资产、无形资产等方式或者以购买股票、债券等有价证券向其他单位的投资。企业的金融投资就是对外投资。

一般来说，对内投资的风险要低于对外投资，对外投资的收益要高于对内投资。

(五) 按投资的经济用途不同分类

按投资的经济用途划分，可将旅游投资分为生产性投资和非生产性投资。

生产性投资是指投入到生产、建筑等物质生产领域，形成各种类型的生产性企业资产的投资。它又分为固定资产投资和流动资产投资。生产性投资通过循环和周转，不仅能收回投资，而且能实现投资的增值和积累。

非生产性投资是指投入到非物质生产领域，形成各种类型的非生产性资产的投资。其中，对学校、办公楼、国防工程、社会福利设施等的投资不能收回，是纯消费投资，其再投资依靠社会积累。对电视台、影剧院、信息中心等的投资可转化为无形资产的经营，可以收回投资。

生产性投资和非生产性投资都是经济社会发展所必需的。在生产性投资中，要处理好固定资产投资和流动资产投资的关系；在非生产性投资中，要处理好纯消费性投资和经营性投资的关系。

(六) 按投资在再生产过程中的作用不同分类

按投资在再生产过程中的作用划分，可将旅游投资分为初创投资和后续投资。

初创投资是在建立新企业时所进行的各种投资，其特点是投入的资金通过建设形成企业的原始资产，为企业的生产、经营或服务创造必备条件。

后续投资则是指为巩固和发展企业再生产所进行的各种投资，包括为维持企业面临再生产所进行的更新性投资、为实现扩大再生产所进行的追加性投资、为调整生产经营方向所进行的转移性投资等。

从理论上讲，企业的后续投资至少要维持以前投资的收益水平。按照风险收益对等的原则，后续投资的风险相对较高，其原因在于，如果后续投资是原投资方向的积蓄，那么，后续投资处在产品生命周期的后期阶段，有可能面临产品衰落的风险；如果后续投资的投向是与原投资方向不同的方向，那么由于是新的投资领域，收益的不可知性较大，风险也就较大。

二、旅游投资资金来源

（一）国家投资

国家投资是旅游基础设施建设资金的首要来源，是国家根据国民经济协调发展的需要，有计划地分配于旅游业的投资。国家投资分为基本建设拨款与基建拨改贷两种形式，其中拨款是国家财政部门按批准的预算对主管部门拨付的预算资金；拨改贷是国家预算安排的投资由财政拨款改为贷款，即国家基本建设贷款。前者是国家无偿拨付的，后者需要按确定的利息率偿还。

（二）银行贷款

银行贷款是旅游基础设施建设资金来源的第二个主要渠道。它分为两种，一是人民币贷款；二是外汇贷款。按照商业银行的规定，贷款要遵循以下原则。

1. 要符合国家的经济政策

银行对企业申请的贷款项目要符合国家的产业政策，同时控制贷款总量，贷款人不能擅自改变贷款用途。

2. 贷款用于满足社会的急需项目

银行对企业贷款用途要加以鉴别，企业贷款后要用在生产或流通社会适销对路的产品上，能充分发挥贷款作用。

3. 能按时归还贷款

银行只对有能力如期归还贷款的企业给予贷款。

4. 实行扶优限劣原则

银行扶持有良好信誉、有发展前景的申请贷款企业，限制或不给无发展前景、不讲信誉的企业发放贷款。

符合条件的旅游企业，经过一定的程序经国家或地方计划部门审批，然后向银行办理贷款。

（三）利用外资

利用外资，即利用外国资本进行旅游投资。中国旅游业中利用外资的渠道和方式主要有两大类：一是利用外国政府、银行、国际金融组织的贷款；二是吸收外商投资，直接利用外资。后者包括中外合资经营、合作经营、外商独资经营、补偿贸易等。利

用外资进行旅游基本建设必须经过一定审批程序有计划地进行，要有批准的项目建议书、可行性研究报告和设计任务书。此外，还必须落实外汇偿还能力，落实国内工程与配套项目所需的国内投资及原材料、燃料、供水、供电、供气、交通运输条件等。要为外商提供优越的投资环境和优惠条件，如税收优惠、土地优惠等，以吸引外商在中国投资。利用外资的好处是可以弥补国内资金的不足，同时也有助于引进国外的先进技术和先进的管理经验，促使中国旅游业水平的提高。

（四）发行股票

股票是企业筹资的重要手段。旅游企业也可以通过发行股票来筹集资金。股票是企业在筹资时发给出资并承担经营风险的人的股份所有权书面凭证，是一种有价证券。利用股票方式筹集资金有两种情况：

1. 直接筹措投资

对于已经存在的企业，在企业内部由员工订购股权数，出资入股。对于利用股权资金组建新的有限责任公司，可由企业内外各方以货币资金、实物、其他产权形式入股，共同投资，共负盈亏，共担风险，出资各方按股份数量分配税后利润。

2. 发行股票

企业依法向社会公众发行股票，股票的购买者就是股票的所有者，由于股票是一种永不返还的有价证券，所以没有还本期。股票按股东所承担的风险和权益分类，有普通股、优先股和后配股。如果企业没有发行优先股和后配股，则所有的股份都是普通股。

(1) 普通股。持有普通股股票的股东享有选举公司董事会的权利，对于公司的合并、解散等投票权和分配股息的权利，不过对自己所购股票金额承担风险责任。

(2) 优先股。持有优先股的股东除享受普通股股东的权利外，还可以享有固定的股息，股息支付的积累性及参与剩余红利的分配。当企业破产时，优先股有权优先参加剩余财产的分配，所以优先股股东对自己所购股票金额承担的风险比普通股的股东要小得多。

(3) 后配股，又称递延股。后配股持有者为公司的发起人，也称为发起人股或干股。持有后配股的股东分红时没有固定的股息，企业的经营情况好时，有一定的股息；反之，没有股息。当企业破产时，一般在普通股分配之后，后配股的股东才能进行剩余财产再分配。

（五）旅游产业投资基金

产业投资基金，国外通常称为风险投资基金和私募股权投资基金，一般是指向具有高增长潜力的未上市企业进行股权或准股权投资，并参与被投资企业的经营管理，以期所投资企业发育成熟后通过股权转让实现资本增值。产业投资基金的投资对象主要为非上市企业，投资期限通常为3～7年，投资的目的是基于企业的潜在价值，通过投资积极参与被投资企业的经营管理，推动企业发展，并在合适的时机通过各类退出方式实现资本增值收益。

发展旅游产业投资基金能够为旅游业发展创新投资与融资渠道，对发展旅游业意

义重大：①有利于挖掘社会各方投资潜力，启动民间投资，减少政府主导投资的影响，大大促进旅游经济良性循环；②有利于增加直接融资比重，促进旅游领域直接、间接融资的合理、均衡发展；③作为典型的投资资金来源市场化和资金运用市场化的投资主体，有助于培育新型市场化的旅游产业机构投资者；④有利于引导社会资金直接投资于旅游产业项目，可以提高社会资金的配置和运作效率；⑤旅游产业基金均具有发展区域经济或优化产业结构的职能，可以促进旅游业整合升级。

第三节　旅游投资的可行性分析

一、旅游投资可行性分析的含义

旅游投资可行性分析（Research on Tourism Investment Feasibility）是以旅游市场的现状为基础，针对拟建的旅游项目在未来建成投产后的发展前景，通过在经营上和经济上的详细分析，从而确定该投资项目的建设在技术上、开发上和经济上的可行性。旅游投资可行性分析是旅游投资工作的起点，在旅游投资决策过程占有十分重要的地位。

旅游投资具有很大的风险性、复杂性和不稳定性。因此，对其进行严谨科学的可行性分析，是降低旅游投资项目风险、提高旅游投资效益的有效方法，也是旅游投资成功的必要条件。

（一）可行性分析是旅游投资项目建设必不可少的工作

旅游投资项目建设包括投资前、投资建设和生产经营三阶段，可行性分析属于第一阶段的主要工作内容。

为保证旅游投资项目的有效实施，达到投资的基本目标，并且在生产经营过程中实现投资效益的最大化，就必须对旅游市场进行研究、对竞争环境进行调查，对投资项目的选址及建设和生产经营过程中的各种要素资源的来源、价格进行分析，对生产成本与收益进行估算，以确定旅游投资项目在技术上是否可行、开发上是否可能、经济上是否合理，从而为投资开发者提供决策的科学依据。

（二）可行性分析是评估旅游投资项目的重要依据

可行性分析是旅游投资项目建设中一项十分重要的前期工作，是旅游投资建设得以顺利进行的基础和必要环节。其主要目的就是判断拟建项目能否使投资者获得预期的投资收益。要达到这一目的，必须用科学的研究方法，经过多方案分析和评价，并提供详细的可行性分析报告，作为向该项目上级主管部门或投资者提供对该项目进行审查、评估和决策的依据。

（三）可行性分析为筹集旅游投资项目资金提供依据

旅游投资项目多为资金密集型项目，需要注入大量资金。资金来源除自筹和国家预算内拨款外，大部分需要向金融市场融资，包括向银行贷款和吸引其他投资。

商业银行为减少风险，确保资金的按期回收，其他投资者为保证收回本金并获得

足够的收效，都需要验证该项目的可行性。此时，可行性分析报告为商业银行和其他投资者的决策提供了依据。

二、旅游投资可行性分析的原则

（一）客观性原则

旅游投资项目可行性分析是供旅游投资者、旅游开发者、旅游经营者和有关部门决策时的重要参考依据，因而可行性分析报告中，对投资项目可行性研究的分析与结论必须坚持实事求是的原则，其依据必须充分具体，论证过程必须详细全面，并明确提出可靠结论和合理建议，为投资决策者提供客观准确的判断依据，以便进行投资方案选择，提高旅游投资项目的科学决策水平。

（二）科学性原则

在旅游投资项目可行性分析中，为了保证可行性分析科学、可靠，必须把定量研究方法和定性研究方法相互结合，并灵活、正确地使用。通过科学的方法和精确可靠的定量计算，使所得数据和结果更具科学性、准确性和可操作性，从而使旅游投资项目可行性分析更具科学性、准确性和可操作性。

（三）公正性原则

旅游投资项目可行性分析是旅游投资决策的重要依据，也是银行和其他投资者发放贷款的重要依据，因而必须公正地对项目作出可行或不可行以及修改的建议和方案，以提供投资者选择。如果经过分析，认为对投资项目无法取得预期的效益和目标，就应如实地向投资者报告，从而避免投资项目实施后带来的巨大损失。如果认为投资项目经重新设计或调整后还可建设，也需要提供修改建议和方案，并再次进行评价。

（四）效率性原则

旅游投资可行性分析必须讲求效率，注重时效。投资项目可行性研究是一项十分复杂的系统分析工作，一般所需时间较长。但在实际操作中，应该在保证质量的前提下，尽可能快速完成，以便把握时机，抢抓机遇，尽快实施项目，取得效益。若拖延、松懈，可行性研究时间过长，则可能丧失良机，使可行性分析结果由于时间的推移、市场的快速变化而与实际相差甚远，成为过时项目。

三、旅游投资可行性分析的类型

从旅游投资项目的实际出发，按照现行基本建设的要求，旅游投资项目可行性分析可分为投资机会分析、初步可行性分析和最终可行性分析三种。

（一）投资机会分析

投资机会分析是指在某一旅游地区或企业内，在利用现有旅游资源的基础上所进行的寻找最有利的投资机会的分析。它分为一般机会分析和具体项目机会分析，主要目的是对投资项目提出建议，在此基础上形成旅游投资项目建议书。在这一阶段包括粗略的市场调查和预测，寻找某一地区或某一范围内的投资机会并初步估算投资费用。

对可供选择旅游项目的初步评估包括市场需求调查、经营接待能力、投资费用估算、经营费用、管理费用、实施进度时间表、资金来源、财务评价及国民经济评价等。投资机会分析比较粗略，主要是对旅游投资项目的效益可行性进行一些估计，带有意向性的特点，一般不需要进行详细的计算。

（二）初步可行性分析

初步可行性分析是在投资机会分析的基础上，进一步较为系统地研究拟建的旅游投资项目的可行性，包括对市场的进一步考察分析等。它主要针对仅凭投资机会分析不能决定其取舍的较复杂的旅游投资项目。初步可行性分析的主要内容有：进一步论证投资机会的可能性；进一步研究拟建项目建设可行性中某些关键性问题，如旅游市场分析、项目建设选址等；分析是否有必要开展最终可行性分析。通常的方法是把各种机会罗列出来，通过咨询、开会等方式进行讨论，筛选出最佳机会。然后粗略地审查以下问题：市场需求、经营能力、设备与材料投入、项目选址、合作对象、各项费用、技术方向、进度及规划、财务状况与投资概算等。

（三）最终可行性分析

最终可行性分析是在拟建的旅游投资项目获得批准立项后，对旅游投资项目进行的全面的技术经济论证。最终可行性分析是确定一个投资项目是否可行的最终研究阶段。包括市场近期、远期需求，资源、土地、能源、技术协作落实情况，最佳经营模式、流程及其相应设施设备，项目选择及布置，设计组织系统和人员培训，建设投资费用，资金来源及偿还办法，经营成本，投资效果等。这一阶段对技术、经济数据的精确程度要求比较高，它需要进行多种投资方案的比较，旅游投资项目越大，研究内容就越复杂。最终可行性分析是确定旅游投资项目是否可行的最终依据，也是向有关管理部门和银行提供进一步审查和进行资金借贷的依据。

四、旅游投资可行性分析的内容

（一）旅游市场需求调查和预测

对旅游投资项目进行可行性分析时，首先要对旅游市场需求和供给进行调查和预测，即调查旅游者的消费特点，预测旅游市场对旅游产品的需求变化和趋势，预测旅游产品的现有能力和增长潜力，并以此为基础估计旅游项目投下后市场发展的前景，从而确定旅游投资项目的建设规模、质量和规格，以及相应的服务方式和水平等。

旅游市场预测是旅游投资项目评价的重要工作。旅游市场调查的根本目的就是为了进行旅游市场预测。只有对未来的旅游市场情况进行科学评估，才能正确地对旅游建设项目的经济效果进行评价。

（二）旅游投资项目的选址分析

旅游投资项目的选址分析主要是指结合旅游投资项目所处地区或邻近地区旅游市场特点和经济情况研究，对项目的地理位置、地形、地质、水文条件及当地和邻近地区经济社会状况进行分析、以确定合适的选址方案。具体来讲，旅游投资项目选址条

件要求根据项目具体情况确定其建设的地理位置、地形、地质、水文条件，同时综合考虑未来能源供应、交通运输、动力、水源、土地成本等外部条件，并符合环保、经济地理位置、安全性等要求。

（三）旅游投资项目工程方案研究

旅游投资项目工程方案研究，主要是研究项目的工程安排、进展速度、建设内容、建设标准和要求、目标及设施布局、设备的选型等技术经济指标等，以及原材料、动力、燃料等供应渠道、价格、使用情况和维修条件等，以确定旅游投资项目所提供的旅游产品和服务的规格和要求。具体来讲，旅游投资项目工程建设方案评价主要包括对原材料供应的评价、对燃料及动力供应的评价等方面。

（四）旅游人力资源需求和供给预测

主要研究旅游投资项目建设和完成后的人力资源来源、培训、使用、补充计划及人员组织结构等方案，包括中、高级管理人员，初、中级服务人员等，以确保旅游投资项目建成后人力资源的充分利用和正常补充。

（五）旅游投资与融资预测

主要研究为保证旅游投资项目顺利完成所必需的投资总额、外汇数额、投资结构、固定资产和流动资金的需要量、资金来源结构、资金筹措方式及资金成本等，从而在资金供应方面确保旅游投资项目建设的顺利进行。

五、旅游投资可行性分析的程序

为了防止旅游投资的盲目性和低水平，必须按照投资运行规律，依照一定的科学决策程序进行决策。一般说来，旅游投资过程至少要经过以下四个阶段：

（一）提出项目建议书

项目建议书是投资前对项目的基本设想，主要从投资建设的必要性方面来衡量，同时初步分析投资建设的可行性。其主要内容包括：投资项目提出的必要性、依据；拟建规模、选址的初步设想；客源情况、建设条件、协作关系的初步分析；投资估算、资金筹措设想和偿还贷款能力测算；项目的大体进度安排；经济效益、社会效益和生态效益的初步估计等。

（二）完成可行性分析

项目建议书经批准后，就要对项目建设的可行性进行调查研究、分析评价。主要包括对投资项目技术上的可行性，经济基础上的合理性以及建设条件的可能性等方面进行技术经济讨论，进行不同方案的分析比较，并在研究分析效益的基础上，编制计划任务书，据此编写出可行性报告。

（三）投资方案的比较和筛选

投资方案的比较和筛选是将可行性报告提供的若干投资方案进行再次调查、研究、补充、修正，最后确定一个最佳方案。以该方案为依据，编制计划任务书。主要包括：设计依据和指导思想，项目建设规模及所需原材料、燃料、动力的需用量和来源，项目占地面积和土地使用情况，主要的建筑物、公用和辅助设施，生活区建设、环境保护、人防措施、生产组织、劳动定员及各项经济技术指标、建设程序及期限和项目总概算等。

（四）项目综合评估与审批

编写好的可行性分析报告和计划任务书要由有关技术人员、旅游经济管理专家、贷款银行及有资格的工程资信公司全面仔细地进行审查、计算和核实，根据审核评估的结果，编写项目评估报告。

经过决策部门对上述四个阶段的文件进一步审核后，即决定是否批准。投资项目一经批准或否定，投资决策程序即告结束。如果决策部门对上述报告中某些问题存疑，则提出问题，重新进行上述程序中的某些步骤。

第四节　旅游投资决策和风险

一、旅游投资决策的含义及程序

旅游投资决策（Tourism Investment Decision）就是旅游投资主体为达到一定的经济、社会、生态等目标，用一定方法对投资规模、投资方向、投资项目等进行科学评估，比较不同投资方案的经济、技术可行性，综合各种因素进行规划选择和策划决定的经济活动过程。

（一）旅游投资决策中的基本概念

1. 资金时间价值

资金时间价值是指在不考虑通货膨胀因素的情况下，资金所有者放弃现在使用资金的机会，而把资金存入银行，并按存入资金时间的长短而获得的利息报酬。

2. 现金流量

现金流量是指任何一项旅游投资项目在未来一定时期内的现金流出和现金流入的数量。每年现金流入量超过现金流出量的净值，就是净现金流量。

3. 机会成本

机会成本，又称为择一成本，是指对一项旅游投资项目若同时具有多个投资方案时，将资金投入到其中一个方案，而放弃其他方案可能丧失的收益。

（二）旅游投资决策的程序

旅游投资决策是一个动态的系统反馈过程。一般说来，旅游投资过程要经过问题分析、目标确定、方案提出、评价分析、方案抉择和方案实施六个基本步骤。

1. 问题分析

旅游投资决策是为了解决旅游投资问题而进行的。所谓问题，就是旅游投资的现在状态与期望状态之间的差距。深入地进行调查研究，及时地发现问题、分析问题、确认问题和适时地提出问题，是旅游投资决策者主要去解决的问题。

2. 目标确定

决策目标是指决策实施后在一定时期内所期望达到的成果，它是决策的出发点和归宿点。它是根据所要解决的问题而确定的，所以需要先分析问题的性质及产生的原因，然后确定目标。

3. 探索和提出各种行动方案

根据问题的性质和目标的要求，搜集情报资料并进行有关的预测工作，提出多个可行方案。提出方案的过程既要大胆探索又要精心设计，同时还必须充分发扬民主，集思广益，群策群力，尽可能多地提出各种可行方案。

4. 方案评价分析

对提出的若干方案，运用各种科学方法进行分析、评价、审查和择优讨论，选出一两个优化方案供最后决策。在评价分析中，要根据预定的决策目标和所建立的价值标准，确定方案的评价要素、评价标准和评价方法，有时还要做一些灵敏度分析。

5. 方案的抉择

方案的抉择是建立在方案分析评价的基础上，并在很大程度上取决于决策者的经验和领导艺术。要求决策者具备良好的思维分析能力、敏锐的洞察力和判断决策能力等。

6. 决策的实施和反馈

作出了决策，并不等于决策过程的结束，更重要的是决策方案的实施。一项决策正确与否，人们只有通过实施结果才能作出正确的判断。因此，在决策执行过程中要建立信息反馈系统，及时地将实施结果与规划目标进行分析比较，如有差异，查明原因，采取必要的措施进行调整，从而保证决策目标的实现。

二、旅游投资风险分析

旅游投资风险（Tourism Investment Risk）是指一项旅游投资所取得的结果和原来预期的结果的差异性。对大多数投资活动来说，都存在风险问题，只是风险的程度不同而已。常用的旅游投资风险分析方法有以下几种：

（一）盈亏平衡分析

盈亏平衡（Break-even）是指企业在销售适当的产品时，企业取得的销售收入与其发生的成本刚好相等，企业处于不盈不亏的状态。这个赢利与亏损的转折点，称盈亏平衡点（Break-even Point，BEP）。盈亏平衡分析（Break-even Analysis）就是通过盈亏平衡点分析项目成本与收益的平衡关系的一种方法。投资、成本、销售量、产品价格、项目生命周期等各种不确定因素的变化会影响投资方案的经济效果。当这些因素的变化达到某一临界值时，就会影响方案的取舍。

盈亏平衡分析的目的就是找出这种临界值，即盈亏平衡点（保本点），判断投资方案对不确定因素变化的承受能力，为决策提供依据。盈亏平衡点越低，说明项目赢利的可能性越大，亏损的可能性越小，因而项目有较大的抗经营风险能力。因为盈亏平衡分析是分析产量、成本与利润的关系，所以为称量本利分析。

盈亏平衡点的表达形式有多种，它可以用实物产量、单位产品售价、单位产品可变成本以及年固定成本总量表示，也可以用生产能力利用率（盈亏平衡点率）等相对量表示。其中产量与生产能力利用率，是进行项目不确定性分析中应用较广的。

（二）敏感性分析

在众多不确定因素中，一些因素稍有变动就会引起项目投资经济效益的明显变动，也就是说投资经济效益对这些因素的变动反应敏感，这类因素被称为敏感性因素。而有另一些因素当其变动时，只引起项目投资经济效益的较小变动，也就是说投资经济效益对这些因素的变动反应不敏感，这类因素被称为不敏感因素。敏感性分析（Sensitivity Analysis）就是从众多不确定性因素中，确定哪些是对旅游投资项目经济效益指标有重要影响的敏感性因素，哪些是不敏感因素，并且分析、确定其对投资经济效益的敏感程度，进而判断项目承受风险的能力。

敏感性分析有助于确定哪些风险对项目具有最大的潜在影响。它把所有其他不确定因素保持在基准值的条件下，考察项目每项要素的不确定性对目标产生多大程度的影响。敏感性分析的步骤如下：

1. 确定具体投资经济效益指标作为敏感性分析对象

敏感性分析的对象是具体的技术方案及其反映的经济效益。因此，应针对建设项目的特点，选择一些最能反映该项目投资经济效益的指标作为敏感性分析指标，如投资收益率、投资回收期、净现值等。

2. 计算该技术方案的目标值

一般将在正常状态下的经济效益评价指标数值，作为目标值。

3. 寻找敏感性因素

从不确定因素中寻找那些对项目投资经济效益有重大影响的，并在建设和使用期内可能发生较大变动的因素。例如：产品售价变动、产量规模变动、投资额变化等，或是建设期缩短，投产期延长等，这些都会对方案的经济效益大小产生影响。不同的投资项目，其敏感性因素也不同。

4. 根据敏感性因素的变动幅度，分别重新计算有关的投资经济效益指标

敏感性因素变动幅度的估计，需要凭借经验和调查研究，使主观估计尽可能与未来的实际偏离小些。若进行单因素敏感性分析时，则要在固定其他因素的条件下，变动其中一个不确定因素；然后，再变动另一个因素，以此求出某个不确定因素本身对方案效益指标目标值的影响程度。

5. 进行分析和采取措施，以提高技术方案的抗风险的能力

通过计算出来的投资经济效益指标，找出敏感因素。相对于敏感性因素的变动幅度判断该项目风险的大小，以及哪些是主要的不利因素。

敏感性分析虽然指出了各种不确定因素对项目投资经济效益的影响程度，但却不能指出这些因素出现的可能性有多大，以及给投资项目造成的风险到底有多大。

（三）概率分析

概率分析（Probit Analysis）又称风险分析，就是通过研究各种不确定因素出现的概率来分析投资项目某种经济效益出现的可能性，用以判断项目投资的风险程度。其主要任务就是用一定的概率方法计算出各个项目指标的期望值和标准偏差，借以提高项目各个指标的准确性，保证项目决策分析的可靠性。

概率分析的步骤如下：

（1）选取几个互相独立的不确定因素，如销售价格、销售量、投资和经营成本等，将其各种可能结果一一列出，并分别计算各种可能结果下的经济效益。

（2）估算不确定因素各种可能结果出现的概率，即其数值发生变化的几种情况。概率可根据过去的统计资料或调查资料计算得出，也可以是项目分析人员经验判断的主观概率。

（3）根据以上资料，计算在该不确定因素影响下投资经济效益的期望值和标准偏差。确定各种可能发生情况产生的可能性，即概率。

（4）再认定另一个不确定因素，假设其他因素固定不变，估算此因素出现各种可能的概率，计算期望值和标准偏差。

（5）综合分析各种不确定因素对该投资项目的整体影响，进一步准确判断项目的风险程度。

三、规避旅游投资风险的对策

（一）注重旅游投资的环境分析

良好的投资环境，是企业减少风险达到投资目标的保证。企业在进行投资时要认真研究国内外的政治经济形势，明确国家的产业政策及动态，了解经济运行周期、财政货币政策的实施和企业利润率水平的变动等，以寻求最佳的投资环境。

（二）掌握准确的投资效益信息

旅游投资决策方案的结果是不确定的，企业要对风险作出正确的判断，就必须充分掌握投资效益的信息，掌握旅游客源市场的发展趋势、需求结构变化趋势及市场占有率、价格变动、投资对象的资金利润率和营业利润率等的状况及变动趋势。

（三）投资多元化

通过组合投资，使投资多元化，即发展多种经营，分散和减少风险。

（四）加强管理

提高管理水平。减少由于企业经营不善、管理不当等原因造成的损失。

一、填空题

1. ________是旅游投资的工作的起点，在旅游投资决策过程占有十分重要的地位。

2. 盈亏平衡分析就是通过________分析项目成本与收益的平衡关系的一种方法。

3. ________就是通过研究各种不确定因素出现的概率来分析投资项目某种经济效益出现的可能性，用以判断项目投资的风险程度。

二、选择题

（　　）1. 旅游投资从资金来源角度看，基本建设拨款和基建拨改贷两种形式属于________。

A. 国家投资　　B. 银行投资　　C. 利用外资　　D. 自筹资金

（　　）2. 评估旅游投资项目的重要依据是________。

A. 可行性研究　　B. 投资额及资金筹措

C. 工程方案研究　　D. 市场调查

（　　）3. 中国旅游业利用外资的方式主要有两大类：一是________；二是直接利用外资。

A. 利用外国政府、银行、国际金融组织的贷款

B. 利用本国政府贷款

C. 中外合资

D. 股份制

（　　）4. 建造旅游院校或培训设施的投资属于________。

A. 企业性投资决策

B. 事业性投资决策

C. 国家和地方投资决策

D. 社会投资决策

（　　）5. ________主要任务就是用一定的概率方法计算出各个项目指标的期望值和标准偏差，借以提高项目各个指标的准确性，保证项目决策分析的可靠性。

A. 敏感性分析　　B. 概率分析　　C. 盈亏点分析　　D. 定性分析

三、名词解释

1. 旅游投资

2. 旅游投资决策

3. 旅游投资风险

四、问答题

1. 旅游投资的特点有哪些？

2. 简述旅游投资可行性分析的程序。

3. 规避旅游投资风险的对策有哪些？

第十章　旅游经济效益

教学目标

1. 了解旅游经济效益的内涵与评价内容；
2. 了解旅游企业经济效益及评价；
3. 了解旅游宏观经济效益；
4. 掌握旅游乘数效应、旅游收入漏损和旅游卫星账户。

第一节　旅游经济效益的内涵与评价内容

一、旅游经济效益的含义

旅游经济效益（Tourism Economic Benefits）是指旅游者在从事旅游经济活动中，劳动的占用和消耗与有效产出之间的对比关系，即从事旅游经济活动的投入与产出的比值。劳动占用和消耗是指旅游企业和部门在规划组织旅游活动，向旅游者提供旅游产品和服务过程中所占用和耗费的物化劳动和活劳动，即旅游成本和费用等。有效产出是指旅游经济活动的最终产出，它既包括向旅游者提供旅游产品和服务，以满足他们多样化的旅游消费需求，又包括通过旅游经济活动获取应有的利润，从而为企业发展积累资金。旅游经济效益反映了旅游经济活动的所得与所费之间的内在联系和矛盾运动。

二、旅游经济效益的分类

（一）旅游微观经济效益和旅游宏观经济效益

按照不同范围，旅游经济效益可划分为旅游微观经济效益和旅游宏观经济效益，二者之间利益既对立又统一。

旅游微观经济效益是指旅游企业在从事旅游经营活动时，对劳动的占用和耗费与劳动成果之间的数量对比关系。旅游宏观经济效益是指一个国家或地区一定时期内，在发展旅游业过程中所有投入的各种生产要素的占用和耗费与产出的经济社会成果的之间的数量对比。

旅游微观经济效益与宏观经济效益之间是相互制约、相互影响的，体现着局部经济效益和整体经济效益的关系。微观效益是宏观效益的基础，无数的旅游微观经济效益汇总成宏观经济效益，宏观效益必须以微观效益为前提和条件。有时二者也会发生矛盾，如一个旅游景区的开发可能微观效益较好，但从宏观上来说，可能带来不利影响。因此，当微观效益和宏观效益发生矛盾时，微观效益要服从宏观效益的需要，即局部服从全局的需要。

（二）旅游长期经济效益和旅游短期经济效益

按时间划分，旅游经济效益可分为旅游长期经济效益和旅游短期经济效益。旅游短期经济效益侧重项目、经济收入，小目标；旅游长期经济效益侧重规划、社会效益，大目标。

无论是旅游企业，还是旅游行业，都存在旅游长期经济效益和短期经济效益的关系。任何企业和部门为了求得他们的生存和发展，首先都必须考虑眼前的短期经济效益，因为没有眼前的短期经济效益便无法生存和发展。但是单纯追求眼前的短期经济效益，很容易造成对旅游资源掠夺式的开发，企业的长远利益也就无从谈起。因此，在当今的旅游经济活动中，任何企业都必须处理好短期经济效益和长期经济效益二者之间的关系，统筹兼顾，综合考虑。

（三）旅游直接经济效益与旅游间接经济效益

旅游直接经济效益是指旅游业投入的生产要素的费用与其取得的经济收入之间的数量比较关系。这是旅游企业和旅游部门衡量旅游经济效益的指标。

旅游间接经济效益是指发展旅游业对国民经济中其他相关行业和部门乃至对整个国民经济的影响，形成全社会的间接经济效益。由于旅游业是具有较强的关联带动性的产业，旅游业的发展对其相关行业或部门乃至对整个国民经济都会带来一定的经济效益。因此，在追求旅游经济效益时，不仅仅要考虑直接的经济效益，同时也要考虑间接的经济效益。

三、旅游经济效益的特点

（一）旅游经济效益是宏观经济效益和微观经济效益的统一

旅游经济效益不仅体现旅游企业的经济效益，使旅游经济活动的主体及其组织得以生存和发展，而且还要体现整个旅游产业的宏观经济效益，并通过旅游经济活动及其较强的产业带动效应，把旅游经济活动所产生的经济效益辐射、渗透到其他产业和部门，充分体现出旅游经济的宏观效益及社会价值。

（二）旅游经济效益具有质和量的规定性

旅游经济效益的质的规定性，主要表现为取得旅游经济效益的途径和方法必须在国家有关法律法规和政策的范围内和指导下，通过加强管理、技术进步和改善服务质量来实现。旅游经济效益的量的规定性是指旅游经济效益不仅能用量化的指标来反映，而且还能通过对指标体系的比较分析，发现旅游经济活动中的问题，从而寻求提高旅

游经济效益的途径和方法。只有把旅游经济效益的质和量有机统一起来，才能保证旅游经济活动健康、正常的开展，促进旅游经济效益的提高。

（三）现代旅游经济效益的衡量标准是多方面的

市场经济条件下，旅游经济活动必须在充分满足人们旅游消费需求的基础上，取得合理的经济收入和利润，不断提高旅游业的宏观经济效益和微观经济效益。衡量旅游经济效益，可采用接待旅游者人数、旅游者逗留天数、旅游外汇收入、旅游收入、客房率、旅游者投诉率、旅游者人均消费等指标进行综合分析和评价。

四、旅游经济效益的影响因素

影响旅游经济效益的因素是多方面的，有主观因素和客观因素，也有宏观因素和微观因素，还有经济因素、技术因素和法律政策因素及国内外因素等。

（一）旅游者数量及构成

旅游者数量的多少与旅游活动中所占用和耗费的劳动量之间存在着一定的比例关系。如果以较少的劳动占用和耗费，而为更多的旅游者及时提供了优质的旅游产品和服务，则旅游经济效益就好；反之，如果为一定的旅游者服务而劳动占用和耗费不断增加，则旅游经济效益就差。因此，旅游者数量的多少对旅游经济效益具有直接的影响。

旅游者数量对旅游经济效益的影响具体表现在：一方面旅游经济活动中旅游者数量的增加，必然相应增加旅游收入，从而提高旅游产品和旅游服务的利用效率，另一方面，旅游经济活动中的劳动占用和耗费，特别是表现为固定成本部分，如工资、设施折旧、管理费用等，在一定范围内会随着旅游者数量的增加而相对减少，于是在其他条件不变的情况下，旅游者数量越多，对于每一个旅游者所花费的成本费用就相对减少，从而使相应的旅游经济效益增加。

旅游者的构成状况对旅游经济效益也有着直接的影响。由于旅游者来自于不同的国家或地区、不同的经济阶层、不同的社会文化圈，他们的爱好、习俗、消费习惯及旅游支付能力也各不相同，从而使他们在旅游活动中的旅游消费和支出具有不同的构成和特点。在旅游者数量既定的情况下，旅游者逗留时间越长，所需旅游服务项目越多，则每个旅游者的平均消费支出就越大，于是旅游目的地的经济效益就越高。

（二）旅游物质技术基础及其利用率

旅游物质技术基础是指对各种旅游景观、旅游接待设施、旅游交通和邮政电信、旅游辅助设施的总称。旅游物质技术基础条件好，吸引的旅游者就多，旅游收入也多，劳动占用和耗费少，旅游经济效益高。因此，要适度超前发展各种旅游基础设施和接待设施，尽可能配备现代化程度较高的物质技术设备和手段，不断提高旅游企业的劳动生产率，减少劳动耗费，提高整个旅游业的经济效益。同时，还要加强旅游企业的经营管理，不断提高旅游物质技术设施利用率，就能有利于降低旅游成本，提高旅游经济效益。

(三) 旅游活动的组织和安排

在旅游活动的组织中能否有效地提供旅游产品和服务，能否高质量地组织安排好旅游者的旅游活动，直接影响着旅游经济效益的多少。因此，要针对不同旅游者的类型、需求特点、消费习惯等，有目的地规划和组织好旅游活动。尽可能在旅游时间安排上张弛结合，留有余地，保证旅游时间有效利用。在旅游线路上尽可能安排紧凑、内容丰富，提高旅游者的兴致，使其身心需求得到最大的满足。在旅游服务质量上，要礼貌谦和、服务周到，使旅游者真正能够高兴而来，满意而归。

(四) 旅游业的科学管理

旅游经济效益的提高，最根本的是劳动生产率的提高，而劳动生产率的提高离不开现代科学管理。对旅游经济活动的管理越科学、合理，员工的业务技术水平越高，员工对本职工作的责任心越强，则劳动时间的利用越充分，劳动效率就越高，创造的劳动成果就越多，于是旅游经济效益就越好。反之，如果旅游劳动效率低，则旅游劳动的成果就少，相应旅游经济效益也就差。

五、旅游经济效益评价的内容

(一) 旅游经济活动的有效成果同社会需要的比较

旅游产品作为旅游者在旅游活动过程中所购买的旅游产品和服务的总和，它同样具有价值和使用价值。只有当旅游产品能够有效地满足旅游者的需求，才能实现其价值。否则，不仅不能体现旅游产品的价值和使用价值，使旅游企业遭受损失，还会因旅游者的反面宣传而使旅游产品失去更多的客源。因此，必须把旅游经济活动的有效成果同满足社会需求相比较，努力生产和提供旅游者满意且又物美价廉的旅游产品，才能促进旅游经济效益的不断提高。

(二) 旅游经济活动的有效成果同劳动消耗和占用的比较

旅游企业向旅游者提供旅游产品，必然要消耗社会劳动，占用资本，从而形成旅游经济活动的成本和费用。因此，要讲求经济效益就必须把旅游经济活动的有效成果同劳动占用和消耗相比较，以评价旅游经济活动的合理性和旅游经济效益的好坏。

(三) 旅游经济活动的有效成果同旅游资源利用比较

通过把旅游经济活动的有效成果同旅游资源的利用相比较，可以揭示利用旅游资源的程度和水平，从而寻找充分利用旅游资源的途径和方法。旅游资源是一种特殊的资源，不论是自然景观还是民俗风情，对其保护就是保持旅游产品的质量。如果自然生态环境恶化，民俗风情遭受破坏，就是旅游产品质量下降和损坏的直接表现，就不能持续地带来旅游收入和经济效益。

(四) 旅游经济活动的宏观效益与微观效益的统一

讲求旅游经济效益必须把旅游经济活动的宏观效益和微观效益统一起来，才能保证旅游经济效益的有效实现和提高。任何一项旅游经济活动都必然涉及和影响到旅游业的宏观效益和微观效益。

旅游经济活动的微观效益主要指旅游企业的经济效益，其表现为旅游企业的经营收入与成本之间的比较，从而导致旅游企业必然把追求利润作为其行为目标。旅游经济活动的宏观效益是指整个旅游产业的整体效益，其不仅要讲求本产业的经济效益，同时还要考虑对社会经济所做的贡献和对生态环境的保护和改善。如果旅游经济活动只考虑旅游企业的经济效益，而不顾旅游业整体的宏观效益，则旅游企业持续的经济效益也是无法保障的。

第二节　旅游企业经济效益及评价

一、旅游企业经济效益概念

旅游企业经济效益，是指旅游企业在旅游经济活动中，为了向旅游者提供旅游产品和服务而花费的物化劳动和活劳动与取得的经营效益的比较，也就是旅游企业的经营收益同成本的比较。

（一）旅游企业成本

旅游企业成本，是指旅游企业在生产经营旅游产品或提供旅游服务时所耗费的物化劳动和活劳动的价值形态。按照旅游成本费用类别，可将旅游成本划分为营业成本、管理费用和财务费用三大类。按照旅游成本的性质，可将旅游成本划分为固定成本和变动成本两部分。按照管理责任可将旅游成本划分为可控成本与不可控成本。

（二）旅游企业收益

旅游企业收益，是指旅游企业从事旅游经济活动所创造的利润和税收。它是通过出售旅游产品或提供旅游服务后所取得的营业收入，并在补偿了旅游产品或服务成本以后的余额。旅游企业的收益，是分析旅游企业经营状况和评价其经济效益的重要指标。

二、旅游企业经济效益评价指标

旅游企业的经济效益是通过分析旅游企业的收入、成本、利润的实现，以及它们之间的比较来体现的。

（一）旅游企业的营业收入

营业收入是指旅游企业在出售旅游产品或提供旅游服务中所实现的收入，其包括基本业务收入和其他业务收入。

（二）旅游企业的经营成本

经营成本就是旅游企业从事旅游经济活动所耗费的全部成本费用之和，也是旅游企业的固定成本与变动成本之和。

（三）旅游企业的经营利润

经营利润是指旅游企业的全部收入减去全部成本，并缴纳税收后的余额，其包括营业利润、投资净收益和营业外收支净额。

三、旅游企业经济效益评价的主要方法

常用的经济效益评价方法主要有利润率分析法、盈亏平衡分析法、边际分析法等。

（一）利润率分析法

利润率是反映一定时期内旅游企业的利润同经营收入、劳动消耗和劳动占用之间的相互关系，通常有资金利润率、成本利润率和销售利润率三个利润指标，它们从不同角度反映了旅游企业的经济效益状况。

（二）盈亏平衡分析方法

盈亏平衡分析方法是对旅游企业的成本、收入和利润三者的关系进行综合分析，从而确定旅游企业的保本营业收入，并分析和预测在一定营业收入水平上可能实现的利润水平。

（三）边际分析方法

边际分析法又称最大利润分析法，即引进边际收入和边际成本的概念，通过比较收入与边际成本来分析旅游企业实现最大利润的经营规模的方法。

四、提高旅游企业经济效益的途径

提高旅游企业经济效益的主要途径：一是提高旅游收入；二是降低旅游销售成本。因此，为了达到提高旅游企业的旅游收入和不断降低旅游成本的目的，应做好以下几方面的工作：

（一）开拓旅游市场，扩大旅游客源

旅游客源是旅游业赖以生存和发展的前提条件，也是增加旅游企业收入的重要途径。因此，必须随时掌握旅游客源市场的变化，对现有客源的流向、潜在客源的状况，以及主要客源地的经济社会现状及发展趋势进行调查、研究和分析，以便有针对性地进行旅游宣传和促销，提供合适的旅游产品和服务，不断扩大客源市场，增加旅游企业的经营收入，提高经济效益。

（二）提高劳动生产率，降低旅游成本

提高劳动生产率，就是要提高旅游企业员工的素质，加强劳动的分工与协作，提高劳动组织的科学性，尽可能实现以较少的劳动投入完成更多的接待任务，达到节约资金占用，减少人财物力的消耗，降低旅游产品的成本。同时，提高劳动生产率还有利于充分利用现有设施，扩大营业收入，达到提高利润，降低成本，增加旅游经济效益的目的。

（三）加强经济核算，提高经济效益

旅游企业的经济核算，是旅游企业借助货币形式，通过记账、算账、财务分析等方法，对旅游经济活动过程及其劳动占用和耗费进行反映和监督，为旅游企业加强管理、获取良好的经济效益奠定基础。加强旅游企业的经济核算，有利于发现旅游经济

活动中的薄弱环节和问题，分析其产生的原因和影响因素，有针对性地采取有效的对策和措施，开源节流，挖掘潜力，减少消耗，提高经济效益。

（四）提高旅游员工素质，改善服务质量

旅游服务质量的好坏，不仅表现在旅游景观是否具有吸引力，旅游活动的内容是否丰富多彩，旅游接待设施是否舒适、安全，而且也体现在旅游服务人员的服务态度、文化素质和职业道德修养上。改善和提高服务质量就能满足旅游者的需求，促使他们增加逗留时间，增加消费，从而相应提高旅游经济效益。服务质量的好坏主要体现在旅游从业人员的身上，因此必须提高旅游企业员工的专业知识、业务技能和道德职业素养。

（五）加强管理基础工作，改善企业经营管理

良好的管理基础工作，不仅是改善旅游企业经营管理的前提，也是创造良好经济效益的重要途径。如何加强旅游企业的管理基础工作，必须切实做好以下工作。一是要加强标准化工作，促使企业各项活动都能纳入标准化、规范化和程序化的轨道，提高工作效率。二是要加强定额工作，制定先进合理的定额水平和严密的定额管理制度，充分发挥定额管理的积极作用。三是加强信息和计量工作，通过及时、准确、全面的信息交流和反馈，不断改善服务质量。四是加强规章制度的制定和实施，严格实行各种工作制度、经济责任制度和奖惩制度，规范员工行为，促进经营管理的改善和提高。

第三节　旅游产业的带动效应

一、旅游宏观经济效益

（一）旅游宏观经济效益概念

旅游宏观经济效益，是指旅游目的地在经济运行过程中，整个社会的投入与产出的关系，即旅游目的地在一定时期内，为旅游业发展所付出的成本与所得之间的比较。旅游目的地通过对旅游宏观成本和宏观收益进行比较，而获得尽可能多的经济效益、社会效益和生态效益。

1. 旅游宏观成本

旅游宏观成本，是指为开展旅游经济活动而形成的整个社会的耗费和支出，即旅游的社会总成本。其一般分为无形成本和有形成本。有形成本是指为开展旅游经济活动而必须付出的直接成本，主要体现在经济上的支出。无形成本，是指为发展旅游业而导致对社会、经济和生态环境等方面产生负面影响所花费的成本，即间接支付的成本。

2. 旅游宏观收益

旅游宏观收益是指通过发展旅游业而为全社会带来的成果和收益。它不仅包括旅游业自身所获得的经济收益，也包括对相关产业、部门的带动，对社会文化的促进，

以及对整个社会、经济所产生的积极作用等。

旅游宏观收益分为有形收益和无形收益两大部分。有形收益是指发展旅游业而给社会带来的直接经济收益。无形收益是指发展旅游业给旅游目的地的经济社会带来的无法量化的收益。

（二）旅游宏观经济效益评价指标

1. 旅游创汇收入和旅游总收入

旅游创汇收入指标反映了旅游目的地通过发展国际旅游，直接从国际旅游者的旅游消费支出中所得到的外汇收入。旅游总收入指标是指旅游目的地通过开展旅游经济活动从国际国内旅游者的支出中所得到的全部收入，其反映了旅游产业发展的总规模收益，是评价旅游宏观经济效益的主要指标。

2. 旅游就业人数

旅游就业人数指标反映了旅游产业发展过程中，为社会提供的劳动就业人数的总量。

3. 旅游投资效果系数

旅游投资效果系数指标，是指一项旅游投资项目所获得的赢利总额同投资总额的比值。它是反映旅游投资效益的重要指标。

4. 旅游投资回收期

旅游投资回收期是指以旅游投资项目的净现金流量抵偿投资额所需要的时间长度。它是反映旅游投资效益的重要指标之一。例如，某旅游项目投资总额为 1800 万元，预计建成后每年可获得净利润 250 万元，此项目每年提取的折旧费为 50 万元，则该项目的投资回收期为 6 年。

5. 旅游带动系数

旅游带动系数指标，是指旅游直接收入的增加对国民经济各部门收入增加的促进作用。

（三）旅游宏观经济效益评价内容

对旅游宏观经济效益的评价，主要是评价旅游产业的发展对整个国民经济发展的贡献。它可以从以下三方面进行综合评价：

1. 对旅游产业的自身经济效益评价

对旅游产业的自身经济效益评价，是旅游宏观经济效益评价的主要内容，即通过分析旅游业满足社会需要的程度同发展旅游业所消耗的社会总劳动量之间的比较来评价旅游业的宏观经济效益。

2. 对旅游产业的经济社会效益评价

旅游业是一个综合性的经济产业，同国民经济的其他许多部门有着紧密的联系，因此对旅游业的经济社会效益评价，主要是分析和评价其对相关产业的带动及对整个经济社会的促进作用。

3. 对旅游产业的社会非经济效果评价

旅游业对经济社会的影响效果不仅体现在经济效果方面，还体现在非经济效果方面，但由于对这些非经济效果无法以准确的量化数据来反映，因此只能根据某些主观判断来评价。为了尽量减少偏差，通常是采用专家意见法。

（四）提高旅游宏观经济效益的途径

1. 改善宏观调控，完善旅游产业政策

要提高旅游宏观经济效益，就要求国家不断改善和加强宏观调控，对整个旅游产业的发展做出统一、科学合理的规划，制定和完善旅游产业政策，充分利用和发挥经济、行政、法律等调控手段，调动社会各方面的积极性，促进整个旅游产业的发展。

2. 改革旅游经济管理体制，建立现代企业制度

提高旅游宏观经济效益，还必须对传统经济管理体制进行改革，按照市场经济的要求，建立适应投入市场经济的现代企业制度和旅游经济管理体制。

3. 加快旅游设施建设，提高旅游服务质量

旅游业的发展和旅游宏观经济效益的提高，离不开旅游“硬件”和“软件”建设。所谓“硬件”，就是指旅游产业的基础设施和接待设施等方面。所谓“软件”，是指旅游服务质量，即旅游行业员工的服务态度、服务技能和服务水平。

4. 抓好旅游市场管理，加强法制建设

旅游业是一个新兴产业，涉及面广，因此在经济管理、行政管理及法制建设等多方面都有待进一步规范化和法制化。

二、旅游乘数效应

（一）旅游乘数的概念

乘数（Multiplier）又译作倍数，最早是由英国经济学家卡恩（Kahn）在 1931 年提出的。乘数主要指经济活动中某一变量与其引起的其他经济量以及经济总量变化的比率。乘数理论说明，在经济活动中，一种经济量的变化可以引起其他经济量发生相应的多次连续性变化，最终使经济总量的变化数倍于最初的经济变量，这种现象就是乘数效应。在经济活动中，之所以会产生乘数效应，是因为国民经济的各个行业是相互关联、相互促动的。例如，在某部门注入一笔投资，不仅会增加该部门的收入，而且会在各相关部门引起连锁反应，最终产生数倍于投资额的国民收入。

旅游乘数（Tourism Multiplier）就是用以测定单位旅游消费对旅游接待地区各种经济现象的影响程度的系数。它是产出、收入、就业和政府税收的变化与旅游支出的初期变化之比，是反映旅游直接收入的增加对国民经济其他部门的促进作用的指标。

旅游产业关联度高、带动力强，其乘数效应远高于其他行业，能够直接带动交通、邮政电信、建筑、餐饮、饭店、娱乐等多个产业的发展，对国民经济的拉动作用十分明显。无论是国家对旅游业的投资，还是入境旅游者或国内旅游者在旅游目的地的消费都是对旅游行业的投入，当这笔资金流入到旅游目的地的经济运行中，就会直接或

间接地引起一系列生产资料和生活资料生产部门及提供其他服务的企业或部门的经济运转，从而通过社会经济活动的连锁反应，导致社会经济效益的成倍增加。

（二）旅游收入乘数的计算

旅游收入乘数是衡量旅游业在国民经济中地位和作用的重要定量指标。旅游收入乘数效应大小，可通过计算旅游收入乘数来判定。其计算公式如下：

$$K=\frac{1}{MPC}=\frac{1}{1-MPS} \quad \text{或} \quad \frac{1}{MPS+MPM}$$

式中：K——旅游乘数；

MPC——边际消费倾向；

MPS——边际储蓄倾向；

MPM——边际进口物资倾向。

（三）旅游乘数效应对社会经济发展作用的阶段

旅游收入通过实效分配和再分配，对经济发展产生以下三个阶段性的作用：

1. 直接影响阶段（Direct Effects）

旅游者在旅游目的地的各项消费，将资金直接注入了各个核心旅游企业和部门，饭店、旅行社、餐厅、商店、景区、交通、邮政和电信部门在旅游收入的初次分配中获得了一定量的收益。

2. 间接影响阶段（Indirect Effects）

旅游核心部门和企业在再生产过程中向有关部门和企业购进生产和生活资料，各级政府把从旅游核心企业收缴的税收又投资于其他企事业项目，使有关部门和企业在旅游收入的再分配中获得了收益。

3. 诱导影响阶段（Induced Effects）

旅游相关部门和企业在再生产过程中购进大量的生产资料和生活资料，从而促进了更多部门和企业的发展。旅游收入正是通过多次的分配与再分配，对国民经济不断产生着连带作用和综合效益。

为进一步理解旅游乘数效应对经济社会发展作用的阶段，现以某旅游目的地为例：当旅游人数增加时，餐饮业快速发展，这就是直接影响阶段；旅游饭店向农民购买各种农副产品导致农业的发展，这又是间接影响阶段；旅游饭店员工和农民收入增加后会增加消费，比如增加服装购买量，导致服装、纺织、印染、化工、物流、广告等企业收入增加，从而进入诱导影响阶段。

（四）旅游乘数的类型

1. 营业收入乘数

营业收入乘数（Sales or Transaction Multiplier）是指旅游营业收入增加额与由此带来的目的地其他营业收入增加额之间的比例关系。该乘数用于测定一个国家或地区旅游业的发展对该国家或地区营业收入的影响。

2. 旅游收入乘数

旅游收入乘数是指单位旅游消费额对目的地相关部门和利益主体所产生的连锁反应所导致的收入增量之间的比例关系。分为旅游企业乘数、目的地居民收入乘数和目的地政府收入乘数。其中，居民收入乘数、政府收入乘数是灵敏度最高的“显示器”。

(1) 居民收入乘数。

居民收入乘数（Income Multiplier）是指旅游收入的增加额与由此导致的居民收入的比例关系。该乘数反映了旅游业的发展对居民收入的影响程度。

(2) 政府收入乘数。

政府收入乘数（Government Revenue Multiplier）是指旅游收入增加量与当地政府收入净增量之间的比例关系。政府收入的净增量是指政府从旅游业获得的税收及各项收益减去政府向旅游业投资后的余额，该乘数主要用来衡量旅游经济活动对国家和地区财政收入的影响程度。

3. 产出乘数

产出乘数（Output Multiplier）是指单位旅游消费与其所带来的目的地全部有关企业经济产出水平增长程度之间的比率关系。

4. 就业乘数

就业乘数（Employment Multiplier）是指旅游收入增加量与其所创造的直接和间接就业人数之间的比率关系。该乘数表明增加一单位旅游收入对当地经济系统的连锁反应所导致的最终就业机会的影响程度。具体来说，一定时期内旅游从业人员的增加量与同期旅游收入的增加量之比，即为单位旅游收入可提供的就业机会。

总之，根据旅游收入的乘数效应，可以全面衡量旅游业发展对国民经济的影响，更加科学地确定国民经济的发展目标和旅游业的发展战略。

三、旅游收入漏损

旅游收入漏损（Loss of Tourism Foreign Revenue）是指旅游目的地的旅游部门和企业，把旅游收入用于购买进口商品和劳务，在国外进行旅游宣传，支付国外贷款利息等原因而导致的旅游外汇收入的减少。

（一）旅游收入漏损的形式

(1) 按外汇漏损的企业分，旅游外汇收入漏损可以分为直接漏损和间接漏损两种。

直接漏损是旅游企业直接的外汇支出。产生直接漏损的原因主要有以下几点：

①为进行旅游开发建设和经营运转，满足旅游者及部分旅游企业员工的需求而进口有关的物资，此项花费造成了外汇的流失；

②为大力进行旅游开发和旅游基础设施建设，旅游企业通过举借外债和吸收外方投资的方式筹集资金，从国外进口必要的设备和原材料而花费的外汇；

③为提高经营管理水平，旅游企业需从国外引进高层管理人才和技术人才，因此用外汇支付外方员工的工资、福利和管理费等，由此造成了外汇的流失；

④为开拓国际市场，在国外进行旅游宣传而支付促销费用，以及支付海外代理商的佣金等；

⑤为发展旅游业，除国家投资、国内融资外，还需要对外贷款，逐年还本付息，由此造成了外汇的流失。

间接漏损不是旅游企业直接发生的外汇支出。它产生的原因主要有以下几点：

①为旅游企业提供产品和服务的单位从国外进口物资和劳务所引起的外汇漏损；

②因旅游业的发展导致基础设施增加而引起的外汇漏损。

(2) 按照外汇漏损的渠道分，旅游外汇收入漏损可以分为合法漏损和黑市漏损两种。

合法漏损是指国外旅游者将所携带的外币通过合法渠道换取当地货币用于购买旅游产品和服务。

黑市漏损是指国外旅游者将所携带的外币通过外汇黑市非法套汇等非官方渠道进行外汇兑换，换取当地货币，用于购买旅游产品和服务。

(3) 按照外汇漏损发生的时间分，旅游外汇收入漏损可分为先期漏损和后续漏损两种。

先期漏损是指从旅游企业向国外旅游者销售旅游产品获得的全部收入中进入旅游目的地国家或地区的那部分收入。旅游预订、旅游交通、旅游线路等都有可能导致旅游外汇收入的先期漏损。

后续漏损是指旅游从业人员个人生活消费中所涉及的外汇流出。

(二) 旅游收入漏损的控制

旅游外汇漏损的程度显示了一个国家的经济实力和科技水平。为了减少旅游外汇漏损，可从以下方面努力：

(1) 大力发展本国经济，不断提高科学技术发展水平和本国产品的质量，发展进口替代产品。

(2) 大力培养具有现代经营理念、具备现代管理才能和技术的旅游专门人才，逐步减少外方管理集团和管理人员的引进，从而减少外汇的流失。

(3) 大力发展国内旅游，积极开发符合现代旅游发展趋势、低漏损的旅游产品，如生态旅游产品、民俗旅游产品、文化旅游产品、探险旅游产品、旅游者参与式旅游产品等，减少和避免旅游收入外汇漏出。

(4) 加强国际收支的宏观监管机制，制定完善的经济法规和外汇管理制度，查处违反国家政策法规规定、干扰市场环境的行为，建立良好的市场秩序，控制外汇的流失。

(5) 建立完善的税收机制，形成公平的竞争环境，避免低税企业削价竞争。加强对进口物品的关税管理，防止偷税漏税。

四、旅游卫星账户

旅游卫星账户（Tourism Satellite Account，TSA）是指在国际经济账户之外设立

一个虚拟账户，按照国际统一的国民账户的分类和核算要求，将所有涉及旅游的部门中由于旅游而引致的产出部分分离出来，统一纳入这一虚拟账户中进行核算，这样便可以准确地测度旅游业对 GDP 的贡献率，并且使旅游业可以和国民账户中的其他经济部门进行比较。

（一）旅游卫星账户的内容

旅游卫星账户是一个新的统计工具，旨在帮助各国依照一个共同的核算框架来测量旅游及相关的产品和服务，从而可以将旅游业与其他传统产业做一个可信的比较，并进一步对国家、地区之间的旅游经济进行比较。其主要内容有：

1. 旅游业与旅游消费

旅游业是指为旅游者旅行和旅游消费而生产和提供各种物质产品和服务的行业的总和。旅游消费是指由旅游者使用的或为他们而生产的产品和服务的价值。旅游消费包括个人消费支出、商务旅游支出、政府支出（个人部分）和旅游净出口四部分消费支出。

（1）个人旅游消费支出，既包括本地居民出游的个人服务消费和国内外旅游者对服务产品（包括住宿、餐饮、交通、娱乐、金融服务等）的购买和消费，也包括当地居民为提供旅游服务而对耐用品和非耐用品的购买，以及用于国内外旅游者消费的各种旅游商品（如工艺品、当地特产、礼品等）。

（2）商务旅游支出，是指企业经营人员和政府官员在进行各种商务或公务活动之余所进行的，具有上述个人性质的各种旅游消费支出，包括交通、住宿、餐饮、娱乐、购物和其他产品的服务消费支出等。

（3）政府支出（个人部分），是指政府的各种机构和部门为保障国内外旅游者的合法权益所进行的各种消费支出，如用于各种文化场馆（博物馆、美术馆等），国家或地方公园、旅游景区、海关、移民局等方面的消费支出。

（4）旅游出口，是指国际旅游者在旅游目的地购买各种旅游产品和服务的消费支出。通常要统计其净出口，即扣除旅游接待地国家或地区的旅游者的国际旅游消费支出后的余额。

2. 旅游经济与旅游需求

旅游需求不仅包括上述旅游消费部分，还包括为旅游业发展而派生的消费需求，它被用来构建广义的旅游经济。

旅游经济是与旅游需求相对应的概念，它涵盖了旅游业更为广泛的经济影响。它不仅包括直接为旅游者消费提供的各种物质产品和服务的行业，即上述旅游业的内容，同时也包括为旅游业发展而提供的各种物质产品和服务的行业。旅游需求除了包括上述旅游消费外，还包括以下几方面：

（1）政府支出（公共部分），是指与旅游活动相关的各级政府部门和机构的用于旅游目的地公共目的的消费支出，如用于旅游促销、航空管理、旅游安全和医疗卫生设施及服务等方面的消费支出。

（2）资本投资，是指为旅游者提供各种旅游设施、设备和基础设施的私人部门和公共部门的投资，它不仅构成旅游需求的重要支出部分，也是保持旅游经济持续发展必不可少的投入。

（3）非旅游产品出口，是指运往国外向旅游者提供的其他最终消费品（如服装、电器和汽油等）的出口和向旅游企业提供的各种用于生产的资本品（如飞机和轮船等）的出口的总和。统计净出口时应扣除运往国内的相应进口。

按照投入产出分析，对应于旅游总消费和旅游总需求，旅游卫星账户可以区分出旅游业和旅游经济，甚至区分出旅游业进口和旅游经济的进口，然后将两种供应总量（行业和经济）划分为国内生产总值的直接影响和间接影响，即旅游业 GDP 和旅游经济 GDP 及其各组成部分，包括工资、税收、利润、折旧等。

3. 旅游就业

通过旅游卫星账户可以明确地对旅游业和旅游经济的就业情况和影响力进行测算和分析。具体包括以下四方面，其中前两方面的就业属于旅游业的就业范围，而旅游经济的就业范围则包括了四种就业类型。

（1）旅游直接就业一般是指那些直接为旅游者提供各种服务的工作岗位，如航空公司、旅游饭店、出租车、餐馆、零售商店和娱乐场所等方面的服务工作等。

（2）旅游间接就业通常是指提供与旅游相关的辅助性服务工作岗位，如航空食品供应、洗涤服务、食品原料供应、批发销售、医疗卫生、金融保险等方面的服务工作等。

（3）旅游业供给者的直接就业，通常是指旅游业政府代理机构、资本品制造业、建筑业和出口旅游商品等行业的就业。

（4）旅游业供给者的间接就业，主要是指为旅游业供给者提供各种如钢材、木材、石油化工产品等生产资料行业的就业。

（二）建立旅游卫星账户的基本步骤

1. 明确旅游业的产出定义

旅游者的消费涉及食、住、行、游、购、娱等方面，为了满足旅游者的消费，国民经济的许多产业部门都做出了贡献，这种对旅游者需求的供给，使这些产业部门增加了产出。按照世界旅游组织的解释，旅游业的任何新的增量或产出都是由旅游者的直接消费所引起的，旅游者的直接消费首先导致与旅游直接相关的部门产出增加，这种产出按照世界旅游组织的分类属于旅游业的产出，又称为旅游业直接产出。与此同时，为了满足旅游者对直接相关部门的消费，又使得一系列其他相关产业部门的产出增加，这些产业就是旅游活动间接相关产业，旅游间接相关部门的产出增加值按世界旅游组织的解释，属于旅游经济的产出，又称为旅游业间接产出。旅游直接产出和旅游间接产出之和为旅游业的完全产出。

2. 确定旅游相关产业和产品类别

按照旅游卫星账户的基本原理，旅游卫星账户的建账工作主要是从需求的角度进

行统计，这是旅游卫星账户的精髓。有别于诸如中国大多由旅游企业自报的传统的从供给方面进行的统计，这种从需求角度进行统计的操作是建立在较大规模的旅游者消费抽样调查上的。而对旅游者进行消费抽样调查的关键是必须按产业和产品选择样本统计量，因此必须首先确定旅游相关产业及其所对应的旅游产品。

3. 建立旅游消费账户和生产账户

确定旅游相关产业和产品类别之后，通过对旅游者的抽样调查就能得到旅游消费账户，这是旅游卫星账户中最重要的部分。旅游消费账户要求对旅游者购物情况调查表进行改进并重新整理，必须将非本区域内的购物产品剥离。同时，在此基础上，通过一定的调整就可得到旅游生产账户。旅游消费账户和生产账户构成旅游卫星账户的主体。

4. 测算旅游增加值

旅游业增加值（Tourism Value Added，TVA）是旅游产业和其他产业为响应境内旅游消费而产生的增加值。它是反映旅游业对国民经济贡献的一个重要指标。

在宏观经济学中，国内生产总值的计算方法有生产法、收入法和支出法。所以从理论上来说，旅游业增加值的测算也可采用这三种方法。但是，考虑到计算的复杂性和数据的可获得性，目前一般采用生产法来测算旅游业增加值。具体来说，旅游卫星账户测算旅游业增加值的过程如下：用旅游产业生产账户中每一产业的增加值率乘以总产出，得到旅游产业各部门的增加值，而各部门增加值之和即为旅游产业的增加值，简称旅游增加值。

事实上，这种方法如果仅仅考虑旅游直接相关部门的产出，那么测算出来的旅游增加值就可认为是旅游直接增加值，因为它仅仅涉及到旅游直接相关产业的增加值之和。如果将旅游业的间接相关产业的增加值考虑进去，即考虑旅游业对国民经济的完全影响，则计算就复杂得多了。

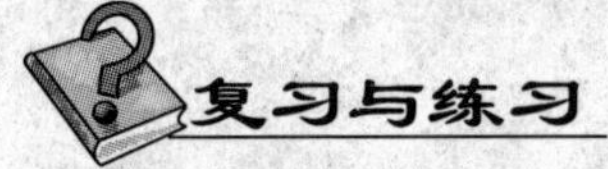

一、填空题

1. 按照不同范围，旅游经济效益可划分为________和________。

2. 投资回收期是指以项目的________抵偿投资额所需要的时间长度。

3. 提高旅游企业经济效益的主要途径，一是提高旅游收入，二是________。

二、选择题

（　　）1. 在分析旅游业经济影响时，________通常是灵敏度最高的“显示器”。

A. 产业收入乘数　　　　B. 产出乘数

C. 收入乘数　　　　D. 就业乘数

（　　）2. 旅游乘数效应通过________三个阶段发挥作用。

A. 直接影响阶段、间接影响阶段、旅游接待阶段

B. 间接影响阶段、诱导影响阶段、旅游接待阶段

C. 旅游接待阶段、旅游营销阶段、诱导影响阶段

D. 直接影响阶段、间接影响阶段、诱导影响阶段

(　　) 3. TSA 是________的缩写。

A. 世界旅游组织

B. 世界旅游理事会

C. 旅游特征产品

D. 旅游卫星账户

(　　) 4. 下列计算乘数的公式中错误的是(　　)

A. $K=\frac{1}{1-MPC}$　　B. $K=\frac{1}{MPC}$

C. $K=\frac{1}{MPS}$　　D. $K=\frac{1}{MPS+MPM}$

(　　) 5. 反映了旅游直接收入的增加对国民经济其他部门的促进作用的指标是________。

A. 旅游投资效果系数　　B. 旅游投资回收期

C. 旅游税收　　D. 旅游乘数

三、名词解释

1. 旅游收入漏损
2. 旅游经济效益
3. 旅游微观经济效益

四、问答题

1. 简述旅游乘数的类型有哪些?
2. 通常对旅游经济效益的评价,必须重视那些方面的比较分析?
3. 旅游收入漏损的主要形式有哪些?

第十一章　旅游经济发展战略及模式

教学目标

1. 了解旅游经济发展战略的含义、制定原则及影响因素；
2. 熟悉旅游业发展道路与战略选择；
3. 掌握旅游经济发展模式。

第一节　旅游经济发展战略的含义及影响因素

一、旅游经济发展战略的含义

旅游经济发展战略（Development Strategy of Tourism Economy）是指旅游目的地国家或地区一定历史时期内有关旅游经济发展的方向、规模、阶段、策略等的总体性谋划，以及旅游产业与其他产业关系的全局性协调谋划。旅游经济发展战略的基本内容主要包括旅游经济发展的战略目标以及实现旅游经济发展战略目标的对策、途径和手段。

（一）旅游经济发展的战略目标

战略目标是制定旅游经济发展战略的首要问题，主要包括旅游产业所要达到的数量指标、增长速度、产业结构的变化、技术进步，以及提高旅游经济效益、社会效益和生态效益的要求等。

（二）实现旅游经济发展战略目标的对策、途径和手段

具体而言，就是战略重点、战略步骤、战略对策等。实现旅游产业发展战略目标的对策、途径和手段主要为：旅游资源的开发与规划、旅游产品的发展、旅游设施的建设、旅游市场的开拓、旅游产业结构的调整、旅游人力资源的开发与培养以及旅游投资资金的筹措等。

二、旅游经济发展战略的必要性和制定原则

（一）旅游经济发展战略是旅游经济发展的客观要求

近些年，旅游业取得了长足的发展，产业规模逐步壮大，产业组织逐渐健全，产

业地位日益重要，经济社会效益也越来越显著。与此同时，一些国家和地区在旅游经济发展过程中的一些问题也日益严重，旅游资源开发过度，生态环境遭到破坏，旅游饭店数量过多，旅游产业结构极不合理，城市基础设施陈旧，相关产业相对滞后，与旅游业的发展步伐不相适应等。因此，必须尽快制定科学合理的旅游发展战略，指明旅游业的长远方向，统筹旅游业的全局，保证旅游业能够持续、稳定、协调地发展。

（二）旅游经济发展战略制定的原则

1. 与国民经济发展相适应的原则

旅游业是一个综合性的产业，它的发展依赖于国民经济的总体发展状况，这是客观基础。整个国民经济的发展规模、发展速度和发展水平从根本上制约着旅游业的发展规模、发展速度和发展水平。因此，应当充分考虑国民经济和相关产业的发展状况，考虑旅游业的生产力水平和社会化程度，以此来制定符合发展规律的旅游经济发展战略。

2. 注意经济效益和提高当地人们生活水平相适应的原则

制定的旅游经济发展战略注重了经济效益，就会给当地人们带来提高生活水平的现实意义，如果不注重这个原则，当地人不愿意协助旅游业做一些辅助性的工作，这个旅游目的地的发展将受到严重的制约，甚至走向衰退。

3. 旅游系统结构相协调的原则

按照系统论的观点来分析，旅游业就像一个大系统，旅行社业、旅游饭店业、旅游交通业、文物和园林业、商业和服务业等就是这个大系统中的各个子系统。根据系统论的有关原理，大系统中的各个子系统必须摆正自己的位置，明确自己的职能，系统的整体利益才能得到维护。从这个原理出发，只有各个子系统即各地区、各行业、各部门之间通力合作，旅游业这个大系统才能正常运行。因此，在制定旅游经济发展战略时，一定要注意局部与全局的关系，坚持旅游系统结构相协调的原则。

三、旅游经济发展战略制定的影响因素

一般来说，影响和决定旅游经济发展战略的主要因素有以下几方面：

（一）经济社会发展水平

经济社会发展水平是影响和决定一个国家或地区旅游经济发展战略的基础条件。一方面，经济社会发展水平的高低会对旅游产业的发展提出不同的要求，即经济发展水平较高，居民收入水平也高，旅游需求也强烈，要求旅游业快速发展；经济发展水平低，国内或地区居民旅游需求虽然薄弱，但为了促进经济的发展，吸取外汇，积累资金，而要求发展入境旅游。另一方面，经济发展水平会对旅游产业的发展形成制约，即与发展旅游业相关的其他产业能对旅游业提供多大的支持。如果经济发展水平高，这种支持就比较有保证；如果经济发展水平低，这种支持就会很有限，从而制约旅游产业的发展。

不同国家或地区的经济社会发展水平存在着较大的差异。所以在制定旅游经济发

展战略时，尤其是考虑战略目标时，必须考虑不同时期社会经济发展对旅游业提出的要求和能提供支持的程度。

（二）经济社会制度和经济发展模式

从经济社会制度来说，当前世界上主要有两大类型：社会主义经济制度和资本主义经济制度。不同的经济制度，其经济发展的根本目的是不同的，对旅游业的发展模式会产生重大影响。从经济模式而言，世界上绝大多数国家实行的是市场经济模式。在市场经济模式中，又分资本主义市场经济和社会主义市场经济，分别对应于不同的所有制形式，这对旅游业的发展模式也会产生重大影响。其中资本主义市场经济模式又有不同的模式，比如美国的垄断主导的市场经济、德国的社会市场经济、日本的政府主导型的市场经济、法国的计划经济及瑞典的福利市场经济等。这些不同的经济社会制度和经济发展模式对旅游经济发展模式产生重要的影响。

（三）旅游资源的丰富程度和开发潜力

一个国家或地区的旅游资源状况是其旅游产业发展的前提条件。它直接影响旅游经济发展战略的制定。如果旅游资源丰富，品种又齐全，就可以提供多种类型的旅游产品，满足各种不同的旅游需求，同时由于开发潜力大，其旅游产业的发展后劲也大，因此在制定旅游经济发展战略时，其战略考虑也就可以放宽、放远。反之，若旅游资源不够丰富，又比较单一，比如一些岛国的主要旅游资源就是阳光、沙滩、海水等，其旅游产业的发展会受到一定的限制，旅游经济发展战略也会区别于前一类型的国家或地区。

（四）旅游产业发展所处的不同阶段

由于旅游产业所处的发展阶段不同，其发展的任务和提出的要求也不一样，其发展战略也会不同。如果旅游业形成时期早，其发展就具有较好的基础，而形成时期晚，则基础薄弱，从而决定不同的发展战略。

一般来说，旅游产业若处于初期发展阶段，其发展速度要快，需要的旅游基础设施投资也大，旅游产业的发展主要表现为数量型增长；旅游产业若处于中期发展阶段，其发展速度相对减缓，所需旅游投资仍然较大，但与初期阶段相比将有所减少，而且其发展开始注重质量和效益，表现为从数量增长向质量提高转换，从速度型向效益型转换；进入成熟阶段的旅游产业，各种基础设施已经配套，各种旅游设施也已完善，接待服务质量和管理水平也较高，产业体系健全，经济运行畅通，旅游产业的发展主要表现为低速度、高效益和高质量，即从外延扩大再生产向内涵扩大再生产为主的效益型旅游产业发展。

第二节　旅游业发展道路与战略选择

由于经济社会的发展水平不同，世界各国旅游业的发展道路不一。根据旅游业的发展道路，制定相应的旅游发展战略，可以说是唯一正确的选择。

一、旅游业发展道路选择

根据世界各国旅游业的发展历程，可以将旅游业发展道路分为常规型发展道路和非常规型发展道路两大类。

（一）常规型发展道路

旅游业的常规型发展道路是指某些国家在生产持续发展、国民的日常消费需求得到满足以后，国内旅游活动首先兴起，国际入境旅游和出国旅游继之发展起来。这些国家主要是指那些经济发达国家，它们不存在消费早熟和外汇紧缺现象，发展旅游业是经济社会发展的必然结果，同时也是为了解决国内总需求相对不足的问题。根据发达国家旅游业的发展经历，旅游业的常规型发展道路如下：

第一阶段，国内旅游率先发展，国际旅游业则没有展开。

第二阶段，国内旅游继续发展，国际入境旅游和出国旅游开始发展。但因各国情况不同，在国际入境旅游和出国旅游的发展顺序上又有所不同。如德国，为了赚取外汇，在国内旅游发展的同时，优先发展国际入境旅游，而后发展出国旅游。而美国，为了解决生产过剩问题，在国内旅游发展的同时，优先发展出国旅游，然后再发展入境旅游。

第三阶段，国家经济繁荣，收支平衡，国内旅游和国际旅游均有较大的发展。

（二）非常规型发展道路

旅游业的非常规型发展道路是指某些国家为赚取外汇优先发展国际入境旅游，当经济逐步发展，人们生活水平有所提高时，国内旅游开始兴起，当人们生活水平大幅度提高时，出国旅游也兴盛起来。这些国家主要是指那些人均收较低的发展中国家，也包括一些新兴工业化国家和地区，它们发展旅游业的主要目的是赚取大量外汇，以推动本国经济的发展。旅游业的非常规型发展道路如下：

第一阶段，由于外汇紧缺，人均 GNP 较低，不发展出国旅游和国内旅游，只发展入境旅游。

第二阶段，当人均 GNP 达到 800 美元时，国内旅游大规模兴起，国际入境旅游继续扩大，但外汇依然紧缺，出国旅游仍较困难，只有少量短距离出境旅游。

第三阶段，人均 GNP 超过 3000 美元，经济繁荣，外汇紧缺解除，出国旅游包括远距离洲际旅游开始迅速发展起来。

人均 GNP 是衡量一个国家旅游发展程度的重要指标，它可以清楚地反映一个国家或地区居民的经济状况。美国、日本、欧盟诸国人均 GNP 高达 1 万美元以上，属经济发达国家，它们是国际旅游业的主体，是远程洲际旅游的主要客源国。亚洲新兴工业化国家和地区近几年来经济高速增长，旅游活动亦随之腾飞。20 世纪 70 年代，这些国家人均 GNP 已超过 800 美元，短距离出国旅游萌生，但洲际旅游尚为数不多；20 世纪 80 年代，这些国家各地区的人均 GNP 超过 3000 美元，进入中上等收入国家之列，其出国旅游活动亦向大范围、远距离的方向发展，成为世界旅游市场不容忽视的竞争者。

经验数据表明，以人均GNP800美元和GNP3000美元界定旅游业非常规型发展道路的三个阶段是适宜的。

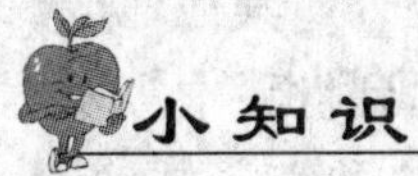

GNP和GDP

GNP，是Gross National Product的简称，即“国民生产总值”。它是指一个国家或地区的居民一年内所生产的最终产品（包括劳务）的市场价值的总和，是国民收入核算中最重要的组成部分。GNP反映一个国家的经济水平。按可比价格计算的国民生产总值，可以计算不同时期不同地区的经济发展速度，即经济增长率。

GDP，是Gross Domestic Product的缩写，即“国内生产总值”。它是指一个国家或地区在一定时期内运用生产要素所生产的全部最终产品（物品和劳务）的市场价值。GDP是国民经济核算的核心指标，也是衡量一个国家或地区经济状况和发展水平的重要指标。

GNP（国民生产总值）强调的是国民性，计算的是一个国家或地区实际获得的生产性收入。GDP（国内生产总值）强调的是地域性，不将国与国之间的收入转移计算在内，反映的是一个国家或地区内生产的产品价值。从本质上来说，GNP才真正有属于自己的价值。

（三）中国旅游业发展道路与战略的选择

中国人口多，经济不发达，外汇短缺，这些基本国情决定了中国旅游业走的是一条非常规型的发展道路。为赚取国家建设急需的外汇，解决劳动力相对过剩的问题，优先发展了以接待外国旅游者、外籍华人和港澳台胞为主的入境旅游。在基础设施落后，相关产业不发达的情况下，依靠开放政策，大量引进外资，兴建了一大批旅游综合服务设施，并对原有的旅游服务设施进行了改造，在此基础上利用中国丰富的旅游资源和独特的吸引力，使中国的国际旅游业从无到有、由小到大，发展成为一个重要的第三产业部门。目前，中国已拥有一大批举世闻名的旅游景区和具有相应基础设施与人文资源的国际旅游城市。可以说，中国旅游业已经形成了综合配套的服务体系和拥有较大的接待能力。

国民经济的三大产业之间有其既定的比例关系，不能随着人的主观愿望任意改变。第三产业的发展水平从根本上仍然取决于一国的经济发展水平和第一、第二产业的发达程度。旅游业属第三产业，它的发展主要受到社会基础设施和文化娱乐设施的限制，这些设施工程复杂、投资巨大，必须按照国民经济总体发展战略由第一、第二产业来逐步承建，如果纯粹为发展旅游业而兴建，既不堪重负，也得不偿失。

在第一阶段，可以利用外资和国家原有的基础设施，集中力量发展旅游业。而一旦进入第二阶段，受综合国力和产业结构的制约，旅游业的进一步发展就必须有所控制，除了在有大规模旅游资源和基础设施的地区继续发展国际旅游业外，其他地区只能发展国内旅游业。经过一段时间的努力，国家经济实力增强，已达到世界中等发达国家的水平，人均收入大幅度提高，与国外旅游者的需求层次接近，外汇紧缺解除，社会基础设施已相当完善，旅游业将进入全面发展的第三阶段，绝大部分旅游设施将适用于所有国内外旅游者，国际旅游业既包括接待外国人的收入旅游，也包括组织人们出国的支出旅游。

目前，中国人均 GNP 即将达到 800 美元，旅游业的发展开始进入第二阶段。根据有关国家和地区的经验，第二阶段持续 15～20 年的时间。预计到 2020 年左右，中国人均 GNP 将达到 3000 美元，旅游业发展将进入第三阶段。

总之，根据旅游业发展的一般规律和中国国情，可以确认中国旅游业走的是一条非常规型的发展道路，目前正处在进入第二阶段的转轨变型期，中国旅游业将逐步进入一个持续稳定的高速增长阶段。

二、中国的旅游经济发展战略

（一）政府主导型战略

政府主导型战略，就是按照旅游业自身的特点，在以市场为主配置资源的基础上，充分发挥政府的主导作用，争取旅游业更大的发展。

政府主导型战略的主体是政府，基础是市场，因此，在制定和实施这一战略的过程中涉及中央政府、地方政府、国家旅游局、地方旅游局及与市场和企业的多重交叉组合的相互关系。按照发展的实际情况和要求，各个层次和各个方面应有所侧重和分工，以构成完整的促进旅游业发展的体系，这也符合旅游大国的特点。

政府主导型战略的主要内容包括：观念主导、政策主导、管理主导和资金主导等几个方面。参照国际经验，实施政府主导型旅游战略的主要措施有以下几条：建立和完善旅游法制体系；旅游管理部门行政地位升格；开征旅游税；增加旅游宣传促销的投入等。

（二）经济新增长点战略

选择和确定新的经济增长点，必须把握好以下五个基本原则：

（1）符合转变经济增长方式的要求，有利于经济增长的集约化。

（2）市场需求量大，有利于增加有效供给。

（3）产业关联度高，有利于带动相关产业的发展和结构升级。

（4）国际竞争力强，有利于扩大出口创汇。

（5）投资回收快，有利于形成经济的良性循环。

经济新增长点的提出和政策化，为中国旅游业的发展提供了新的历史机遇，旅游业的发展，完全符合选择和确定新的经济增长点的五个基本原则。因此，经济新增长

点战略就自然成为旅游发展战略体系的一个重要方面。从短期来看，要争取确定为新的经济增长点；从中期来看，要大力培育这一新的经济增长点，使之全面发挥作用；从长期来看，要从新的经济增长点发展成为国民经济的支柱产业。

（三）旅游强国战略

中国已经是一个旅游大国，但远远不是一个旅游强国。从旅游大国到旅游强国，这一发展战略的核心是质量，目标是大幅度地提高旅游市场竞争力。

旅游发展质量和旅游服务质量构成旅游强国战略的总体框架。价格战略、品牌战略和人才战略是质量的自然延伸，是竞争深化的需要，也是旅游强国战略的有机组成部分。中国必须采取一系列的工作措施和战略对策，使得这一战略得以实现，最终形成强大的竞争力，从而参与世界旅游经济的水平分工，以新的姿态在中国经济发展和世界旅游发展中创造出新的业绩。

（四）可持续发展战略

可持续发展是人们对传统发展模式进行长期深刻反思的结晶。1987 年布伦特兰夫人（Ms Brundtland）在世界环境与发展委员会的《我们共同的未来》（Our Common Future）中正式提出了可持续发展的概念，标志着可持续发展理论的产生。可持续发展战略（Strategy of Sustainable Development）强调社会发展是“既满足当代人的需求，又不对后代人满足其自身需求的能力构成危害的发展”。这个概念包含三个要点：

(1) 要满足当代人的需求。无论富人或穷人，都有生存权和发展权。

(2) 要考虑后人的满足。为达到代与代之间的公平，必须为当代人和下代人的利益改变发展模式。

(3) 要考虑环境和资源的承受限度，地球的资源和能源远远不能满足人类发展的需要。

旅游业可持续发展战略的基础是资源永续利用，核心是旅游业发展中的经济效益、社会效益和生态效益的统一。在实施旅游可持续发展的过程中，政府的宏观政策和管理措施是决定性的因素，这就是在可持续发展思想中制度因素的作用。可持续发展战略是旅游发展战略体系中的最后一部分，从长远看，也是最重要的一部分。

以上所述的政府主导战略、经济增长点战略、旅游强国战略和可持续发展战略，就其实质和重点来说，在整个旅游经济发展战略体系中，政府主导型战略居主导地位，起着决定作用；经济增长点战略的实质是产业规模的扩大与作用的增强，因为任何功能的变化都必然有规模的因素在内；旅游强国战略的实质是质量的提高与竞争力的增强；可持续发展战略的实质是效益，但不是单纯的经济效益，而是经济、社会和生态效益的统一。因此，这四个战略又可称为主导战略、规模战略、质量战略和效益战略。就其内容关系来说，主导是手段，规模是基础，质量是过程，效益是目的；而这四个战略的融合和集中，就是一体化战略体系。

第三节 旅游经济发展模式

旅游经济发展模式是指旅游经济发展的基本运行方式和管理体制。具体地讲，旅游经济发展模式是以旅游经济发展的主要内容为目标，在一定的经济社会条件下所形成的旅游经济运行方式和管理体制。由于旅游经济发展是与经济社会的发达程度及发展水平密切联系的，因此世界各国在地理位置、资源条件及政治、经济、文化等方面的差异，必然使世界各国旅游经济的发展模式不尽相同。

一、旅游经济发展模式的类型

（一）超前型旅游经济发展模式和滞后型旅游经济发展模式

从旅游业的形成、发展及其与国际经济的关系出发，旅游经济发展模式可分为超前型旅游产业发展模式和滞后型旅游产业发展模式。

1. 超前型旅游经济发展模式

超前型旅游经济发展模式是指旅游业的形成与发展超越了国民经济总体发展的一定阶段，通过发展旅游业来带动和促进国民经济中与其相关联的其他产业和地区发展的一种发展模式。这种发展模式一般发生在经济欠发达的发展中国家，他们利用自己拥有的丰富的旅游资源，在本国政府的支持下首先发展入境旅游业，以获取经济发展所需要的外汇来推动相关产业和地区的发展。采取超前型旅游经济发展模式必须具备三个条件：①拥有足以吸引旅游者的旅游吸引物，它是确定发展模式的内部条件；②在境外存在着对其旅游资源相应的旅游需求，并有必要的外部资金注入，这是确定发展模式的外部条件；③政府的政策支持，它是确定发展模式的前提条件。

2. 滞后型旅游产业发展模式

滞后型旅游产业发展模式，又称自然发展型模式，是指一个国家或地区经济发展到一定阶段后，旅游业便顺其自然地产生和发展起来的一种发展模式。由于这种发展模式是建立在国民经济发展的基础上，随着经济的发展，人们的收入水平提高，社会生产力水平提高，人们的闲暇时间增多，这样一方面在居民当中产生了对旅游的需求，另一方面使社会也具备了适应这种旅游需求的条件。所以滞后型旅游发展模式是一种常规的旅游产业发展模式，也反映了旅游经济活动发展的客观规律。

（二）市场型旅游经济发展模式和政府主导型旅游经济发展模式

从旅游产业发展的调节机制出发，旅游经济发展模式可分为市场型旅游经济发展模式和政府主导型旅游经济发展模式。

1. 市场型旅游经济发展模式

市场型旅游经济发展模式是指旅游产业的发展主要依靠市场调节机制来推动的一种发展模式。市场调节机制主要包括旅游价格、供求关系和市场竞争等。在这些机制的作用下，实现旅游产业资源的有效配置，推动旅游产业内部的自行调节和自行平衡，

在供求不平衡—平衡—不平衡的适应和不适应的矛盾运动中实现发展。市场型旅游经济发展模式具有如下三个特点：①旅游产业的发展主要依靠市场机制来实现旅游产业内部的自行调节和自行平衡；②政府的作用是间接的，主要通过一定的市场参数来实现调节；③国家产业政策对旅游产业的影响主要侧重于市场需求。

2. 政府主导型旅游经济发展模式

政府主导型旅游经济发展模式是指以各个时期旅游产业发展规划或通过制定旅游产业政策来实现其发展的一种发展模式。它通过制定旅游规划或旅游产业政策来制定各个时期旅游产业发展的战略、目标和实现战略目标的各种对策和措施，从而达到干预旅游产业发展的目标。这些对策和措施既有行政的、经济的和法律的，也不排除利用市场调节机制作用，然而相对于政府宏观调控来说，市场调节居于辅助地位。

一般来说，市场型旅游经济发展模式主要发生在下面两种情况：一是具有传统干预和控制经济的国家或地区；二是需要在短期内推进旅游经济速度发展的国家或地区。

（三）延伸型旅游经济发展模式和推进型旅游经济发展模式

从旅游产业发展类别的先后顺序出发，可划分为延伸型旅游经济发展模式和推进型旅游经济发展模式。

1. 延伸型旅游经济发展模式

延伸型旅游经济发展模式是指旅游业的发展先以发展国内旅游为先导，在国内形成旅游产业的基础上，再发展入境和出境旅游，最终实现国内旅游、入境旅游和出境旅游全方位发展的模式。这种模式的特点是：它的发展是由境内向境外延伸的，而且它是在经济社会发展的基础上自然形成的。

2. 推进型旅游经济发展模式

推进型旅游经济发展模式是指以先发展入境旅游为主，在由初级入境旅游产业基本形成的基础上，逐步规范、扩大入境旅游产业，直接激活和发展国内旅游，最终实现入境旅游的规模化和效益化，进而推动国内旅游和适度出境旅游的全面发展。推进型旅游经济发展模式追求的是旅游经济的社会效益。

（四）经济发展导向型旅游经济发展模式和创汇创收导向型旅游经济发展模式

从旅游业发展的目标和基本任务出发，可划分为经济发展导向型旅游产业发展模式和创汇创收导向型旅游产业发展模式。

1. 经济发展导向型旅游经济发展模式

经济发展导向型旅游经济发展模式是指把促进本地区国民经济总体发展作为发展旅游业基本考虑的目标和任务。

2. 创汇创收导向型旅游经济发展模式

创汇创收导向型旅游经济发展模式是指以获取旅游业的直接收入作为发展旅游业的基本考虑的目标和任务。

上述两种模式并不矛盾，而是相辅相成的。旅游业是综合性产业，带动相关行业的能力非常强，带动的产业越多，创汇创收越多，也必将对国家和地区的国民经济发展的贡献越大。

二、国外主要的旅游经济发展模式

（一）美国模式

美国模式是经济发达国家旅游发展的模式。属于这一模式的国家的基本特征是：人均国内生产总值高，一般在5000美元以上；服务业在国内生产总值中所占比例高，大约在50%以上；旅游收入占商品出口总收入的比重为10%左右；国际旅游收入小于旅游支出，旅游国际收支平衡呈逆差。属于美国模式的国家包括美国、英国、法国、德国、加拿大、比利时、荷兰、挪威、日本等。

美国模式的主要特点有以下几点：

（1）旅游业发展早，国内与国际旅游都比较发达。

在这些国家中，旅游业是随着本国经济发展而发展起来的，一般都经历了由国内旅游到邻国旅游、国际旅游的常规发展过程，它们的国内旅游与国际旅游都发展到成熟阶段，国内旅游是整个旅游业的基础。

（2）发展旅游业是以扩大就业、稳定经济为主要目标。

虽然旅游业在这些国家中是重要的经济活动，但追求外汇收入、平衡国际收支并非是它们发展旅游的主要目标，而是把发展旅游业作为促进经济稳定、改善国家形象、扩大就业机会、促进友谊与了解的手段。

（3）旅游管理体制以半官方旅游机构为主，管理职能主要是营销和协调。

由于旅游开展的历史比较长，旅游业比较成熟，各方面法规比较健全，因此相比之下旅游行政管理比较松散，不直接从事旅游业务，也不干预旅游企业的经营管理。

（4）旅游经营体制以公司为主导，小企业为基础，行业组织发挥着重要作用。

在这些国家中，由于多年的竞争形成了一些大的旅游公司、跨国公司，在旅游业经营中起主导作用，由于旅游业的发展比较平衡，旅游业又是由为数众多的小企业组成，有着灵活的经营模式。

（二）西班牙模式

西班牙模式是旅游发达国家的代表模式。这些国家的地理位置比较优越，与主要旅游客源国相毗邻；旅游资源丰富而独特，或是度假胜地，或是历史遗迹与风土人情旅游地；国民经济比较发达，人均国民生产总值一般在1000美元以上；服务业占其国内生产总值的比重也在50%以上。除西班牙外，属于这一模式的国家有奥地利、瑞士、葡萄牙、希腊、意大利、摩洛哥、突尼斯、泰国、土耳其、墨西哥、新加坡、以色列等。

西班牙模式的特点主要有以下几方面：

（1）把旅游业作为国民经济的支柱产业。

西班牙模式所代表的这些国家，依托其地理位置与旅游资源的优势，旅游业已成为国民经济的支柱产业，一般国际旅游收入占其商品出口收入的10%以上，旅游业的

收入相当于国内生产总值的5%～10%。

(2) 旅游发展速度快。

在这些国家中，虽然有的国家早就是驰名世界的旅游目的地国家，但大多数国家的旅游业都是20世纪60年代以后才发展起来的，20世纪70年代以来旅游业持续高速发展，无论在国际旅游者接待人次数还是国际旅游收入上，其发展速度都高于世界旅游平均增长速度，也高于美国模式国家的平均速度。

(3) 以大众市场为目标。

由于这些国家的旅游资源集中，特点突出，而且又多靠近主要客源国，有便利的交通条件，因此这些国家的旅游业务多以邻国的大众旅游市场为主要目标，特别是邻国与本区域内的驾车旅游、周末旅游或短期度假旅游等。

(三) 印度模式

印度模式是欠发达国家发展旅游的代表模式。在为数众多的欠发达国家中，也有一些国家正致力于发展旅游业，以期通过开展国际旅游业赚取外汇，活跃经济，改变经济落后的状况。这些国家的国民经济相对落后，人均国内生产总值在500美元以下，农业仍是国民经济的主体，工业与服务业均处于较低水平。除印度外，属于印度模式的国家还包括巴基斯坦、斯里兰卡、尼泊尔、孟加拉国、肯尼亚、坦桑尼亚、卢旺达与不丹等国家。

从旅游业发展的情况来看，印度模式具有以下特点：

(1) 有特殊的旅游资源，但旅游业的发展受其经济落后的制约。

这些欠发达的国家中致力于旅游业发展的国家多是拥有一些独特的旅游资源，有发展旅游业的潜力，但由于国家资金短缺、旅游基础设施薄弱、人才缺乏等制约，旅游资源的潜力难以充分发挥出来。

(2) 旅游管理体制不完善。

这些国家虽设立了不同的管理机构，有的成立了独立或混合的部门或其他形式的旅游组织，但由于对旅游业的认识不一致，旅游业的发展不稳定，因而往往得不到各有关部门应有的重视与支持。

(3) 国有企业发挥着主要作用。

这些国家为了发展旅游业，国家专门成立旅游开发公司，从事资源开发和旅游服务设施的投资、建设与经营，由于旅游业规模小、范围窄，又涉及外汇收入与外国人的活动，这些国有企业在一定程度上占据着垄断的地位。

(四) 斐济模式

斐济模式是岛国发展旅游的代表模式。这里的岛国不包括上面曾提及的诸如澳大利亚、日本、英国、新西兰等经济发达、面积比较大的岛国，而是指那些面积比较小、人口比较少、在历史上曾是西方某个国家殖民地的岛国。这些岛国经济状况差异也很大，但一般为中等或偏上，有的国家人均国内生产总值达4000多美元。属于岛国模式的国家除斐济外，还有塞舌尔、马耳他、巴哈马、百慕大、牙买加、特立尼达和多巴哥、塞浦路斯、马达加斯加、马尔代夫、多米尼加与海地等国家。

斐济模式的主要特点有以下几个方面：

(1) 有着发展旅游业的优越条件。

岛国大多风光秀丽，气候宜人，是比较典型的“3S”（Sun 阳光、Sea 海水和 Sand 沙滩）型的目的地。由于它靠近旅游客源国或地处交通要冲，又与西方发达国家政治、经济、文化与种族等方面存在着长期、紧密的联系，有着比较充裕的客源市场。

(2) 旅游业逐渐成为国民经济的支柱产业。

虽然有些岛国早在殖民主义占领时期就已是旅游胜地，但大部分国家的旅游业是在 20 世纪 70 年代大规模发展起来的。现在旅游业在这些岛国中已经成为外汇收入的主要来源、国民经济最重要的产业部门。旅游收入一般都占国家外汇收入的 20%以上，旅游业是国家经济的支柱和最大的产业。

(3) 旅游行政管理机构地位高。

由于旅游业对国家经济有至关重要的作用，这些国家的旅游行政管理机构在政府中的地位一般都比较高，权限比较大，而且多由国家首脑和政府要员直接管辖。

(4) 在旅游业的经营中外国公司发挥着重要的作用。

由于这些岛国地域狭小、人才缺乏，他们在发展旅游业中利用大批外来资金，并大量引进外国的先进管理，有的国家的旅游业主要靠外国企业来经营。特别是旅游饭店业，外国的饭店联号、饭店管理公司或外籍管理人员占据支配地位。

三、中国的旅游经济发展模式

通过分析世界旅游经济发展模式，结合中国旅游业发展现状和基本国情，中国旅游经济发展模式应选择以下几种：

（一）旅游经济的超前发展模式

世界旅游经济发展的实践表明，各国在旅游发展模式上，可以有两种选择：一种是超前型发展战略模式；另一种是滞后型发展战略模式。超前型和滞后型发展战略模式，是不同经济条件下的世界各国在旅游发展道路上的两种选择，具有一定的客观必然性。与此同时，两种发展战略模式的运行环境和经济特点有着明显的差异。

超前型发展战略模式的适应条件是：旅游的自然环境条件较好，旅游资源拥有量大且旅游产品吸引力强。其适应范围主要是：经济基础较好的沿海地区和旅游资源丰厚且开发程度较高的地区。由于超前型发展战略模式是建立在国民经济较低水平之上的，因此该战略追求的不是本行业内在的经济效益而是旅游经济的波及效益，即利用旅游经济的综合性的特点，通过对旅游业的高强度投入，全面带动国民经济相关行业的发展。旅游业发展的兴衰，已经不是旅游业本身的问题，而是国民经济全行业发展的问题。旅游业的作用不仅是获取外汇和回笼货币，而且已成为经济腾飞的突破口。

中国旅游业是伴随着中国对外开放政策的实施而发展起来的一个新兴产业。从产业运行环境来看，这种产业是建立在较弱的经济基础之上的，要使旅游业在短期内形

成较强的产业体系，就要加大对旅游业的资金投入。因此，从短期效益分析，产业的投入与产出严重失衡，在这种情况下，旅游业本身所具有的“投资少、见效快、收益大”的经济特性难以充分体现。如果仅从旅游产业自身效益分析，在国民经济基础较弱的条件下，旅游产业的投入似乎是没有道理的。但是，如果从旅游产业的宏观功能去分析，以下三点是值得思考的：

首先，自20世纪80年代以来，中国逐渐改变对外封闭的政策，打开国门，向全世界开放。中国实行对外开放政策，必须寻找一个开放的切入点，而这个切入点就是旅游业。旅游业是一个具有特殊优势的外向型国际性产业，它的运行依赖于世界范围的客源不断地注入，通过旅游业的发展可以广泛地吸引世界各国的旅游者，向他们提供旅游产品和服务。大量来自世界各国的旅游者通过旅游这个对外窗口，了解中国对外开放的方针、政策及投资的各种有利环境，有利于中国对外开放政策的落实。

其次，旅游业具有较强的综合性特点。旅游产业体系的形成，涉及众多的相关产业，对旅游业高强度的资金投入，可以带动一定区域范围内国民经济的全面发展。尤其对那些拥有较丰富旅游资源的地区，旅游业的带动作用更为显著。

最后，中国经济大发展的历史时期里，需要借助国外的先进技术与设备。从国外引进技术与设备，就必须建立一大批创汇能力大、见效快的产业，以满足技术与设备引进对外汇资金的需要。与其他产业相比较，作为外向型产业之一的旅游业，在获取外汇方面，具有得天独厚的产业优势。大力发展旅游产业，在一个较短的时期内，可以得到一定数量的外汇流入，对于急需外汇又缺乏强有力创汇产业的国家或地区，不失为一种行之有效的举措。

综上所述，中国旅游经济发展现状和基本国情，使得中国的旅游业发展必须采取超前型发展战略。按照这种发展战略模式，在评价中国旅游产业运行质量时，不能就其产业内在效益去评价，而应从旅游产业外部效益，特别是从波及与连带效益方面去评价，只有这样才能对中国旅游业发展作出客观的评价，提高对发展旅游业的认识。

（二）旅游经济的推进式发展模式

世界旅游业有两种发展模式：一种是国内旅游向国际旅游延伸的常规发展模式；另一种是国际旅游向国内旅游推进的非常规发展模式。

国内旅游向国际旅游延伸发展模式，是一种先发展国内旅游，通过国内旅游的发展、旅游地域的延伸，形成出境旅游，然后再发展国际接待旅游的模式。从经济社会背景来看，延伸发展模式的引入是内聚式生活消费方式的变化。在一些国家里，随着生产力水平的提高、科学技术的进步、工作节奏的加快，人们的生活方式也得到改变。在紧张工作和生活环境压抑下，人们需要暂时摆脱枯燥的城市生活环境，到大自然中寻求精神上的调整和体力上的恢复，于是旅游消费就成为这些国家居民生活消费的重要组成部分。起初人们的旅游活动仅限于国内地域范围，随着国际政治经济关系的改善和旅游需求力度的增强，国内地域已不能适应旅游活动发展的需要，人们开始走出国门，去领略异国的自然风光和风土人情。发达国家以国内旅游为主的旅游结构，不仅充分满足了国内居民的旅游需要，而且伴随着国际旅游需求的增长，原先用于本国居民的旅游资源和旅游设施，也逐渐用于接待外国旅游者，从而出现了国内旅游与国际旅游协调发展的局面。

国际旅游向国内旅游推进模式，是一种先发展国际接待旅游，然后发展国内旅游，随着经济社会的发展和人们生活水平的提高，再发展出境旅游，最终形成以国内旅游为主、国内旅游与国际旅游协调发展的模式。这一模式通过国际接待旅游的发展，来全面带动以城市为主体范围内的旅游资源的开发、旅游设施的建设，逐渐形成以中心城市为重心的国际旅游体系。随着国内经济的发展，人们生活水平的提高，国内居民的旅游活动开始引入，成为这个体系的一个组成部分。

中国的经济条件、社会条件和消费条件决定中国旅游业发展只能采用推进发展战略模式。采用这一模式使得中国旅游经济发展模式具有以下几个主要特征：

（1）旅游业发展以基础和资源条件较好的城市为中心，由旅游城市向其他地区推进，逐渐形成中国的旅游业体系。因此，旅游城市便构成中国旅游业发展的基本框架。不论是旅游资源的开发、设施的建设，还是线路的设置、区域的划分，都是以旅游城市为依托的。

（2）旅游资源的开发是以现存的自然与人文旅游资源为基础，由观光型旅游资源为主向混合型旅游资源推进。因此，目前中国旅游目的地大多是由自然和人文旅游资源较为丰富的地区所构成的。

（3）旅游的组织方式，是以全程旅游线路为主体，由线路型产品向板块型产品推进，逐步形成线路型产品为基础，主题型产品与特种型产品为主体的旅游产品体系。

（4）旅游设施的建设以高等级为主体，由高档设施向中、低档设施推进，最终形成以中档旅游设施为主体，高、中、低档相结合的旅游设施体系。

（三）旅游经济跳跃式非平衡发展模式

旅游经济的跳跃式非平衡发展包含两层含义：跳跃式发展和非平衡发展。所谓跳跃式发展是指旅游业发展在历史阶段上的超越性，在较短的时间内走完常规发展的历程，这是在时间意义上的发展。所谓非平衡发展是指旅游业发展在地区布局上的不均匀状态，使旅游业在不同国家或地区的地位与作用不同，这是在空间意义上的发展。

从时间发展的意义上而言，中国旅游经济发展应充分利用国情特点，选择跳跃式发展战略，才有可能较快地跨越单一的接待海外入境旅游者阶段，而进入接待海外入境旅游者和接待国内旅游者共同发展的阶段，从而形成具有特色的旅游产业发展道路。这一判断的依据如下：

1. 中国的旅游经济基础国情兼具发达国家与发展中国家的双重特征

一方面由于人口众多，造成人均水平的诸多指标在世界各国排序中处于较低水平，表现出不发达的特点；但是另一方面国家整体的经济实力并不弱，2012 年我国经济实力已居世界第二位，产业门类齐全，特别是旅游所依托的相关部门已初具规模。旅游业是天然的外向型产业，国家总体对外的实力水平至关重要，中国的国家经济实力完

全能够支撑中国成为入境旅游业的接待大国。

2. 中国旅游业的客源市场广阔丰富

目前中国远离欧美等主要国外旅游客源产出地，使入境旅游规模受限且风险较大。但从长远来看，中国拥有可替代的巨大新市场，表现在：拥有大量具有血统亲缘的华裔客源；拥有以韩国、日本、东南亚等为代表的邻近国家或地区的旅游客源市场；再加上国内发达地区自然产生和示范效应激发的国内旅游者数量可观。多层次多渠道的巨大客源市场，将促使中国旅游业实行跳跃式发展。

从空间意义上而言，国际上拥有旅游发达城市或国土面积相对狭小的国家，旅游业成为国民经济支柱产业甚至主体产业者不乏其例，如意大利、西班牙、奥地利、泰国、新加坡等。但是在美国、日本、德国等工业发达国家或旅游接待大国，旅游业都未成为支柱产业。在中国这样现代交通水平相对较低、经济发展不平衡、地域广大的国度中，加上旅游业本身具有的脆弱性等因素，决定了在相当长的时期内，旅游业很难成为支撑中国国民经济的支柱产业。但从旅游业在国家总体发展中所处的地位来判断，并不妨碍旅游业在中国某些具备条件的地区和城市可以大有作为，如北京、西安、杭州、桂林、昆明、三亚、敦煌等城市，旅游业完全可能发展成为支柱产业。

复习与练习

一、填空题

1. 从旅游产业发展的调节机制出发，旅游经济发展模式可分为________________和________________。

2. 从旅游业的形成、发展及其与国际经济的关系出发，旅游经济发展模式可分为________________和________________。

3. 对于经济相对落后的发展中国家，其旅游经济发展模式一般是先发展________。

二、选择题

（　　）1. 关于推进型旅游经济发展模式叙述正确的是：________。

A. 旅游产业的发展是由境内向境外延伸

B. 它是在经济社会发展的基础上自然形成的

C. 先以发展入境旅游为主，进而推动国内旅游和适度出境旅游的全面发展

D. 以发展国内旅游为先导，再发展入境和出境旅游

（　　）2. 制定旅游经济发展战略要注意________原则，这是客观基础。

A. 与国民经济发展相适应　　　　B. 面向世界市场

C. 整体与局部利益相协调　　　　D. 尊重现实

（　　）3. 对于经济发达国家，其旅游经济发展模式往往是先发展________。

A. 国内旅游　　B. 出境旅游　　C. 入境旅游　　D. 边境旅游

（　　）4. 中国旅游经济地区结构呈梯级形式，基于现实条件，________的旅游业

应奉行国内和国际旅游业同时发展的模式。

A. 东部地区　　B. 中部地区　　C. 西部地区　　D. 中西部地区

(　　) 5. 中国旅游经济发展顺序是________。

A. 国内旅游—国际入境旅游—国际出境旅游

B. 国际入境旅游—国内旅游—国际出境旅游

C. 国内旅游—国际旅游

D. 国际旅游—国内旅游

三、名词解释

1. 旅游经济发展战略
2. 旅游经济发展模式
3. 推进型旅游经济发展模式

四、问答题

1. 制定旅游经济发展战略的原则有哪些?
2. 旅游经济发展模式的类型有哪几种?
3. 中国旅游经济发展模式的主要特征有哪些?

参考文献

[1] 编纂委员会．旅游辞典［M］．西安：陕西旅游出版社，1992.

[2] 田里，牟红．旅游经济学［M］．北京：清华大学出版社，2007.

[3] 李肇荣．旅游经济学［M］．北京：高等教育出版社，2003.

[4] 高元衡，李肇荣．旅游经济基础［M］．北京：旅游教育出版社，2006.

[5] 杨爱华，苗长川．旅游经济学［M］．北京：清华大学出版社，2009.

[6] 李辉作．旅游经济学［M］．北京：电子工业出版社，2009.

[7] 罗明义．旅游经济学［M］．天津：南开大学出版社，1999.

[8] 石变珍．旅游经济学［M］．郑州：郑州大学出版社，2005.

[9] 李卉妍，王浩．旅游经济学［M］．北京：电子工业出社，2009.

[10] 韩云．旅游经济学导论［M］．天津：南开大学出版社，2010.

[11] 韩勇，丛庆．旅游市场营销学［M］．北京：北京大学出版社，2006.

[12] 蔡芳，李淑娟，陈延亭．旅游市场学［M］．北京：电子科技大学出版社，2007.

[13] 傅汉章，何永祺．旅游市场学［M］．广州：广东高等教育出版社，1991.

[14] 甘华蓉．旅游经济学［M］．北京：中国财政经济出版社，2008.

[15] 李卉妍，王浩．旅游经济学［M］．北京：电子工业出版社，2009.

[16] 刘晓鹰．旅游经济学［M］．北京：科学出版社，2008.

[17] 刘荣．旅游经济学［M］．北京：化学工业出版社，2008.

[18] 宋伟良．旅游经济学［M］．武汉：华中师范大学出版社，2006.

[19] 王梓，张满林．旅游经济学［M］．北京：中国林业出版社，2008.

[20] 汪季清．旅游经济学［M］．合肥：安徽大学出版社，2009.

[21] 崔晓文．旅游经济学［M］．北京：清华大学出版社，2009.

[22] 甘巧林．旅游经济学［M］．广州：华南理工大学出版社，2008.

[23] 赵晓燕．旅游经济学［M］．北京：经济管理出版社，2001.

[24] 刘扬林．旅游学概论［M］．北京：清华大学出版社，2009.

[25] 冯丽萍．旅游经济学［M］．北京：北京大学出版社，2008.

[26] 高春初．旅游经济学［M］．南京：南京大学出版社，1991.

[27] 董观志．旅游学基础教程［M］．北京：清华大学出版社，2008.

[28] 后东升，樊丽丽．旅游经济学［M］．杨凌：西北农林科技大学出版社，2007.

[29] 曾兴．策划学概论［M］．北京：中国广播电视出版社，2008.

[30] 冯霞敏．旅游学概论［M］．北京：科学出版社，2007.

[31] 杜有珍，裴玉昌，吴洪亮．旅游概论［M］．重庆：西南师范大学出版社，2007.

[32] 班若川．旅游经济拉动作用更加突出［N］．中国旅游报，2012－09－17（1）．

[33] 邱扶东．旅游信息特征对旅游决策影响的实验研究［J］．心理科学，2007，30（3）．

[34] 国家旅游局政法司．2011年中国旅游业统计公报．http:// www.cnta.gov.cn.

[35] 绿维创景．旅游产业的构成及其效应研究．http:// www.lwcj.com/StudyResut00254 _ 3.htm.